高等职业教育市场营销专业系列教材

市场营销沙盘模拟实训教程
—— 基于ITMC市场营销综合实训与竞赛系统

第2版

主　编　王　咏　包　刚
参　编　门海艳　赵庆龙　黄颗颗
　　　　梁仕宁　王雨亭

机械工业出版社

本书适应"互联网+职业教育"发展需求，是校企"双元"合作共同开发的实训教材。本书坚持"知行合一、工学结合"的指导思想，运用虚拟仿真实训系统和数字化技术改进教学方式方法。

本书主要内容包括市场营销沙盘的基础知识、基本规则、营销策略、分析方法和实战经验总结等。全书分为市场营销沙盘模拟实训准备、营销策略基础、营销策略训练和营销策略实战四个方面内容，共设计五个学习情境14个实训任务，依托中教畅享（北京）科技有限公司开发的市场营销综合实训与竞赛系统（即市场营销沙盘4.0版本）进行营销策略实战演练。每个学习情境设计有知识目标、能力目标、素养目标、导入案例等内容，并按照企业市场营销的工作过程设计相应的实训任务，任务后附有思考练习题，便于加深对实训操作的理解；通过职业提示、素养园地等设计，提升学生的职业素养；每个情境后面附加知识拓展，丰富和拓展学习内容。

学员在沙盘模拟实训中综合运用市场调查与分析、市场营销、消费心理学、财务管理等相关专业的知识和方法，依托沙盘进行实战演练，不仅能够有效提升学员的目标市场选择与定位、竞争策略分析与执行、营销活动策划与组织、成本核算与财务分析等基本专业技能，还能进一步增强学员对完全竞争市场的综合判断分析能力，全面提高学员的综合素质。

本书可作为高职院校、应用型本科院校市场营销、电子商务、连锁企业经营与管理、工商企业管理、中小企业创业与经营等相关专业的实训教程，既适用于参加市场营销沙盘竞赛的各层次学生，也可供教师及企业培训人员参考使用。

图书在版编目（CIP）数据

市场营销沙盘模拟实训教程：基于ITMC市场营销综合实训与竞赛系统/王咏，包刚主编．—2版．—北京：机械工业出版社，2023.6（2025.1重印）
ISBN 978-7-111-73241-9

Ⅰ．①市… Ⅱ．①王…②包… Ⅲ．①市场营销-计算机管理系统-高等职业教育-教材 Ⅳ．①F713.50-39

中国国家版本馆CIP数据核字（2023）第092094号

机械工业出版社（北京市百万庄大街22号 邮政编码100037）
策划编辑：孔文梅　　　　　　责任编辑：孔文梅　董宇佳
责任校对：薄萌钰　陈　越　　封面设计：鞠　杨
责任印制：郜　敏
三河市国英印务有限公司印刷
2025年1月第2版第4次印刷
184mm×260mm · 14.5印张 · 305千字
标准书号：ISBN 978-7-111-73241-9
定价：48.00元

电话服务	网络服务
客服电话：010-88361066	机 工 官 网：www.cmpbook.com
010-88379833	机 工 官 博：weibo.com/cmp1952
010-68326294	金 书 网：www.golden-book.com
封底无防伪标均为盗版	机工教育服务网：www.cmpedu.com

Preface 前言

2019年2月13日，国务院发布了《国家职业教育改革实施方案》，其中明确提出要把职业教育摆在教育改革创新和经济社会发展中更加突出的位置。提出要促进产教融合校企"双元"育人，校企共同研究制订人才培养方案，及时将新技术、新工艺、新规范纳入教学标准和教学内容，强化学生实习实训。适应"互联网+职业教育"发展需求，运用现代信息技术改进教学方式方法，推进虚拟工厂等网络学习空间建设和普遍应用。这对职业院校的实践教学改革和实习实训提出了新的要求。

党的二十大报告指出："必须坚持科技是第一生产力、人才是第一资源、创新是第一动力，深入实施科教兴国战略、人才强国战略、创新驱动发展战略，开辟发展新领域新赛道，不断塑造发展新动能新优势。"技能人才特别是高技能人才已成为中国式现代化建设的刚性需求。加快建设国家战略人才力量，既要努力培养更多"大师、战略科学家、一流科技领军人才和创新团队、青年科技人才"，也要努力造就更多"卓越工程师、大国工匠、高技能人才"。

第2版教材修订遵循"全面贯彻党的教育方针，落实立德树人根本任务，培养德智体美劳全面发展的社会主义建设者和接班人"的指导思想，体现了"产教融合、校企双元合作开发"的特点，适应信息化教学的要求，实现在线开放课程和新形态一体化教材的"互联网+"式互动。修订后的教材特色如下：

1. 坚持"知行合一、工学结合"，注重学生营销技能和职业素养的综合培养

本书基于ITMC中教畅享（北京）科技有限公司开发的市场营销综合实训与竞赛系统（以下简称市场营销沙盘）4.0版本进行编写，总体设计思路是根据"工学结合"人才培养模式的要求，采用工作过程系统化课程的设计方法，按照市场营销沙盘模拟的工作流程循序渐进地设计学习情境和任务，通过知识目标、能力目标、素质目标三维学习目标的构建，实现对新商科人才社会主义核心价值观、职业道德、法律意识、工匠精神、创新精神、团队精神等综合素质全方位培养的人才培养目标。

2. 运用现代化信息技术手段，推进教材数字化改革

近年来，大数据、物联网、移动互联网、云计算等数字技术的突破和融合发展推动数字经济快速发展。在这样的综合背景下，教材编写团队积极投

身"三教改革",在教材修订过程中运用现代信息技术开发立体化资源作为教材支撑,添加了教学视频、电子课件、电子教案、实战训练、思考练习等丰富的学习资源,以满足"互联网+"时代的教学需要,助力线上线下混合式教学、自主学习、翻转课堂等教学改革与创新实践。

3. "岗课赛训"一体化融通,助力市场营销专业发展

编者将多年指导学生参加市场营销技能大赛总结的营销策略和经验编入教材,将职业技能大赛竞赛项目内容植入课程教学,将学生必备的专业知识和技能与竞赛项目要求的知识和技能对接,搭建"岗""课""赛""训"连通的桥梁,将职业素质培养融入课堂教学和比赛训练,实现以赛促教、以赛促学的目标,打造良好的学习氛围,助力学生在各级市场营销技能大赛中摘金夺银,助力市场营销专业发展。

本书由天津商务职业学院王咏、天津职业大学包刚担任主编,参加具体修订工作的人员还包括天津商务职业学院的门海艳、赵庆龙、梁仕宁、王雨亭老师,全书由王咏和天津国土资源与房屋职业学院黄颖颖负责整体策划及统稿。

为方便教学,本书配有课程标准、教学案例、电子教案、电子课件、教学视频等教学资源,凡选用本书作为教材的教师均可登录机械工业出版社教育服务网(www.cmpedu.com)下载。咨询电话:010-88379375,服务QQ:945379158。

由于我们在高职教育课程改革方面的经验有限,本书存在缺点和不足之处在所难免,敬请广大学者、同仁和使用本书的师生提出宝贵的批评和改进意见。

编　者

Index 二维码索引

序号	名称	二维码	页码	序号	名称	二维码	页码
1	沙盘介绍		3	11	资格预审		27
2	市场预测		4	12	购买标书		27
3	读懂调研报告		4	13	投标		27
4	登录		24	14	投放招商广告		27
5	修改密码		24	15	选择批发订单		27
6	购买调研报告		24	16	签约零售商		29
7	市场开拓		25	17	货物配送		29
8	ISO 认证		26	18	价格制定		30
9	开发客户		26	19	促销策略		30
10	投标报名		27	20	媒体广告投放		30

（续）

序号	名称	二维码	页码	序号	名称	二维码	页码
21	产品研发		31	31	直销策略		69
22	租赁/购买厂房		31	32	第一年批发市场分析		77
23	购买生产线		32	33	招商广告金额分析		77
24	投入生产		33	34	南部市场环境分析		99
25	产品下线入库		33	35	南部市场调研报告分析		103
26	交货给客户		33	36	原材料采购		111
27	还本付息		34	37	第一年整体生产能力分析		118
28	管理费、税金缴纳		34	38	直销竞争分析		143
29	宏观市场环境分析		46	39	招商广告分析		144
30	微观市场环境分析		51	40	破产自救措施		150

（续）

序号	名称	二维码	页码	序号	名称	二维码	页码
41	直销中标分析		166	44	企业背景介绍		184
42	批发订单分析		168	45	演练视频：第一年完整操作		185
43	企业组织架构		184	46	演练视频：第二年完整操作		193

目录 Contents

前言
二维码索引

学习情境一 市场营销沙盘模拟实训准备 ... 1
任务一 认识市场营销沙盘 ... 2
任务二 模拟企业组建 ... 15
任务三 经营规则演练 ... 23
知识拓展 市场调查 ... 40

学习情境二 营销策略基础 ... 43
任务一 市场分析 ... 44
任务二 营销策略制订 ... 67
知识拓展 目标市场 ... 93

学习情境三 营销策略训练（一）... 97
任务一 第一年市场环境分析 ... 98
任务二 第一年市场开拓和产品生产 ... 106
任务三 第一年营销战略实施 ... 116
知识拓展 促销策略 ... 137

学习情境四 营销策略训练（二）... 142
任务一 竞争对手分析 ... 143
任务二 财务报表分析 ... 152
任务三 经营细节和技巧分析 ... 166
知识拓展 财务报表 ... 177

学习情境五 营销策略实战 ... 183
任务一 第一年经营 ... 184
任务二 第二年经营 ... 193
任务三 第三年经营 ... 202
知识拓展 营销策略 ... 219

参考文献 ... 223

Learning Situation 1

学习情境一
市场营销沙盘模拟实训准备

沙盘源自西方军事上的战争沙盘模拟推演。英、美知名商学院和管理咨询机构通过对军事沙盘推演进行广泛的借鉴与研究,最终开发出了企业经营沙盘模拟实训这一新型现代教学模式。"市场营销沙盘"是指通过模拟企业市场营销运营全过程,使学生在模拟企业各项生产和市场营销活动的过程中体验得失,总结成败,进而领悟科学管理规律,提高市场调查与预测、目标市场选择、营销策略制订、促销和营业推广策略制订以及经营活动财务管理等能力。

本学习情境的学习任务主要是认识市场营销沙盘,了解市场营销技能大赛,明确学习市场营销沙盘的意义,并组建模拟企业经营的团队,熟悉市场营销沙盘经营规则和软件操作技巧。

知识目标

- 了解市场营销沙盘的特点和内容。
- 了解市场营销技能大赛。
- 了解模拟企业的基本情况。
- 熟悉企业各个部门的职责。
- 了解市场营销沙盘系统的使用方法。

能力目标

- 对市场营销沙盘训练产生学习兴趣。
- 能够组建模拟企业的营销团队。

- 能够根据企业的需要确定各个部门的职责。
- 掌握市场营销沙盘中各个角色承担的任务和责任。
- 掌握市场营销沙盘系统中各个角色的操作步骤。

素养目标

- 了解企业文化的内涵，培养对企业文化的认同感。
- 培养营销人员的基本职业素养。
- 树立爱岗敬业、团结协作、吃苦耐劳的职业精神。
- 讲好中国故事，弘扬企业家精神，传播正能量。
- 尊重规则，敬畏规则。

任务一 认识市场营销沙盘

导入案例

新老冤家的"新老"之争——可口可乐与百事可乐的争战

可口可乐和百事可乐是世界知名的两大饮料制造商，也是一对老冤家，为了争夺消费者，它们明火执仗地争斗了几十年。

起初，不管后来者百事可乐如何攻讦，可口可乐总没怎么把它放在眼里。但到了20世纪60年代，百事可乐亮出了"新生代的选择"，才真正使可口可乐着了慌。所谓的"新生代"是指二战后出生的一代，这批人到20世纪60年代的时候刚刚成长起来。他们崇尚个性，反对一切约束，同时又渴望引人注目；他们反对传统，喜欢赶时髦，狂热崇拜偶像；他们还是极能消费的一代。

百事可乐聪明地抓住了这一代人的特点，摒弃可口可乐不分男女老少"全面覆盖"的广告战略，极具洞察力地抓住了"代沟"，从20世纪60年代中期开始了一场轰轰烈烈的"新生代的选择"广告促销活动。为了传播"新生代的选择"这一概念，百事公司使出了两记"撒手锏"。

一是抓住新生代崇拜明星的心理特征，以巨资聘请流行音乐巨星迈克尔·杰克逊作为广告代言人。为了配合广告宣传，还组织了场面巨大的杰克逊巡回演唱会。以杰克逊当红歌曲改编的广告歌和杰克逊如梦如狂的舞步把百事可乐狂热地带到全美各地，甚至是全世界。

二是以充满火药味的比较广告直撼对方。通过广告宣传，把可口可乐描绘成"老迈、落伍、过时"，而百事可乐则是"年轻、活泼、时代的象征"。

百事可乐的广告攻势很快就显现出效果，它的市场占有率节节提高。可口可乐终于沉不住气，于1985年4月宣布改变沿用了99年的老配方，推出新配方的可口可乐。没想到此举却掀起了轩然大波，甚至有抗议的人群上街示威。后来，可口可乐公司不得不于同年 7 月宣布恢复生产"古典可口可乐"才平息了这场风波。

百事可乐的攻势是极富成效的。刚开始发起这场攻势时，百事可乐与可口可乐的市场份额比大致为 1∶2.5，到 1985 年，这一比例已被改写成 1∶1.25。从此，可口可乐独领风骚的年代一去不复返。

评点：

市场竞争者有领先者和挑战者之分。市场领先者总是千方百计地维护并力图扩大其领先的市场份额，一般来说它总是处于守势的。而挑战者总是会采取咄咄逼人的态势向市场领先者发起一波又一波的进攻，试图攻城掠地，将更多的市场领地从竞争者手中夺回来。"商场如战场"，只有敢于竞争、善于竞争，才能在商业竞争中成长。

任务引入

在进行市场营销沙盘模拟实训之前，先要了解什么是市场营销沙盘、市场营销沙盘课程的内容，以及学习市场营销沙盘有怎样的成效与意义。

一、市场营销沙盘介绍

"市场营销沙盘"系统是 ITMC 中教畅享开发的一款市场营销综合实训与竞赛系统软件，该系统中每四人可以组成一个经营团队来模拟经营一家企业，各企业在开放的虚拟市场上按照一定的经营规则从事经营活动。在经营过程中，经营团队需要展开市场调研、分析市场信息、选择目标市场、确定营销策略、进行财务核算，并与竞争对手展开博弈，最终实现自己的营销策略，在市场竞争中取得优势，为企业创造价值。下面是关于市场营销沙盘系统的详细介绍。

（一）企业背景

A 公司是一家新成立不久、总部设立在中国某市的生产制造型企业，该公司以设计、生产和销售 P1 产品为主营业务。公司资金充裕、银行信誉良好，拥有四条生产线（包括两条半自动生产线、一条全自动生产线和一条柔性生产线），全部用于生产 P1 产品，且在南部市场有一定的销售基础。公司一直致力于倾听客户的需求，提供客户所信赖和注重的创新产品、技术与服务。随着市场决定资源分配的宏观环境日益稳定，公司逐渐意识到营销能力已成为公司发展的瓶颈，如何建设营销队伍，如何精细地进行市场分析，如何准确地选择目标市场、紧跟市场变化，如何有效制订最佳的营销策略、赢得市场先机、取得市场份额，已经成为公司迫切需要解决的问题。

股东希望新的团队（即各个参赛小组）能够通过分析市场变化，不断研发新型产品，在市场博弈中脱颖而出，为股东争取更多的利润。

(二）市场部

1. 市场预测

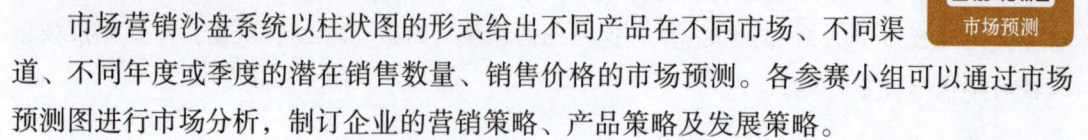

市场营销沙盘系统以柱状图的形式给出不同产品在不同市场、不同渠道、不同年度或季度的潜在销售数量、销售价格的市场预测。各参赛小组可以通过市场预测图进行市场分析，制订企业的营销策略、产品策略及发展策略。

进行市场预测时，建议对每种产品的价格趋势、需求趋势、生命周期、利润最高点以及适合的销售方式等内容进行分析。

2. 市场分析

市场分析包含市场环境和调研报告两部分。市场环境是系统随机给出的，而调研报告是需要购买的，购买调研报告的价格为5万元/份。

（1）市场环境

每个季度的市场环境变化都会引起本市场本季度需求的波动，系统会自动计算出反映市场需求波动的数值，即市场需求波动率，该数值会影响到零售消费群体实际需求数量的变化。对于市场环境有以下几点需要注意：

①市场环境是随机变化的，在每次初始化数据重新开始训练或比赛时，市场需求波动率都会不一样。

②在同一竞赛环境下的所有小组所面对的市场环境是一样的。

③在购买调研报告以后，本年度四个季度的市场环境不会再发生变化。

（2）调研报告

市场部负责购买调研报告，调研报告中给出产品流行功能和直销客户、批发商、零售消费群体对产品的需求数量及平均期望价格等数据信息。

①产品流行功能：流行功能是零售消费群体中冲动型消费群体购买某种产品的第一标准。一种产品只有在流行功能流行的时间内具备了这种功能，冲动型消费群体才会有可能购买该产品。并且流行功能在流行过后，将作为产品的基本功能，如果产品不具有该功能，零售的六类消费群体将都不会购买该产品。调研报告以表格的形式提供每种产品在某个季度的流行功能，以及该流行功能持续的时间。

②直销客户、批发商、零售消费群体对产品的需求数量及平均期望价格：调研报告以表格的形式给出某种产品于某个季度在不同销售渠道中的需求数量和平均价格。其中直销客户和批发商每年只在第一季度提供一次交易机会，所以调研报告中只给出第一季度的需求信息；零售消费群体每个季度都有一次交易机会。

3. 市场开拓

市场部需要根据市场预测、调研报告以及自身制订的营销策略进行市场开拓，市场开拓需要一定的周期和费用，市场开拓完毕后，当年即可进行产品销售。

4. ISO 认证

只有当产品完成 ISO 9000、ISO 14000 认证后，才可以参与直销和批发带有 ISO 9000 或 ISO 14000 要求的订单竞单。同时，ISO 认证也会影响零售消费群体成交的优先权。

（三）直销部

直销是销售方式的一种，即采用招投标的方式，以综合评分法为原则，在每年的第一季度进行。系统会在调研报告中准确地给出直销客户对产品的需求数量和平均价格。

1. 开发客户

沙盘系统中，直销部只有在开发了客户之后，才能查看所开发的直销客户的订单，进行报名并参与投标。

每个客户只需要开发一次即可成为该组的客户，每个客户的开发费用为 5 万元。如有忘记开发的客户，可在本步骤结束前再次进行开发。

客户开发完毕以后，可以在系统中查看已经开发的客户。

2. 参与投标

（1）投标流程

直销客户开发完成以后，即可在系统中看到客户的订单，并可以参与投标，具体流程为：投标报名→资格预审→购买标书→投标→中标公示。

（2）具体说明

①投标报名：选择要投标的订单进行报名，取得投标资格。投标报名不收取任何费用。

②资格预审：系统会按照不同订单的要求对各投标小组的资格进行预审，资格预审的条件包括该组是否已经完成对客户的开发、是否已经进行 ISO 认证。

③购买标书：资格预审完成后则需购买标书，并支付标书费，标书费为 2 万元/份。

④投标：各组对已购买标书的订单进行投标，制定投标价格并提交，投标价格不能高于订单要求的市场最高价格，成交规则采用综合评分法。

（四）批发部

批发作为另一种销售方式，需要各小组投放招商广告，并按照招商广告投放数量的多少轮流进行选单。批发订单的竞标一年一次，在每年的第一季度进行。系统会在调研报告中准确地给出批发客户对产品的需求数量和平均价格。

1. 投放招商广告

各组需根据自身的营销策略，制订不同产品在不同市场上的批发招商广告投放策略，招商广告费用最低为 1 万元，最高不限，但必须是整数。注意：只有在市场开拓完成之后，才能进行市场广告的投放。

2. 选择批发订单

招商广告投放完成后，由裁判统一控制选单。裁判允许选单后，系统会将各小组为每种产品在每个市场投入的广告费用按照由高到低的顺序进行排序，由投入广告费用最多的小组开始选单，每组每次只能选择一张订单，以此类推。选择批发订单的注意事项如下：

①选单开始后，各组选单是有时间限制的，如果超时未选择订单，系统将自动跳到下一组，而没有在规定时间内选单的小组在本轮将失去选单机会。

②如果不需要该订单，可点击放弃选单。

③批发订单为预付订单，系统中批发订单的账期表示为"-1"，即只要取得订单，货款就会直接计入现金。

④批发订单是有交货期限的，如果在交货期限内未能交货，则需要扣缴违约金——订单原价的25%（四舍五入），并取消订单。

⑤选择订单时需要点击"指示区"各市场显示的小组编号，从"订单选择区"选择订单，如果"指示区"没有显示本小组编号，则本小组不能进行选单。

（五）零售部

零售是一种通过零售商来直接面对终端消费群体的销售方式。零售部需要选择合适的零售商签约进店，针对六类消费群体（情感型、习惯型、理智型、冲动型、经济型、不定型）的特性制定相应的价格和促销策略，并投放媒体广告，由系统模拟消费者的消费习惯并撮合交易。

1. 签约零售商

系统给出的初始状态是南部市场的 A1 零售商已与企业签约合作。为了扩大市场、提高销售额，零售部需要选择更多合适的零售商进店销售。

2. 货物配送

零售部在与所选择的零售商完成签约以后，需要将自己的产品配送给各个零售商进行销售。当然，不同的零售商之间也可以进行产品的调拨，在系统的特殊任务中可以进行库存调拨操作。

3. 价格制定

零售部需要为各个零售商销售的产品制定销售价格，并将制定好价格的产品进行上架操作，产品上架后才可以进行销售。针对零售消费群体制定的产品销售价格不能超过市场期望价格的两倍，一旦超过，将不会产生任何交易。

4. 促销策略

零售部将根据自身的营销策略制订相应的促销策略，本季度促销策略将影响不定型消费群体的成交。需要注意的是，在制订某一促销策略时，需要选择该促销策略所针对的促销范围（零售商）和产品范围（产品），如果不选择，则默认为该促销策略对所有促销范围和产品范围生效。一旦对某个范围内的某种产品做了促销，则该范围内成交的该产品均享受此种促销优惠。

5. 媒体广告投放

零售部需要根据自身的营销策略，对不同的产品投放媒体广告。媒体广告中标后，本小组将获得相应的媒体影响力，每个小组的媒体影响力会直接影响习惯型消费群体的成交比例。另外，媒体影响力也会影响企业的综合指数，同时也就会影响那些交易受综合指数因素影响的消费群体。

（六）生产部

各小组需要根据调研报告以及自身的营销策略，制订产品研发计划和产品生产计划，并根据运营状况随时进行调整。

1. 产品研发

只有产品研发完成后，才能进行该产品的生产，生产部需要根据市场预测和调研报告制订自身的产品研发计划。产品研发需要一定的周期和研发费用。

2. 厂房租赁/购买

只有拥有或者租赁了厂房，才能将生产线安装到厂房中，所以生产部需要提前对厂房的租赁或购买做出决策。

3. 生产线购买

根据制订的生产计划，生产部需要购买合适的生产线。需要注意的是：
①生产线购买后不需要安装，直接可以进行生产。
②全自动生产线进行转产时，需要支付相应的转产费用。

4. 原材料采购

原材料的采购计划需要根据自身的产品生产计划、产品物料清单（Bill of Material，BOM）、原材料库存和在途原材料来制订。采购原材料都要有采购提前期，所以必须要首先下达采购计划。采购提前期参考系统参数设定，默认 R1、R2 为提前一个季度采购；R3、R4 为提前两个季度采购。

5. 产品生产及下线入库

选择空闲的生产线可以上线生产产品。系统中规定以季度为单位进行产品的生产，不同的生产线生产产品所需要的周期不同，半自动生产线需要两个季度来生产一种产品，而全自动生产线和柔性生产线只需要一个季度就能生产一种产品。生产线上的在制品生产完成后需下线入库。

（七）财务部

1. 应收账款/应付账款

企业运营过程中，财务部需要及时进行应收账款和应付账款的结算。

2. 融资/还本付息

系统为企业运营提供了三种融资方式：短期贷款、民间融资和长期贷款。财务部可根据企业的经营状态选择适当的方式进行融资，其中，短期贷款和民间融资在每一季度的任何时间都可以申请；而长期贷款仅在每年的第四季度才可以进行操作。

3. 管理费缴纳

财务部每个季度必须缴纳一定的行政管理费和已签约零售商的管理费，每个季度的行政管理费为2万元。零售商的管理费为所有已签约零售商管理费用的总和，签约当季仅需缴纳进场费，而不用缴纳管理费。

4. 应交税缴纳

每年第一季度需缴纳上年度所得税，应纳所得税额＝利润总和（先弥补前五年亏损）×25%，计算结果保留小数点后两位（四舍五入）。

5. 租赁费/维修费支付

①厂房租赁费：每年第四季度需支付下一年的厂房租赁费。
②生产线维修费：每年第四季度需支付本年的生产线维修费，当年新安装的生产线不需要缴纳维修费。

6. 库存费支付

每一年度，任一种产品或者采购的原材料数量不超出最低数量50件时，需支付库存费3万元，每超出1件需要增加0.02万元。

7. 折旧

随着使用年限的增加，生产线会发生贬值，需通过折旧这个项目在税前利润中扣除。设备价值按单条生产线进行折旧，新购买的生产线当年不计提折旧。折旧方式是按单条生产线剩余价值除以3并取整（四舍五入）计提，剩余价值不足3万元的折1万元，直到设备剩余价值为0为止。厂房不计提折旧。

8. 关账

每年运营完四个季度以后，需进行关账操作，关账后可以看到本组本年度的财务报表以及系统根据得分规则自动计算的得分。

二、市场营销技能赛项介绍

（一）市场营销技能赛项背景

自2014年起，市场营销技能赛项被教育部列入全国职业院校技能大赛高职组赛项，该赛项以加强现代服务业紧缺人才培养为宗旨，搭建学生通向就业岗位的多类型、多形式的展示平台，对于展示商业职业教育成就、深化教育教学改革、引导市场营销专业办出特色、提升服务商业发展的能力和水平、扩大商业职业教育发展的吸引力和影响力等都具有十分重要的作用。该赛项依托ITMC中教畅享"市场营销综合实训与竞赛系统"软件平台，模拟企业生产和市场营销的全过程，重点培养学生市场调研、目标市场选择、营销策略组合、财务报表分析等核心技能，提高学生在组织管理、团队合作、思维创新等方面的职业素养，对学生创新创业能力的培养发挥着重要作用，受到广大学生的欢迎。

> **职业提示**
>
> 市场营销人员基本素质
>
> 市场营销人员应该具备五大素质，即高尚的职业道德和强烈的责任心、积极的心态和坚强的意志品质、顾全大局的精神和强烈的团队意识、准确的判断力和冷静的分析力、健康的心理素质和强健的体魄。市场营销人员应以社会发展为己任，以满足消费者的需求为出发点，为企业实现战略目标积极努力，不断提高职业技能，成为一名优秀的高素质、高技能人才。

（二）市场营销技能赛项规程

1. 赛项名称及类别

赛项名称：市场营销技能

英语翻译：Marketing Skills

赛项组别：高职

赛项归属产业：财经商贸

2. 竞赛目的

本赛项为各院校师生提供交流借鉴的平台，引领高职院校市场营销专业建设和教学改革，以赛促教，推进专业建设与产业发展对接、课程内容与职业标准对接、人才培养过程与企业营销过程对接，提高市场营销专业人才培养质量、社会认可度与影响力。

3. 竞赛内容

市场营销技能赛项包括营销实战展示、商务数据分析和情境营销三个竞赛模块。其中，情境营销模块就是依托ITMC中教畅享的"市场营销综合实训与竞赛系统"软件平台进行分组比赛，赛项这部分内容不仅考查学生的目标市场选择与定位、竞争策略分析与执行、营销活动策划与组织、成本核算与财务分析等基本专业技能，还进一步考查学生对完全竞争市场的综合判断分析能力。竞赛中选手需灵活运用经济学基础、商品学基础、市场营销、市场调查与分析、消费心理学、营销策划、财务管理等课程的综合知识。情境营销模块的具体竞赛内容如下：

9

（1）背景资料

赛卷提供了 P1、P2、P3、P4 四类产品在五个市场未来三年的销售价格、销售数量的预测资料。参赛小组组成企业的核心营销团队，所负责的企业是一个生产制造型企业，初始拥有 1 911 万元资产，以销售 P1 产品为主营业务，资金充裕，银行信用良好，但是产品单一，且只在南部市场销售，随着竞争越来越激烈，预计未来几年的销售收入将持续下降。参赛小组需通过目标市场分析与选择、营销策略组合和财务报表分析等措施，使企业的效益最大化。

（2）目标市场分析与选择

根据系统提供的 P1、P2、P3、P4 四类产品在五个市场未来三年的需求预测图，可获取详细的需求信息。参赛小组通过市场预测图进行市场分析，决定是否购买调研报告，通过购买市场调研报告可以了解直销客户、批发商、零售商（六类消费群体）的需求信息，进而确定目标市场，制订营销计划。

参赛小组需要熟悉市场细分的概念和意义，掌握选择目标市场时要考虑的主要因素，即企业的资源、产品的性质和生命周期、竞争对手的市场策略等。

（3）价格策略

参赛小组需根据定价目标，确定需求、估算成本、选择定价方法，进而制定最终价格。此步操作检验各组选手对价格构成要素及其影响的分析、理解和掌握情况，对定价目标和原则的熟悉和掌握情况，对定价程序和方法的掌握和运用情况，以及对定价策略的掌握和运用情况。只有熟悉价格制定的原理和方法，灵活运用价格策略，才能实现成功营销。

（4）渠道策略

参赛小组需根据调研报告提供的 P1、P2、P3、P4 四种产品在直销、批发、零售三种营销渠道中相应的市场预测价格和需求数量，结合企业自身和竞争对手的经营状况，采用多渠道组合营销手段扩大销售。为此，各组选手需熟悉直销、批发、零售三种渠道的概念及特征，掌握影响渠道模式选择的因素，包括产品因素、市场因素、企业自身因素和竞争对手因素。

①直销：各小组只有在进行了直销客户的开发以后，才有机会参与直销客户的投标。投标流程为：投标报名→资格预审→购买标书→投标→中标公示。参与投标的小组需缴纳投标保证金。系统采用综合评分法确定中标小组。

②批发：各小组需根据自身的营销策略，在不同市场上制订不同产品的批发招商广告的投放策略，招商广告费用最低为 1 万元，最高不限，但必须是整数。选手在完成招商广告的投放后，由系统判定选单顺序。

③零售：为了扩大市场、提高销售额，参赛小组需要选择更多合适的零售商进店销售。小组在选择合适的零售商签约以后，需要将自己的产品配送给各个零售商进行销售。

（5）促销策略

①销售促销：参赛小组可采用满就送、多买折扣、买第几件折扣等促销活动，吸引

不定型消费群体，增大销售额。因此要熟悉销售促销的概念，掌握销售促销的活动方式。

②广告策略：参赛小组可选择百度竞价排名和央视的多个时段投放广告，吸引习惯型消费群体，增大销售额。因此要理解广告的概念、分类，熟悉广告的基本原则，掌握选择广告媒体时应考虑的因素。

（6）产品策略

参赛小组需根据目标市场的选择，制订相应的产品研发计划和产品生产计划。目前系统中只有 P1 产品，P2、P3、P4 产品还需要三个季度的研发，研发费用分别为每季度 10 万元、20 万元、30 万元。只有产品研发完成后，才能进行该产品的生产。

各组选手应熟悉产品市场生命周期的概念，掌握产品组合策略和差异化策略。

（7）财务核算

①应收应付核算：及时进行应收账款和应付账款的结算。

②融资策略：系统为企业运营提供了三种融资方式，即短期贷款、民间融资和长期贷款。参赛小组可根据企业经营状态进行融资。

③支付费用：零售商管理费、租赁费/维修费、库存管理费。

④缴税：每年第一季度缴纳上年度的企业所得税。

⑤财务分析及策略制订：读懂系统自动生成的财务报表，管理应收账款，维持良好的资金流，估算成本和毛利率，进行盈亏分析，并制订下一步营销策略。

自市场营销大赛被教育部列入国赛以来，得到教育部和全国各高职院校的大力支持，每年有数百所学校参加比赛，该赛项为各院校师生提供了交流借鉴的平台，各校经管类专业也已将"市场营销沙盘对抗"列入了实践教学课程并深受广大学生的欢迎，对学生创新创业能力的培养发挥着越来越重要的作用。

三、市场营销沙盘模拟课程介绍

市场营销沙盘模拟课程专注于构建一个竞争和协作并存的虚拟营销环境，提供不断变化的市场环境和市场行情信息，使学生能够通过模拟演练，寻求实现市场最大份额和实际销量的最佳平衡点，并在这一过程中培养和提高正确分析及解决市场营销管理问题的能力。

市场营销沙盘模拟课程不同于其他传统的企业经营管理沙盘对企业产、供、销各环节和人、财、物等各种资源的精细化管理，而是以逼真、具体的市场环境调研报告给出不同区域市场环境，基于正确的市场分析进行市场前期开拓，制订和演练不同市场、不同时期的各种市场营销策略，并在动态分析对手策略的基础上不断调整和完善自己的竞争策略。

本课程的情景设置中，既有大客户市场订单的竞争，又有零售市场份额的争夺，以及基于二者不同市场竞争特征下的差异化营销策略的制订和演练。本课程基于 4P 理论、4C 理论和 4S 理论等经典营销理论，针对产品组合策略、渠道选择策略、促销策略、定价策略、开发客户、成本分析、便利指数分析等营销内容进行综合的模拟演练。

（一）沙盘模拟课程的产生

在 20 世纪后半叶，企业经营沙盘模拟培训开始在欧洲国家、日本及其他发达国家和地区的企业界和教育界风行。20 世纪 80 年代，企业经营决策沙盘模拟开始进入中国，并率先在企业高级管理人员的培训中使用。ITMC 中教畅享在原有的企业管理沙盘的基础上植入了市场营销模块，增加了市场调研、目标市场选择、营销策略组合、财务报表分析等核心能力训练项目。市场营销沙盘模拟课程在我国高职院校中得到迅速推广，成为许多学校实践教学的热门课程，同时也为广大企业界人士所熟知，是国内大中型企业内训和高校教学的先进工具之一。

市场营销沙盘的各职能中心涵盖了企业运营的所有关键环节：以战略规划、资金筹集、市场营销、产品研发、生产组织、物资采购、财务核算与管理等几个部分为设计主线，将企业运营所处的内外环境抽象为一系列的规则，由四名学生组成一个小组，小组成员各司其职，共同完成企业的经营。通过这样一种方式来使学生对企业各个部门的职能有所了解，同时提高其团队凝聚力和市场营销的综合能力。

（二）市场营销沙盘模拟课程的发展

沙盘模拟课程进入我国以后得到了迅速发展，很多高校、企业培训机构都逐步开设了沙盘模拟课程。我国不少研究人员和软件开发商也在此基础上对原有的沙盘及相关技术进行了优化和改进，为沙盘模拟课程的丰富和完善做出很大贡献。下面简单叙述沙盘模拟课程进入我国后的一些发展。

最早进入我国的原始沙盘是基于手工操作的，称为手工沙盘或物理沙盘。手工沙盘需要借助一些教具，比如盘面、筹码、单据和标识等。新学员接触手工沙盘时较容易理解和掌握，这种沙盘的趣味性也较为浓厚，但是需要指导教师和学生花费较多的时间和精力。手工沙盘简便易行，目前仍有部分培训机构和院校在使用。

沙盘模拟课程进入我国不久，国内企业就研发了相关的配套软件，这种模式又称为软件模拟类沙盘或电子沙盘。在这种方式中，学生需要在计算机系统上逐步完成企业经营的操作过程，这相当于录入了实战企业的全部原始凭证，对实战过程进行了监控，为全面管理提供了方便。随着相关配套软件的完善和网络的发展，学生可以通过计算机系统在网络中进行企业经营决策的博弈。

（三）市场营销沙盘模拟课程的意义

1. 拓宽知识面，完善知识结构

市场营销沙盘模拟是一门集理论与实践于一体的综合性课程。该课程的基础为一家已经经营若干年的生产型企业，企业设有多个职能中心，包括市场部、直销部、批发部、

生产部、零售部和财务部。各职能中心涵盖了企业运营的所有关键环节，包括市场调查与预测、市场开拓、市场营销、产品研发、生产组织、物资采购、财务核算与管理等，把企业生产经营所处的内外环境抽象为一系列的规则，通过模拟实训可以使学生在战略管理、营销管理、生产管理、财务管理、信息管理等方面得到实际锻炼。

市场营销沙盘模拟课程将参与者分为若干团队，每个团队模拟经营一个企业的运作。团队成员分别担任总经理、财务经理、营销经理、生产经理、财务经理等管理职位，体验企业经营决策的完整流程。扮演不同角色，要求参与者具有不同的岗位知识和专业技能，这突破了专业方向对参与者的限制，促进了参与者对企业经营管理相关知识的学习和强化。同时，企业的营销决策模拟也是一个团队齐心协力、互相配合的过程，每个团队成员都要熟悉各个岗位的专业知识，这也大大拓展了参与者的知识面，有助于提升参与者的综合管理能力。

2. 改变教学方式，激发学习兴趣

学习一直被很多人认为是一个艰苦的过程，古人用"学海无涯苦作舟""十年寒窗苦"来形容求学的艰辛。而市场营销沙盘模拟这种体验式教学方法使学习过程不再枯燥，知识不再晦涩，可以激起参与者的竞争热情，让大家感受到学习的乐趣。课堂不再是老师单方面的讲授，而是让学生亲自参与企业营销全过程的模拟演练，体验不同的角色职责。"兴趣是最好的老师"，有了自主学习的动力，知识掌握起来才更加容易，技能锻炼也更加扎实。

3. 提升营销技能，提高综合素质

市场营销沙盘模拟是对企业经营管理的全方位展示，通过模拟实训可以使学生所掌握的战略管理、营销管理、生产管理、财务管理、人力资源管理、财务管理等方面的专业知识得到综合运用。这种训练跨越了专业分隔、部门壁垒。学生借助市场营销沙盘可以推演自己的营销策略，每一次基于现场的案例分析以及基于数据分析的企业诊断都会使学生获益匪浅，达到磨炼商业决策敏感度、提升决策能力及长期规划能力的目的。在市场营销沙盘对抗中，学生将充分运用所学知识积极思考，在不断的成功与失败中获取新知识，加强团队合作，培养实践能力，提升营销技能和综合素质。

（四）市场营销沙盘模拟课程的特点

1. 实战演练

过去的市场营销课程中老师往往只能照着课本讲，学生边听边记，最多再结合一些实际企业的例子进行分析。而在沙盘模拟教学中，学生能够亲自动手模拟企业运营，体验企业经营管理过程，通过实战演练加强了解。

2. 团队合作

沙盘演练要求学生分为各个小组，每个小组的组员各司其职，分别担任公司总裁

13

（CEO）、营销总监（CSO）、运营总监（COO）、财务总监（CFO）等角色。每一名组员需先完成本职工作然后配合其他组员完成企业的整体经营，其中需要大量的交流和协作，能够有效培养学生的团队合作精神。

3. 寓教于乐

市场营销课程虽然涵盖大量专业知识，但一味地向学生传授知识的方式略显枯燥，而沙盘采用了独特的讲授方式，将单纯的市场营销知识讲解转变为实战经营演练，在引起学生学习兴趣的同时提高课程效率，加深学生对营销专业知识内容的理解。

素养园地

教育兴国：为国担当，为国分忧，一起来听听这些企业家的爱国故事

企业营销无国界，企业家有祖国。习近平总书记在企业家座谈会上指出，优秀企业家必须对国家、对民族怀有崇高使命感和强烈责任感，把企业发展同国家繁荣、民族兴盛、人民幸福紧密结合在一起，主动为国担当、为国分忧。

张謇：实业救国、教育救国

张謇（1853—1926），江苏通州（今南通）人，晚清状元，中国近代著名实业家、教育家、慈善家、社会活动家。他创办了中国第一所民办气象台、第一所民办师范学校、第一所戏剧学校、第一座公共博物馆，还是中国早期公共图书馆、盲哑学校、水产学校的创办人。他终生抱定"实业救国、教育救国"的信念，是我国早期现代化事业的开拓者和先驱者。

1895年，《马关条约》的签订让刚刚高中状元的张謇无比愤慨和忧虑。他在日记中写道："几罄中国之膏血，国体之得失无论矣！"

"富民强国之本实在于工"，在落后挨打的现实面前，张謇认为只有发展民族工业才能抵制帝国主义的侵略。他回到家乡创办大生纱厂，开始"实业救国"的实践。

"天地之大德曰生"，纱厂取名"大生"二字，寄托了张謇的理想——天地间最大的政治是国计民生。开工一年后，大生纱厂就获利2.6万两白银。此后，张謇以大生纱厂为核心，创办了油厂、面粉公司、肥皂厂、纸厂、电话公司等20多家企业，构建了一个轻重工业并举、工农业兼顾、功能互补的地方工业体系，一度成为当时全国最大的民族企业集团。

在努力发展实业的同时，张謇逐步形成"实业与教育迭相为用"的思想体系，并将自己在大生纱厂中的全部工资与部分红利捐作教育、慈善及地方公益经费。1903年4月，张謇创办了我国近代第一所独立设置的私立师范学校——通州师范学校。到1924年，他在南通地区共创办小学370余所、中等学校6所、高等学校3所，初步形成了以基础教育和农、工、商、科技为中心，包括学前、初等、中等和高等教育在内的较为完整的近代教育体系。

想一想、议一议：老一辈企业家用实际行动践行了"实业救国、教育救国"的理想信念，我们新一代营销人如何续写中华民族伟大复兴美丽篇章？

知识练习与思考

一、填空题

1. 市场预测：市场营销沙盘系统以_____的形式给出不同产品在不同市场、不同渠道、不同年度或季度的潜在销售数量、销售价格的_____。各参赛小组可以通过市场预测图进行_____，制订企业的营销策略、产品策略及发展策略。

2. 进行市场预测时，建议分析以下内容：每种产品的_____、_____、_____、_____以及_____等。

3. 市场分析包含_____和_____两部分。

4. 调研报告中给出_____和_____、_____、_____及_____等数据信息。

5. 投标流程：直销客户开发完成以后，即可在系统中看到客户的订单，并可以参与投标，具体流程为：_____→_____→_____→_____→_____。

6. 零售是一种通过零售商来直接面对_____的销售方式。零售部需要选择合适的零售商签约进店，针对六类消费群体：_____、_____、_____、_____、_____、_____的特性制定相应的价格和促销策略，并投放媒体广告。

7. 融资/还本付息：系统为企业运营提供了三种融资方式，即：_____、_____和_____。

二、思考题

1. 学习市场营销沙盘的意义是什么？
2. 我们从张謇老先生身上可以学到哪些东西？

任务二　模拟企业组建

导入案例

民企改革展风采

哈尔滨红光锅炉集团有限公司的前身是1955年成立的原哈尔滨市太平区团结乡的红光畜牧场。在徐燕总经理大刀阔斧的锐意改革下，原本一个村办的乡镇企业能在经历了60余年拼搏发展后，依然挺立潮头，书写了一个"改革奋进、艰苦创业、科技兴企、共同富裕"的传奇故事，创造了辉煌的业绩。公司现是中国电器工业协会工业锅炉分会副理事长单位，是具有 A 级锅炉、A1A2 类压力容器、A 级锅炉安装资质于一体的国家级高新技术企业，并取得了美国 ASME 授权"S""U"钢印许可，资信等级 AAA 级，总资产 13 亿元。具有年生产工业锅炉 10 000 蒸吨、风电塔架 3 000 兆瓦的产能，进入全国工业锅炉行业的前十位和风电塔架制造前三强，连续入选"黑龙江百强民营企业"，由 2020 年第 77 位跃升为 2021 年的第 47 位，成为"黑龙江省节能减排协会标准化锅炉制造基地"，被中国工业锅炉协会授予"中国工业锅炉行业最具影响力品牌"。

面对国家"碳达峰、碳中和"的双碳战略，徐燕带领公司以"专精特新"为重要抓手，制定了以超低排放节能降耗为前提，发展"燃煤锅炉向大型循环流化床热电联产发展""燃气锅炉做分布式供暖和工业制汽""电锅炉个性化定制"的产品转型新战略。她凭借公司省级企业技术中心、哈尔滨市院士专家服务工作站的优势，加大了科研力度，公司通过三年技术攻关，与清华大学合作开发 168MW 循环流化床热水锅炉，在世界范围内率先攻克了高挥发份燃料氮氧化物排放控制难题，产品通过了由中国工程院秦裕琨院士组成的评委会认定为"国际领先水平"。公司现已拥有国家专利百余项，填补了多项国内空白。15 项产品被列入国家工信部《节能产品目录》并有 9 项产品获"能效之星"称号。公司两次蝉联中国工业锅炉行业十强企业、新产品开发明星企业。国家每次行检的领导和各大用户来企业参观、视察都惊奇地赞叹"没想到东北还有这么好的装备制造企业"。2021 年企业签订合同 13 亿元，全年实缴税金 9 360 万元，开启了高质量发展新的篇章。

评点：

奋进新征程，建功新时代。民营企业家干事创业的奋斗精神，激励着广大民营经济人士昂扬向上、奋勇向前。

任务引入

A 公司是一家新成立不久，总部设立在中国某市的生产制造型企业，该公司以设计、生产和销售 P1 产品为主营业务。公司资金充裕、银行信誉良好，随着市场宏观环境日益稳定，股东希望新的团队能够通过分析市场变化，不断研发新型产品，在市场博弈中脱颖而出，为股东获取更多的利润。首先，新团队需组建自己的企业，明确各岗位职责，并制订企业发展战略。

一、模拟企业主要岗位职责

市场营销沙盘模拟实训就是在上述背景基础上模拟一家生产型企业，按照沙盘系统的规则经营三年。创建之初，任何一个团队都要建立与其企业类型相适应的组织结构。组织结构是保证企业正常运转的基本条件。在市场营销沙盘系统中，采用了简化的企业组织结构，主要角色代表包括公司总裁（CEO）、营销总监（CSO）、运营总监（COO）、财务总监（CFO）。考虑到企业职能部门的划分，学生可以每四人分为一组，构成一个企业，每个人扮演不同的角色。下面对每个角色的岗位职责做简单描述，以便大家根据自身情况来选择扮演相应角色。

（一）公司总裁（CEO）

公司总裁作为模拟企业的最高管理者，对公司的整体运营负责。公司总裁的主要工作是带领团队共同商议企业所有重大事项和长远规划，并做出最终决策。如果大家意见相左，由总裁做出最终决定。

公司总裁的主要职责包括：

①确定企业的经营策略：整合企业所有资源，明确市场定位，及时获取竞争对手的信息，确定产品开发和固定资产投资方向。

②监控企业战略执行：监督市场营销沙盘操作过程中每步工作的执行，具备事先预防问题发生的前瞻意识并在遇到问题后能提出解决问题的方法。

③团队管理：发挥每个团队成员的自身优势，合理分工，监控每个角色职能偏差，促进团队成员的合作。

④完成公司总体规划和决策，并负责跟踪处理各类给企业造成经济损失和不良影响的问题。

（二）营销总监（CSO）

企业的利润主要是由销售收入带来的，产品的销售是企业生存和发展的关键，营销总监在企业中的地位不言而明。营销总监所担负的责任是了解市场需求、满足市场需求、开拓市场和实现销售。

营销总监的主要职责包括：

①分析市场数据：对市场预测图进行分析，掌握每个分市场的需求和价格情况。

②制订营销规划：预测市场的变化趋势，确定未来2～3年的目标市场。

③投放广告：根据企业生产能力和市场需求情况确定每年的广告投放额度。

④收集市场销售信息：了解竞争对手的信息。

⑤开拓市场：根据公司的发展战略确定需要开拓哪些市场。

⑥完成销售和实现货款回收。

（三）运营总监（COO）

运营总监是企业生产部门的核心人物，对企业的生产活动进行全面管理，并对一切生产活动及产品负最终责任。运营总监既是计划的制订者和决策者，又是生产过程的监控者，对企业目标的实现负有重大责任，其工作任务是通过计划、组织、指挥和控制等手段实现资源的优化配置，为企业创造最大的经济效益。

运营总监的主要职责包括：

①计算产能和可销售量：在营销总监拿到订单后，运营总监需按照不同生产线和产品品种计算全年产量。

②制订生产计划和组织生产：根据获取订单情况来制订原材料采购计划和生产线购买计划，编制全年生产计划，组织生产并维持生产的低成本稳定运行。

③调整产能和购置生产线：做好生产车间的现场管理，根据营销规划和财务状况购置新生产线，协调处理好有关外部工作关系。

④研发新产品：根据企业总体战略，组织新产品研发，扩充并改进生产设备，不断降低生产成本。

⑤厂房管理：购买或租赁厂房。

（四）财务总监（CFO）

在企业中，财务与会计的职能常常是分离的，它们有着不同的目标和工作内容，会计主要负责日常现金收支管理，定期核查企业的经营状况，核算企业经营成果，编制预算及对成本数据的分类和分析；而财务主要负责资金的筹集管理，做好现金预算，管好、用好资金。但在这里，我们将这两种职能归并到财务总监一职，其主要职责包括：

①编制财务预算：计算每年度各部门的现金支出和现金回流情况，做好现金预算。

②融资规划：通过短期贷款和长期贷款来缓解资金压力和保障企业的发展。

③费用预算：通过预算全年的费用并同销售毛利对比，预估企业的盈利状况。

④现金控制：根据现金预算，采用经济有效的方式筹集资金，将资金成本控制到较低水平并做好现金流量记录表。

⑤编制财务报表：每年度结束时按需求支付各项费用，核算成本，按时报送财务报表并做好财务分析。

⑥成本分析和财务分析：对企业的综合财务状况进行分析。

二、环境分析与企业发展战略制订

市场经济条件下，越来越多的企业意识到，企业经营犹如在波涛汹涌的大海中航行，虽有风平浪静，更有惊涛骇浪。我们知道，航船要驶向希冀的彼岸，就离不开罗盘和舵手。而企业要在瞬息万变的市场环境里生存和发展，同样也离不开企业战略的指引。因此，我们在制订企业发展战略时，一定要注重企业所处的市场环境，并对其进行深入的分析，才能制订出科学的营销策略。

（一）环境分析的重要性

1. 了解市场整体经济环境有利于指导企业策略制订

在市场营销沙盘中，经营者通过购买市场调研报告可以掌握每个季度的市场需求波动率，从而衡量市场整体环境的好坏。同时，调研报告还会给出每一种产品的市场需求量及市场期望价格，有利于经营者制订总体经营战略及各部门的经营策略。

2. 分析市场竞争的激烈程度有利于风险预控

在经营过程中，经营者通过查看媒体中标信息以及各企业产品销售的价格策略、促销策略等，可以判断竞争对手的经营意图、经营风格及媒体竞争的激烈程度，据此来分析市场竞争状况，为企业调整经营策略提供依据。

例如，当竞争对手之间的媒体广告争夺和产品价格竞争比较激烈时，企业可以通过减少投入、节省资金并保持较高的所有者权益等方式避开竞争激烈的市场，为后续竞争打下基础。等到竞争对手因前期消耗过大而经营困难时，本企业再展现竞争实力，获取竞争优势。

3. 分析市场环境有利于发现并把握市场机会

在经营过程中经营者要善于发现并抓住市场机会。例如，经营者需要随时关注竞争对手的价格策略，根据历史销售数据对本企业的价格进行适当调整，增加交易机会。再如，经营者通过了解不同产品在各个市场的历史优惠额，可为企业的货物配送、价格制定提供依据。若某些市场的各组优惠额都很低，经营者可以加强促销使本企业的优惠额达到最大，即可享有下一季度情感型消费订单的优先交易权，为促成此类订单打好基础。

（二）环境分析的内容

在市场营销沙盘系统中，随着企业经营阶段的变化，经营团队可以进行以下不同方面的环境分析。

1. 经营初期的环境分析

（1）预估竞争对手的实力

合理预估竞争对手的实力，一方面有利于经营者调整好自身的经营心态，做到在经营过程中遇事不慌乱；另一方面有利于经营者对前期的经营策略做出合理决策。若预估竞争对手实力不强，则企业在扩张速度上可以更积极；而如果预估竞争对手实力相当且竞争激烈，则企业在扩张速度上应偏向保守。当然，即便竞争对手实力不强，为降低不可预见的风险，企业在初期保守经营比较稳妥。

（2）分析市场需求波动率、需求量及价格水平

市场需求波动率将影响零售市场的实际需求量，尤其是当零售市场的基本需求量较大时，需求波动率对市场需求量变化的影响效果更为明显。经营者需要注意，市场需求波动率只影响零售市场的需求量，而不影响批发和直销订单的需求量。对各类零售消费群体需求量的分析有助于经营者选择目标市场，制订合适的营销策略。

此外，在批发方面则主要衡量市场价格水平，若批发的价格水平较高，则经营者可适当增加批发招商广告的投放额。当然，企业是否抢夺批发招商广告，还受经营者对待风险的态度以及经营策略的影响。

2. 经营过程中的环境分析

这一阶段的环境分析将贯穿企业整个经营期，包括从第一年经营开始至第三年经营结束，尤其是第一年和第二年的经营期。该阶段各组经营策略变化较多，市场竞争环境的不确定性较大，因此更需要经营者随时关注竞争对手的经营策略，以便寻求更多的发展机会。

（1）关注各组的经营动态

具体来看，经营者应主要关注竞争对手的媒体策略、价格策略和产品策略等。

①需要明确直销订单和批发订单的归属，并大致了解其数量及价格。在数量方面，每轮直销或批发结束后，经营者可以通过"辅助信息"中的"市场占有率"查看其订单的归属，并能根据市场总需求量以及各组市场份额的百分比计算出各组获得的订单数量。在价格方面，经营者可以通过市场调研报告中的平均价格大致判断批发的价格。而对于直销，如果本企业参与了直销投标，则可以查看中标情况及中标价格；若本企业未参与直销投标，则只能根据参与直销竞标的组数大致判断中标价格。

②关注各小组的媒体策略。每个季度媒体投标结束后，经营者即可通过"辅助信息"中的"媒体中标信息"查看媒体中标情况，了解中标小组的媒体投放金额，并大致了解各组的媒体投放风格，为本企业的媒体广告策略提供参考。

③了解各组的价格策略。在每个季度媒体广告投标结束后，经营者可以通过"辅助信息"中的"各组零售订单"查看各组的零售情况，从而可以推断各组的价格策略及销售意图。

④了解各组的产品组合策略。经营者可通过两种方法来了解各组的产品组合。其一是通过"辅助信息"中的"各组零售订单"直观地查看各组零售的产品有哪些类型，从而判断其产品组合。此种方法简单直观，但并不一定准确，因为有些小组可能研发并生产了新产品，但并未上架销售或者未能达成交易。其二是通过年末财务报表进行分析判断。分析利润表中的管理费用，可以推断该小组所花费的研发费用，进而推测其产品的研发情况。当然，这种分析方法需要耗费更多的时间，并且需等年末各小组"关账"后才能看到对方的财务报表，有滞后性，且作用并不明显，因此建议经营者选择部分竞争对手去分析判断。

综上，经营者若要分析各组的经营动态，往往需要了解直销、批发订单的归属，以及各组的媒体广告中标情况、价格策略等，经营者需要综合分析、整体把握，所制订的各种经营策略也要配合使用，各种策略相互作用、相互影响。

（2）寻求各产品在零售市场的交易机会

各产品在零售市场上均有六类消费群体，企业在经营过程中应适当关注各类消费群体的市场机会。通常在经营的第一年，由于需要关注的市场信息量并不大，各企业都会有比较充足的时间关注各类消费群体的交易情况，并与对手展开博弈竞争。但在经营中后期，例如第二年、第三年经营期，由于市场信息量较大，在有限的经营时间里，有些企业往往会忽略或无暇顾及对交易细节的分析，因此经营者应该在经营过程中有针对性地关注一些市场细分，寻求交易机会。

3. 每年经营结束后的环境分析

每年经营结束后，企业应将重点放在对各企业财务报表的分析研究上。经营者通过对各企业的财务报表数据进行分析，并对其经营绩效、发展潜力和竞争态势等进行预测，可以为本企业下一年经营策略的制订提供参考。

（1）财务报表分析

从各企业的财务报表中可以分析其该年的经营状况，包括企业的盈亏情况、产品库存情况、现金贷款情况、厂房和生产线布局情况等，掌握这些信息有利于了解各企业的竞争地位及发展潜力。

（2）竞争态势分析

由于市场的容量有限，一般来说，如果破产的企业越多，则后续的竞争程度越不激烈。此外，影响竞争程度的因素还包括：

①各企业的库存量。各企业库存量越大，产品销售压力越大，后续竞争就会越激烈，反之亦然。

②各企业的生产线规模。各企业生产线规模越大，生产能力越强，后续竞争就会越激烈，反之亦然。

综上，每年经营结束后，经营者需要对当前的竞争局面进行分析，了解剩余企业的数量，以及现有企业的所有者权益高低、库存量大小、产能大小和资金状况等因素，对下一年的竞争态势进行预测。

（3）综合指数分析

经营者需要时时关注各小组的企业综合指数，原因在于：一方面，企业综合指数的高低将影响理智型消费群体的交易；另一方面，企业综合指数的高低还会影响直销中标的概率。影响企业综合指数的因素有三个，其中上季度销售额和媒体影响力对综合指数的影响占主导地位。并且，随着经营时间的推进，媒体影响力的基数越来越大，单次媒体广告中标对提升企业综合指数的影响越来越小。

经营者若从提高直销中标概率的角度来考虑提升企业综合指数，策略之一是尽可能投放媒体广告并中标，但此策略往往需要企业付出比较大的代价，即高额的媒体广告费；策略之二是努力提高企业第四季度的销售额，从而在短期内提升企业综合指数。

（4）发展潜力分析

判定企业的发展潜力，需要综合考虑其整体经营状况，其中有三个指标比较重要：

①企业的库存量及生产能力。库存量及生产能力说明了企业可供销售的产品数量多少。如果企业的库存量大，产品可以销售，则一般具备较强的成长力。

②企业综合指数。若企业综合指数高，则可以较高的价格参与直销竞标。如果企业的大部分产品都能够通过直销的方式销售，则该年的销售费用会节省很多，如媒体广告费、货物配送费和零售商销售提成等。因此企业的利润率将较高，从而提升经营业绩。

③企业的所有者权益。所有者权益较高，说明企业前期经营业绩较好，且企业的融资能力较强。

综上所述，若企业在本年末拥有较高的所有者权益，财务状况良好且库存量较大，则具备良好的发展潜力。当然若企业库存量大、综合指数高，即使本年的所有者权益较低，若能在下一年经营期以直销订单为主，批发、零售为辅，也可以取得非常好的经营业绩。

一些实训小组在制订企业发展战略时雄心勃勃，大有扫平天下之势，一上来就拼命铺设全自动和柔性生产线，研发全系列产品，开发全部市场，将融资用到了极限，大量投放媒体广告。结果往往是财务费用、市场开拓费用、销售费用等支出巨大，然而企业的销售状况并不理想，公司权益迅速下降或现金断流，不得不宣告破产。为此，各小组在制订战略时，一定要认真分析市场环境、关注竞争对手、研究目标市场和营销策略、认识自身所处的经营环境，并正确评估企业在群体博弈中所处的地位，唯有如此，才能够制订并运用恰当的竞争策略来实现自身经营目标，在激烈的竞争中保持优势地位。

素养园地

实业救国：为国担当，为国分忧，一起来听听这些企业家的爱国故事

企业营销无国界，企业家有祖国。习近平总书记在企业家座谈会上指出，优秀企业家必须对国家、对民族怀有崇高使命感和强烈责任感，把企业发展同国家繁荣、民族兴盛、人民幸福紧密结合在一起，主动为国担当、为国分忧。

陈嘉庚：华侨旗帜、民族光辉

1940年，爱国华侨陈嘉庚回国慰劳考察。在延安毛泽东请他吃晚饭，桌上只有几碟素菜和一味鸡汤。鸡还是邻居老大娘得知毛主席有远客，特地送来的。对比当时国民党政府拨出的8万元接待费，陈嘉庚说："中国的希望在延安！"

陈嘉庚（1874—1961），生于厦门，17岁到新加坡随父经商，因其勤奋刻苦、经营有方，仅用20余年的时间，就成为南洋各埠声名显赫的大实业家。他一生爱国爱乡、倾资兴学、服务社会，抗战时期，他动员南洋华侨踊跃捐款，为祖国的抗战做出了巨大的贡献，是当之无愧的侨界领袖、民族光辉。

1928年日本制造济南惨案后，陈嘉庚领导华侨社会开展抗日救亡运动。1937年10月，他发起成立"马来西亚新加坡华侨筹赈祖国伤兵难民大会委员会"，任主席。次年10月，他联络南洋各地华侨代表在新加坡成立"南洋华侨筹赈祖国难民总会"，又一次被推举为主席。陈嘉庚带头捐款购债献物，精心筹划组织，使南侨总会在短短三年多内便为祖国筹得约合4亿余元国币的款项。此外，他组织各地筹赈会为前方将士捐献寒衣、药品、卡车等物资，并在新加坡和重庆投资设立制药厂，直接为前线供应药品。

1939年，陈嘉庚应国内之请代为招募3 200余位华侨机工（汽车司机及修理工）回国服务，在新开辟的滇缅公路上抢运中国抗战急需的战略物资。1945年抗战胜利后，陈嘉庚重返新加坡。毛泽东为其题词"华侨领袖，民族光辉"。

想一想、议一议：我们新时代青年从陈嘉庚老先生身上可以学到哪些优秀品质？中国人民和中华民族从近代以后的深重苦难走向伟大复兴的光明前景，我们新时代青年如何坚定道路自信，以更加积极的历史担当和创造精神做出新的贡献？

知识练习与思考

一、填空题

1. 在市场营销沙盘系统中，采用了简化的企业组织结构，主要角色代表包括公司_____、_____、_____、_____。
2. 经营过程中环境分析需要关注各组的经营动态，具体来看，主要关注竞争对手的_____、_____和_____等。
3. 每年经营结束后的环境分析，应将重点放在_____的分析研究上。对其_____、_____和_____等进行预测，可以为本企业下一年经营策略的制订提供参考。
4. 判定企业的发展潜力，需要综合考虑其整体经营状况，其中有三个指标比较重要：_____、_____、_____。

二、思考题

1. 公司总裁的主要职责是什么？
2. 企业环境分析有哪些方面？

任务三　经营规则演练

导入案例

黄金搭档巴菲特和芒格——60年没吵过架，友人兼合伙人的绝佳典范

巴菲特和芒格，做到友谊和商业合作完美结合。他们共同创造了令全世界粉丝羡慕的财富，又建立了令世人羡慕的亲密无间的友谊，被誉为投资界绝无仅有的黄金搭档。

1959年，29岁的巴菲特在朋友的推荐下，认识了35岁的芒格。1962年两人开始生意上的合作，1978年正式成为同一个公司的合伙人。到2023年，两人已相识64年，芒格已经是99岁的老人，巴菲特也已经93岁了。

在2021年的股东大会上，芒格和巴菲特两人都表示，他们互相尊重对方的意见，一直都能和谐地相处。当时97岁的芒格说："巴菲特和我在很多事情上都能够达成共识，我们不要求对所做的每一件小事都意见一致，我们相处得很好，60年来，我们从来没有因为任何事情争吵过，我们尊重彼此的看法，从来没有生过对方的气。"

所以，两个好朋友一起进行商业合作，互相尊重，合理分配利益，就容易友好地进行长期合作。

评点：

企业内部的合作，不仅仅是部门间的合作，也是部门间人员的合作。当团队的每一个人都坦诚相待，都有一份奉献精神时，取长补短，个人的能力肯定会得到大大的提升。三人行，必有我师焉。如果大家把团队里每个人的长处、优点都变为自己的长处、优点，灵活运用，不仅团队的力量日益强大，自己的能力、潜力也会慢慢得到升华。

市场营销沙盘中的企业运营涉及营销、生产、财务等多个方面，受到来自各方面条件的制约。根据工作分工，沙盘中有不同的岗位角色，主要包括公司总裁（CEO）、营销总监（CSO）、运营总监（COO）和财务总监（CFO）。在正式开始模拟运营前，必须要熟悉这些角色的运营规则和操作步骤，做到相互配合、彼此协调，否则除影响经营进度外，还会影响各模拟团队的最终成绩。

任务引入

登录市场营销沙盘系统，了解各个角色承担的任务和责任，掌握各部门有关工作的操作步骤。

登录　修改密码

一、营销总监（CSO）技能训练

营销总监（CSO）负责四个部门，分别是：市场部、直销部、批发部和零售部。

（一）市场部

1. 市场分析操作步骤

市场分析是沙盘操作的首要步骤，其作用是根据市场分析，制订整体的操作思路和营销策略。通过购买调研报告可以了解以下信息。

（1）市场需求波动率

市场需求波动率会对产品的零售造成一定影响，影响公式为

$$\frac{\text{零售消费群体每个季度}}{\text{实际的需求数量}} = \frac{\text{调研报告给出的六类}}{\text{零售消费群体需求数量}} \times \left(1 + \frac{\text{本季度市场}}{\text{需求波动率}}\right)$$

注意：
① 市场环境是随机变化的，在每次初始化数据重新开始训练或比赛时，市场需求波动率都会不一样。
② 在同一竞赛环境下的所有小组所面对的市场环境是一样的。
③ 在购买调研报告以后，本年度四个季度的市场环境不会再发生变化。

（2）产品流行功能和产品更新换代的时间
为产品的生产做准备。
（3）各销售渠道的市场需求量和期望价格
操作步骤（依次点击系统中的下列选项或按钮，以下操作同理）为：

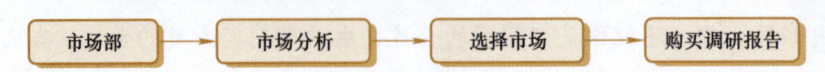

市场部 → 市场分析 → 选择市场 → 购买调研报告

购买调研报告

2. 市场开拓操作步骤

市场营销沙盘系统中设有东部、南部、西部、北部和中部五个市场，但在开始之际时南部市场就已开发完毕，不需要再开发，市场部需根据调研报告和公司总裁制订的策略，在其他四个区域市场中选择若干个进行开发。需要注意的是，在开拓市场时，须一次性选中所有想要开拓的市场进行开拓，未选中的市场当年不能进行再次开拓。此外，市场不能加速开拓，完成开拓后当年即可进行产品的销售。开拓不同区域市场所需要的开拓周期和费用如表 1-1 所示。

表 1-1　不同区域市场的开拓周期和费用表

市　　场	开拓周期（年）	开拓费用（万元/年）
东部市场	1	5
中部市场	2	5
北部市场	3	5
西部市场	3	5

操作步骤为：

市场部 → 市场开拓 → 选择市场（复选框）→ 市场开拓或跳过

3. ISO 认证操作步骤

系统中包含 ISO 9000、ISO 14000 两种认证，经营者可以选其中一种或两种进行认证，也可以选择不认证。

ISO 9000 质量管理体系标准是国际标准化组织（International Organization for Standardization，ISO）在 1987 年提出的概念，延伸自旧有 BS5750 质量标准，是指"由国际标准化组织质量管理和质量保证技术委员会（ISO/TC 176）制定的所有国际标准"。ISO 9000 不是指某一特定标准，而是一系列标准的统称。ISO 9000 是 ISO 发布的标准中最畅销、最普遍的产品。

ISO 14000 环境管理系列标准是国际标准化组织继 ISO 9000 标准之后推出的又一套管理标准。该标准由国际标准化组织环境管理技术委员会（ISO/TC 207）制定，包括 14001～14100 共 100 个标准序列号，统称为 ISO 14000 系列标准。

注意： 进行 ISO 认证时，须一次性选中所有需要认证的项目进行认证，未选中的项目不能进行再次认证。ISO 认证不能加速进行，认证完毕后当年即可影响销售。

进行 ISO 认证所需的研发周期和费用如表 1-2 所示。

表 1-2　ISO 认证的研发周期和费用表

认证标准	研发周期（年）	研发费用（万元/年）
ISO 9000	1	10
ISO 14000	2	10

操作步骤为：

市场部 → ISO 认证 → 选择认证（复选框）→ ISO 认证或跳过

（二）直销部

直销是指厂家直接销售商品和服务，即绕过传统批发商或零售通路，直接从客户那里接收订单的经销方式。

1. 开发客户操作步骤

在沙盘系统中，直销是三种销售渠道之一，需通过投标的方式获得订单，在参与投标之前需要先开发客户，第一年直销不需要开发客户。

操作步骤为：

直销部 → 开发客户 → 选择客户（复选框）→ 确认开发

2. 参与投标操作步骤

①投标报名：选择需要投标的订单进行报名，取得投标资格。投标报名不收取任何费用。

②资格预审：系统会按照不同订单的要求对各小组资格进行预审，资格预审的条件包括是否已经完成客户开发、是否已经进行 ISO 认证。注意：通过点击自己已报名的投标订单可以查看该投标订单下的其他参与小组；投标报名后将不能进行客户开发，如果有要开发客户的订单须在进行投标报名之前完成开发。

③购买标书：购买标书并支付购买标书费，标书费用为 2 万元 / 份。

④投标：各小组对已购买标书的订单进行投标，制定投标价格并提交，投标价格不能高于订单要求的市场最高价格，成交规则采用综合评分法。

⑤综合评分法：以每组投标价格和每组企业综合指数为评分依据，计算公式为

$$综合评分 = \frac{所有小组最低投标价格}{本小组投标价格} \times 60 + \frac{本小组企业综合指数}{所有有效投标小组最高企业综合指数} \times 40$$

⑥企业综合指数：计算公式为

$$企业综合指数 = \frac{本小组 ISO 认证得分}{所有小组 ISO 认证总得分} \times 20 + \frac{上季度本小组销售额}{上季度所有小组销售总额} \times 40 + \frac{本小组媒体影响力}{所有小组总媒体影响力} \times 40$$

其中，ISO 认证得分 = 完成 ISO 14000 认证计 20 分 + 完成 ISO 9000 认证计 10 分。

需要注意的是，直销客户订单有交货期限，如果在交货期限内不能交货，则须按订单原价的 25%（四舍五入）扣缴违约金并取消订单。每违约一张订单取消一年（下一年）的直销客户订单投标资格。

操作步骤为：

直销部 → 投标报名（复选框）→ 资格预审 → 购买标书 → 投标 → 中标公示

投标报名　资格预审　购买标书　投标

（三）批发部

批发是指向再销售者、产业和事业用户批量销售商品或服务的营销活动。其中，再销售者是指二次及其以下的批发商和零售商；产业用户是指从事生产和服务提供的营利性组织，即从事第一、二、三产业的企业单位；事业用户是指不以再销售为目的，而是为了业务或事业上的需要购买设备和材料的非营利性组织。批发是生产与零售之间的中间环节，可以使社会产品从生产领域进入流通领域，起到组织和调动地区之间商品流通的作用，还可通过商品储存发挥"蓄水池"作用，平衡商品供求。

1. 投放招商广告操作步骤

在市场营销沙盘系统中，批发前需先投放招商广告，排名在前的小组才能获得选单的机会，如果没有机会选单，投放招商广告的资金也不会退回，而是成为沉没成本。如果选择保守策略，也可放弃投放招商广告。

操作步骤为：

批发部 → 投放招商广告 → 输入投放金额 → 确认投放或放弃

投放招商广告

2. 选择批发订单操作步骤

各小组投放招商广告后，系统通过计算筛选出有选单机会的小组并予以公示。当订单选择区显示本小组账号时，双击自己的账号进行选单，也可以放弃选单。

操作步骤为：

批发部 → 选择批发订单 → 系统允许选单 → 双击自己账号选单

选择批发订单

（四）零售部

零售是指向最终消费者直接销售商品和服务，以供其个人及非商业性使用的营销活动。在沙盘系统给定的成交规则中，销售价格直接影响销售的数量，计算公式为

销售数量变动率 =[（销售价格 − 市场期望价格）/ 市场期望价格]× 价格需求弹性系数

实际销售数量 = 预计销售数量 ×（1− 销售数量变动率）

注意：P1 产品的价格需求弹性系数为 0.8；P2 产品的价格需求弹性系数为 0.9；P3 产品的价格需求弹性系数为 1；P4 产品的价格需求弹性系数为 1.2。

沙盘系统中给定的六类零售消费群体遵循一定的成交顺序，只有当前一类消费群体成交结束后，才会进行下一类消费群体的成交。

六类消费群体优先交易顺序为：

①情感型；②习惯型；③理智型；④冲动型；⑤经济型；⑥不定型。

每类消费群体的交易规则为：

①情感型消费群体：受产品的历史优惠额度影响，产品历史成交优惠额度最多的小组优先成交；如果不同小组对某产品的历史成交优惠额度相同且最低，则比较各组的企业综合指数；如果企业综合指数也相同，则比较各组价格。

②习惯型消费群体：属于媒体广告主导群体，按照本组本季度获得的媒体影响力与所有小组本季度获得的媒体影响力总和的百分比分配订单。

③理智型消费群体：属于企业综合指数主导群体，企业综合指数高者优先交易；如果综合指数相同，则比较价格。

④冲动型消费群体：属于流行功能主导群体，由于流行功能有持续周期，并且开始流行时间受零售商的市场敏感度影响，只有在流行功能流行持续周期内才会产生冲动型消费群体的成交。在此期间，拥有此流行功能的小组优先成交；如果都拥有该流行功能，则比较该产品拥有的所有功能数量，拥有最多功能数量者优先成交；如果仍旧相同，则比较价格；如果价格也相同，则比较企业综合指数。

⑤经济型消费群体：属于价格主导群体，价格低者优先交易；如果价格相同，则比较企业综合指数。

⑥不定型消费群体：属于促销活动主导群体，如果没有促销就不会产生该类消费群体的订单，促销后价格最低的小组优先成交；如果促销后的价格相同，则比较企业综合指数；如果综合指数也相同，则比较定价，定价低者优先成交。

注意：如果定价超过市场期望价，则不定型消费群体不会产生交易；促销活动对其他五类消费群体也同样有效。

| 职业提示 |

敬畏规则，尊重规则

"没有规矩不成方圆"，凡事都有其固有的规则。人们要想实现预期的目的，就必须按其规则行事，否则就会遭到惩罚。订立规则、章程的意义，就在这里。但是，任何规则章程，又都是一定时间条件下的产物。离开了特定的历史条件，规则章程同样也会失去应有的意义。对发展变化了的事物，仍死抱旧有的规则章程，则注定要遭到失败。

规则是社会有序运行的"基础设施"，是社会和谐的"底座"，是社会公平正义的重要保障，也是一个人立身处世的底线。规则受尊重，社会才有良序；规则公平是最大的公平，规则正义是最大的正义。

1. 签约零售商操作步骤

开展零售业务首先要签约零售商,且需要缴纳一定的费用。如果不需要签约零售商,也可以选择跳过。

零售商参数如下:

①市场覆盖率:该零售商的消费者对产品的需求量占本市场全部六类消费群体的需求总量的百分比。

②市场敏感度:该零售商的消费者针对市场调研报告中流行功能的市场预期到实现的最短周期。

③回款周期:该零售商与企业结算应收账款的账期。

④提成比例:零售商对销售产品的提成比例。也就是说,企业需要给零售商结算的提成金额=零售商销售收入×提成比例。

⑤到货周期:将产品配送给零售商所需要的物流运输周期。

⑥管理费:每季度支付给零售商的管理费用。

⑦进场费:与零售商签约进店需要缴纳的费用。

操作步骤为:

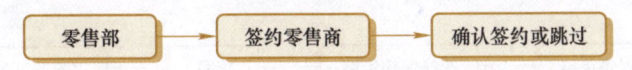

零售部 → 签约零售商 → 确认签约或跳过

2. 货物配送操作步骤

与零售商完成签约后,即可向零售商配送货物。费用如表1-3所示。

表1-3 货物配送费用表

配送目标市场	标准配送数量(件)	基础配送费(万元)	每多一件的配送费(万元)
南部市场	10	1.50	0.20
东部市场	10	1.50	0.20
中部市场	10	1.50	0.20
北部市场	10	1.50	0.20
西部市场	10	1.50	0.20

操作步骤为:

零售部 → 货物配送

3. 价格制定操作步骤

当货物配送到零售商时,还需要为货物制定价格。经营者可根据不同产品的价格需求弹性系数和目标销售数量制定其价格,当然,经营者还可以根据一定的决策,为不同的零售商的货物制定不同的价格。保存价格设置后,如果商品要出售,则选择上架;如果商品暂时不出售,则选择下架。

操作步骤为：

零售部 → 价格制定 → 输入价格 → 保存设置 → 上架或下架

价格制定

4. 促销策略操作步骤

在进行商品零售时，经营者可以为商品制订一定的促销策略，主要包括：

（1）满就送

可以设定消费者购买某种产品达到一定金额即可享受返多少现金的优惠活动。其中"送"的数值不能大于"满"的数值。

（2）多买折扣

可以设定消费者一次性购买达到多少数量后，所购买产品全部按折扣价格结算的优惠活动。享受折扣额需填写折扣的数值，比如八五折应填写"8.5"。

（3）买第几件折扣

可以设定一次性购买达到多少数量后，该件商品按照折扣价购买，并且如果继续购买，每逢设定数量的倍数，均可按照折扣价购买的优惠活动。比如"第三件五折"即为前两件按一口价购买，第三件可享五折优惠；若买满六件，第六件也享五折优惠。

操作步骤为：

零售部 → 促销策略 → 选择促销策略 → 填写 → 上架或下架

促销策略

5. 媒体广告投放操作步骤

投放媒体广告有两种方式：

（1）竞价排名

按照投标金额依次排名，分别计算其获得的媒体影响力和关系值（如百度排名）。

（2）高价中标

按照投标金额最高者中标，获得相应的媒体影响力和关系值（如央视的各个时段）。

注意：关系值的作用是在针对同一媒体的投标价格相同时，关系值高者优先获得；如果关系值也相同，则比较提交媒体广告的先后顺序。

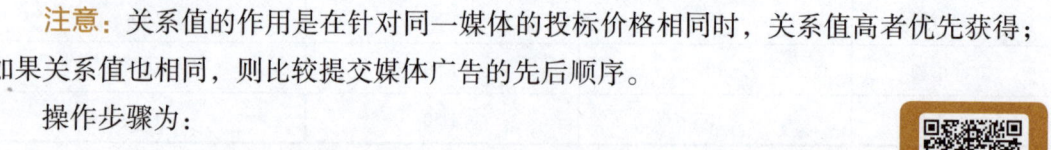

操作步骤为：

零售部 → 参与媒体广告投标 → 填写投标金额 → 递交投标或跳过

媒体广告投放

二、运营总监（COO）技能训练

运营总监（COO）负责生产部。

1. 产品研发操作步骤

产品是一个企业的核心，是利润的载体，如何生产、生产何种产品十分关键，会直接影响一个企业的发展。产品生产的第一步就是产品研发。产品研发需要一定的周期和费用，经营者可以根据企业经营策略选择研发一种、多种或者全部产品，也可以全部不研发，以降低企业成本，当时机成熟的时候再着手研发。产品研发所需要的周期和费用如表1-4所示。

表1-4 产品研发的周期和费用表

产品	研发周期（季度）	研发费用（万元/季度）
P2	3	10
P3	3	20
P4	3	30

操作步骤为：

生产部 → 产品研发 → 选择要研发的产品 → 研发投资

职业提示

产品生命周期

"产品生命周期"是指产品从投入市场到更新换代和退出市场所经历的全过程，是产品在市场运动中的经济寿命。一般分为导入（进入）期、成长期、成熟期、衰退（衰落）期四个阶段。

2. 厂房租赁/购买操作步骤

产品生产需要生产线，而生产线的安装需要厂房。所以企业想要多生产产品，就需要租赁或者购买厂房。

注意：购买厂房可分期付款，租赁厂房不可分期付款。租赁或购买厂房的基本信息如表1-5所示。

表1-5 租赁/购买厂房的基本信息表

厂房	购买价格（万元）	购买分期数（季度）	租赁价格（万元/年）	变卖价格（万元）	维修费（万元）	容纳生产线（条）
A	320	4	40	320	0	4
B	240	4	30	240	0	3
C	120	4	20	120	0	1

操作步骤为：

生产部 → 厂房租赁/购买 → 选择租赁厂房或购买厂房

3. 生产线购买操作步骤

完成租赁或购买厂房后，需要购买合适的生产线。生产线分为半自动生产线、全自动生产线和柔性生产线，如何进行选择需要一定的计算。一般购买全自动或柔性生产线后不再购买半自动生产线。三种生产线的基本信息如表1-6所示。

表 1-6　生产线基本信息表

生产线	购买价格（万元）	生产周期（季度）	转产费用（万元）	变卖价格（万元）	拆迁费用（万元）	维修费用（万元/年）	周期产量（件）
半自动生产线	40	2	0	10	8	5	10
全自动生产线	80	1	10	20	10	4	10
柔性生产线	120	1	0	30	10	5	10

操作步骤为：

生产部 → 生产线购买 → 选择生产线类型 → 购买和安装

购买生产线

4. 原材料采购操作步骤

在生产产品前，还需要购买原材料，原材料的采购价格均为 1 万元 / 个。

到期的原材料采购计划会自动入库。批量采购原材料可以延长向供应商付款的账期，如果采购数量小于 50 个，则需支付相应的现金；如果采购数量大于等于 50、小于 100 个，可以产生一个季度的应付账款的账期；如果采购数量大于等于 100、小于 150 个，可以产生两个季度的应付账款的账期；如果采购数量大于等于 150、小于 200 个，可以产生三个季度的应付账款的账期；如果采购数量大于等于 200 个，可以产生四个季度的应付款的账期。

产品 BOM 清单及加工费用如表 1-7 所示。

表 1-7　产品 BOM 清单及加工费用表

产品	BOM 清单	半自动生产线加工费（万元）	全自动生产线、柔性生产线加工费（万元）
P1	R1	1	1
P2	R1+2R2	1	1
P3	2R2+R3	2	1
P4	R2+R3+2R4	2	1

操作步骤为：

生产部 → 原材料采购 → 下采购计划 → 原材料到期入库

5. 产品生产及下线入库操作步骤

（1）投入生产

有了原材料，选择空闲的生产线便可以上线生产产品。

投入生产时必须要选择产品型号，产品型号是由经营者根据自己的产品功能组合自由命名的。例如：生产带有 F1 和 F4 功能的 P1 产品，产品型号可定义为"P1F1F4"，然后选择 F1 和 F4 功能，这样只要看到型号就可以知道产品的功能。

经营者既可在投入生产时直接添加产品型号，也可以到特殊任务中的"产品型号管理"中进行设定。

操作步骤为：

生产部 → 投入生产 → 添加产品型号 → 选择产品功能 → 投入生产或跳过

（2）产品下线入库

产品生产完成后要下线，进入产品库，才可以通过直销、批发和零售三种方式进行销售。需要注意的是，产品配送给零售商后只能在零售商之间调拨，不能再返回到产品库。产品库中的产品可以直接交付直销、批发订单；当有直销或者批发订单时，一定要注意是否有足够的库存产品可以交付，以免因不能交付直销或批发订单而造成违约。

操作步骤为：

生产部 → 产品下线入库

6. 交货给客户操作步骤

市场部获取的直销或批发订单需由生产部执行交货操作；零售消费群体通过零售商购买商品后由系统自动结算，不需要执行交货动作。

如果库存成品能够满足订单的需求，则可交货给客户。交货后，企业会收到现金或者产生应收账款。

注意：

① 当年拿到的订单必须在规定的交货期内交货，如果不能按时交货，将会被扣罚25%（结果四舍五入）的违约金，并取消订单。

② 交货时，如果订单对产品功能有明确需求，则必须选择带有所要求的产品功能的产品进行交货。

操作步骤为：

生产部 → 交货给客户 → 选择产品型号 → 交货 → 结束交货

三、财务总监（CFO）技能训练

财务总监（CFO）负责财务部。

一个企业要发展需要保持两条链的安全，即产品链和资金链。如果企业的资金链断裂，将会造成严重的损失，甚至直接破产。

1. 应收账款/应付账款操作步骤

每一季度都需要进行应收账款和应付账款的结算，使之变成现金。

操作步骤为：

财务部 → 应收账款/应付账款 → 接受/支付

2. 融资/还本付息操作步骤

（1）短期贷款和民间融资

短期贷款和民间融资是保持现金流动的重要形式，只要有所有者权益，就可以进行短期贷款或者民间融资，但是需要注意：

① 如有到期的短期贷款或民间融资，则须先还款，才能再次进行贷款。

② 短期贷款与民间融资的贷款期限均是一年，贷款到期后需要归还本金并支付利息。民间融资的利息较高，如果没有必要，可不进行民间融资。

③ 提前做好资金规划，如果下一季度的应收账款不足以支付费用支出，则需要提前进行贷款，以免出现资金紧张，导致企业破产。

短期贷款和民间融资的规则及基本信息如表 1-8 所示。

表 1-8 短期贷款/民间融资规则及基本信息表

融资方式	规定贷款时间	贷款额度	还贷规定	年息（%）	期限（年）
短期贷款	每季度任何时间	上年所有者权益的2倍−已贷短期贷款额，并能被100整除的最大整数	到期一次性还本付息	5	1
民间融资	每季度任何时间	上年所有者权益的2倍−已贷民间融资额，并能被100整除的最大整数	到期一次性还本付息	15	1

操作步骤为：

财务部 → 短期贷款/民间融资 → 还本付息 → 选择短期贷款/民间融资金额 → 新贷款

（2）长期贷款

长期贷款可以用于企业的长期经营，为企业的发展提供资金保障，而无须过多关注资金状况。但是需要注意：

① 如有到期的长期贷款，则须先还清贷款，才能再次进行贷款。

② 长期贷款的期限是两年，每年年底须支付利息，贷款到期后须归还本金并支付利息。

长期贷款的规则及基本信息如表 1-9 所示。

表 1-9 长期贷款规则及基本信息表

融资方式	规定贷款时间	贷款额度	还贷规定	年息（%）	期限（年）
长期贷款	每年第四季度	上年所有者权益的2倍−已贷长期贷款额，并能被100整除的最大整数	每年年底还利息，到期一次还本付息	10	2

操作步骤为：

财务部 → 长期贷款 → 还本付息 → 选择长期贷款金额 → 新贷款

3. 管理费缴纳操作步骤

每一季度企业都需要缴纳一定的管理费。

操作步骤为：

财务部 → 管理费缴纳 → 确认缴纳

4. 应交税缴纳操作步骤

企业在每年的第一季度需要进行纳税操作，如果企业上一会计年度没有利润，则纳税额为 0。

操作步骤为：

财务部 → 应交税缴纳 → 确认缴纳

5. 租赁费 / 维修费支付操作步骤

企业租赁、维修厂房需要支付一定的费用。

操作步骤为：

财务部 → 租赁费 / 维修费支付 → 确认支付

6. 库存费支付操作步骤

产品库里如果有产品存放，需要支付一定的库存费。

库存费计算规则如表 1-10 所示。

表 1-10　库存费计算规则表

产品或原材料	最低数量（件）	基础库存费（万元 / 年）	每增加一件的库存费（万元）
产品：P1、P2、P3、P4 原材料：R1、R2、R3、R4	50	3	0.02

操作步骤为：

财务部 → 库存费支付 → 确认支付

7. 折旧操作步骤

固定资产在使用过程中会发生磨损，其价值会逐渐减少，这种价值的减少就是固定资产折旧。财务部需定期查看本企业的折旧费用。

操作步骤为：

财务部 → 折旧

8. 关账操作步骤

每一会计年度结束时财务部需要进行关账。关账后可查看企业本年度的经营得分。得分规则计算公式为

$$经营得分 =（1+ 总分 /100）× 所有者权益 × 追加股东投资比例$$

其中，总分的计算项目如下：

未进行民间融资：+20 分。

未贴现：+20 分。

市场开拓：区域市场开拓完成 +10 分，全国市场开拓完成 +15 分，亚洲市场开拓完成 +20 分，国际市场开拓完成 +25 分。

ISO 认证：ISO 14000 认证完成 +20 分，ISO 9000 认证完成 +10 分。

产品研发：P2 产品研发完成 +5 分，P3 产品研发完成 +10 分，P4 产品研发完成 +15 分。

生产线：半自动生产线每条 +10 分，全自动生产线每条 +15 分，柔性生产线每条 +15 分。

拥有厂房：A 厂房 +15 分，B 厂房 +10 分，C 厂房 +5 分。

直接成本分摊：得分 =（1- 直接成本/销售额）×100。

综合费用分摊：得分 =（1- 综合费用/销售额）×100。

资金周转率：得分 = 销售额/总资产 ×100。

净利润率：得分 = 净利润/销售额 ×100。

资产报酬率（ROA）：得分 = 税前利润/总资产 ×100。

权益报酬率（ROE）：得分 = 净利润/所有者权益 ×100。

资金流动性：

速动比率（QR）=（现金 + 应收款）/（短期负债 + 应付款 + 应交税）。

流动比率（CR）= 总流动资产/（短期负债 + 应付款 + 应交税）。

若 CR<1 且 QR<0.5，说明资金流动性差，得分 −10 分。

若 1.5<CR<2 且 0.75<QR<1，说明资金流动性一般，得分 +50 分。

若 CR ≥ 2 且 QR ≥ 1，说明资金流动性好，得分 +100 分。

资产负债率：得分 =（1- 总负债/总资产）×100。

操作步骤为：

财务部 → 关账 → 确认关账 → 查看经营得分

四、公司总裁（CEO）技能训练

公司总裁（CEO）负责掌控企业全部事务，比赛时一般有一台计算机始终登录 CEO 角色进行操作。公司总裁可以执行所有的权限，除了安排以上三个角色的事务外，还负责系统中的特殊任务操作和辅助信息分析等。

1. 产品型号管理操作步骤

产品想要符合市场需求，就需要不断地进行更新换代，而每个新产品都要有自己特定的型号。系统的"特殊任务"中可进行产品型号管理操作，与投入生产操作步骤中添加产品型号功能相同。

操作步骤为：

特殊任务 → 产品型号管理 → 添加产品型号 → 保存

2. 生产线变卖操作步骤

在企业刚开始经营时，共拥有两条半自动生产线、一条全自动生产线和一条柔性生产线。因为半自动生产线效率低下，为了提高产能需要变卖，此项操作需在"特殊任务"中进行。生产线可以按照一定的价格进行变卖，变卖收入属于额外收入，但是变卖前要先计提折旧，剩余的固定资产要进行固定资产清理。

操作步骤为：

特殊任务 → 生产线变卖 → 选择生产线 → 确认变卖

3. 生产线转产操作步骤

购买生产线后，经营者需要根据生产、销售的实际情况合理安排生产线，这就会涉及生产线的转产，例如将原本生产 P1 产品的生产线转为生产 P2 产品。空闲的生产线可以进行转产，半自动生产线和柔性生产线可以直接转产，没有转产费用和转产周期；全自动生产线进行转产需要支付一定的转产费用，并需要相应的转产周期。

操作步骤为：

特殊任务 → 生产线转产 → 选择生产线和转产产品 → 确认转产

4. 生产线搬迁操作步骤

生产线在购买时会直接安装在厂房中，因而生产线的搬迁功能并不常用。但在企业濒临破产时需要变卖厂房，就会涉及生产线的搬迁。如果厂房中有空闲位置，可以将空闲的生产线搬迁到该空闲位置，但需要一定的搬迁费用（见表 1-11）。

表 1-11　生产线搬迁费用

生　产　线	搬迁费用（万元）
半自动生产线	8
全自动生产线	10
柔性生产线	10

操作步骤为：

特殊任务 → 生产线搬迁 → 选择生产线和厂房可搬迁位置 → 确认搬迁

5. 厂房租转买操作步骤

企业在发展前期往往采用保守战略，会选择租赁厂房，而当企业发展壮大，资金充裕，有实力购买厂房时，可在"特殊任务"中进行厂房租转买的操作，以提高最后得分。

操作步骤为：

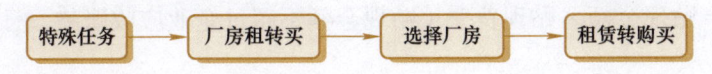

特殊任务 → 厂房租转买 → 选择厂房 → 租赁转购买

6. 厂房变卖操作步骤

在企业经营不善，通过短期贷款、民间融资、长期贷款和贴现等途径都无法解决资金短缺问题的情况下，可采用变卖厂房、生产线的方式进行自救。空闲的厂房可以进行变卖，不计折旧。厂房变卖后将产生四个季度的应收账款。

操作步骤为：

特殊任务 → 厂房变卖 → 选择可变卖厂房 → 确认变卖

7. 厂房退租操作步骤

如果企业不再继续租赁厂房，可在"特殊任务"中进行厂房退租的操作。空闲的厂房可以直接退租，如果该厂房中还有生产线，则可以进行租转买，但是本年度的租金不退还。

操作步骤为：

特殊任务 → 厂房退租 → 选择可退租厂房 → 确认退租

8. 紧急采购操作步骤

当企业原材料采购不足时，可以进行紧急采购。紧急采购价格为正常采购价格的两倍。

操作步骤为：

特殊任务 → 紧急采购 → 制定紧急采购订单 → 确认采购

9. 库存调拨操作步骤

库存调拨指的是零售商之间的库存调拨。当产品在某市场敏感度较短的零售商处不再流行时，需要将此产品调拨到市场敏感度较长的零售商处；或是某零售商处产品数量较大时，也可调拨到产品较少的零售商处。

操作步骤为：

特殊任务 → 库存调拨 → 填写调拨信息 → 发货

10. 贴现操作步骤

贴现是指持票人在需要资金时，将其持有的商业汇票经过背书转让给银行，银行从票面金额中扣除贴现利息后，将余款支付给申请贴现人的票据行为。

在本系统中，如果现金不足可以将应收账款进行贴现，规则如下：

贴现基数：100

贴现费率：0.14

贴现费用 = 贴现金额 × 贴现费率（贴现金额不超过企业应收账款，且只能是100的整数倍）

获得的现金 = 贴现金额 − 贴现费

操作步骤为：

特殊任务 → 贴现 → 选择贴现金额 → 确认贴现

11. 辅助信息

辅助信息栏为经营者提供了企业经营中各种相关信息的查询，包含市场占有率、各组财务报表、中标信息和成交订单信息等，方便经营者直观地了解市场环境，及时调整企业的营销策略。

> **素养园地**
>
> 知行合一：为国担当，为国分忧，一起来听听这些企业家的爱国故事
>
> 企业营销无国界，企业家有祖国。习近平总书记在企业家座谈会上指出，优秀企业家必须对国家、对民族怀有崇高使命感和强烈责任感，把企业发展同国家繁荣、民族兴盛、人民幸福紧密结合在一起，主动为国担当、为国分忧。
>
> 荣毅仁：为中国打开一扇窗
>
> 1949年5月28日清晨6点，上海申新纺织公司总经理荣毅仁乘车出了家门。汽车驶到南京路路口，他看到细雨连绵的街道旁，解放军战士头戴军帽和衣而卧，一个挨着一个躺在马路上。回家的路上，他决定让家人留在上海，并叮嘱公司"明天就开工"。
>
> 荣毅仁，1916年生于江苏无锡一个著名的工商业家族，是中国现代民族工商业者的杰出代表。1954年5月，他积极响应党和政府号召，提出对申新纺织公司等荣氏企业实行公私合营，在完成对资本主义工商业的社会主义改造中起了带头作用，为新中国的工业振兴做出了重要贡献，被称为"红色资本家"。
>
> 改革开放之初，中国亟待发展而资金短缺，引进和利用外资来发展经济成为当时中国的重要任务。1979年1月17日，邓小平在人民大会堂会见并宴请了胡厥文、胡子昂、荣毅仁、周叔弢、古耕虞五位老同志，听取他们对经济建设的建议。接受重托的荣毅仁几经考虑，准备借鉴西方经验，办一家信托公司发展经济，并手写了一份报告上报邓小平。
>
> 1979年10月，经中央批准，荣毅仁牵头组建了中国国际信托投资公司（中信集团前身），担任首任董事长兼总经理。在中信集团工作的14年中，荣毅仁借鉴发达国家在发展经济中行之有效的做法，与中国实际相结合，广泛开展中外经济技术合作，引进资金和技术，在国内兴办实业，并在海外择机投资，发行债券，诸多业务领域成为国内首创。1984年10月，邓小平同志指出，"中国国际信托投资公司可以作为中国在实行对外开放中的一个窗口"，并亲笔为中信题辞，"勇于创新，多作贡献"。
>
> 作为探路者，荣毅仁不负重托。在20世纪80年代，中信在短短几年就由最初只有十几人的小企业，发展成为近3万人、总资产达500多亿元的企业集团，创造了许多中国第一，不到十年就成为世界知名企业，成为国际社会观察中国的一个窗口，真正成为中国最早树立的一个上佳的对外开放形象。
>
> 想一想、议一议："红色资本家"荣毅仁老先生在改革开放之初为国家做出了哪些重要贡献？在"深入推进改革创新，坚定不移扩大开放"历史进程中，我们新时代营销人该如何去做？

知识练习与思考

一、填空题

1. 营销总监（CSO）负责四个部门，分别是：_____、_____、_____、_____。

2. 零售消费者群体每个季度实际的需求量＝_____×（1+_____）。

3. 每一会计年度结束时财务部需要进行关账。关账后可查看企业本年度的经营得分，得分规则计算公式为：经营得分＝（1+总分/100）×_____×_____。

4. 融资/还本付息操作中，短期贷款、长期贷款、民间融资的年息（％）分别是_____、_____、_____。

5. 产品想要符合市场需求，就需要不断地进行更新换代，而每个新产品都要有自己特定的型号。系统的"特殊任务"中可进行产品型号管理操作，和投入生产操作步骤中添加产品型号功能相同。操作步骤为：_____→_____→_____→_____。

6. 零售中，六类消费群体六类消费群体优先交易顺序为：①_____；②_____；③_____；④_____；⑤_____；⑥_____。

7. 空闲的生产线可以进行转产，_____生产线和_____生产线可以直接转产，没有转产费用和转产周期；_____生产线进行转产需要支付一定的转产费用。

8. 贴现获得的现金＝_____－_____×_____（贴现金额不超过_____，且只能是100的整数倍）。

二、思考题

1. 四种产品的价格弹性系数各是多少？
2. 六类零售消费群体的成交规则分别是什么？

知识拓展

市场调查

市场调查是指用科学的方法，有目的、有系统地搜集、记录、整理和分析市场情况，了解市场的现状及其发展趋势，为企业决策者制订发展战略、进行市场预测、做出经营决策、制订生产计划等提供客观、正确的依据。

1. 常见的市场调查

（1）与商品相关的调查

① 市场观察：针对特定的产业区域做对照性的分析，从经济、科技等角度展开研究。

② 产品调查：针对具备某一性质的同类产品，研究其发展历史、设计和生产等相关因素。

③ 销售预测：找到最大需求层面后，判断能够销售多少产品或服务。

④ 分销调查：用以判断可能的零售商，以及批发业者对产品、品牌和公司的态度。

（2）与消费者相关的调查

① 消费者调查：针对特定的消费者进行观察与研究，有目的地分析他们的购买行为和消费心理演变等。

② 需求评估：用以判断产品最大的需求层面，以找到主要客户。

③ 客户满意度调查：通过问卷或访谈等方式来量化客户对产品的满意程度。

④ 消费者购买决定过程研究：针对容易改变心意的消费者，分析影响其购买产品的因素，及其改变购买决定时的行为模式。

2. 市场调查的作用

（1）吸收国内外先进经验和技术，改进生产，加强管理

当今世界，科技发展迅速，新发明、新创造、新技术和新产品层出不穷，日新月异。这种技术的进步自然会在商品市场上以产品升级的形式反映出来。通过市场调查可以及时地了解市场经济动态和科技信息，为企业提供最新的市场情报和技术生产情报，以便更好地学习和吸取同行业的先进经验和技术，改进企业的生产模式，提高人员的技术水平，加强企业的经营管理，从而提高产品的质量，加速产品的更新换代，增强产品和企业的竞争力，保障企业的生存和发展。

（2）为企业管理部门和有关人员提供决策依据

一个企业只有在对市场情况有了实际了解的情况下，才能有针对性地制订市场营销策略和企业经营发展策略。企业管理部门和有关人员在针对某些问题进行决策，如进行产品策略、价格策略、分销策略、广告和促销策略的制订时，所要了解的情况和考虑的问题往往是多方面的，主要包括：本企业产品在什么市场上销售较好，有发展潜力；在某个具体市场上预期可销售的数量是多少；如何才能扩大企业产品的销售量；如何掌握同类产品的销售价格；如何制定产品价格才能保证销量和利润都在较高水平；怎样组织产品推销，销售费用又会是多少，等等。这些问题都需要通过具体的市场调查才可以得到具体的答复，而且只有通过市场调查得来的实际答案才能作为企业决策的依据。否则，未经调查而做出盲目的、脱离实际情况的决策往往意味着失败和损失。

（3）增强企业的竞争力和生存能力

商品市场的竞争随着现代社会化大生产的发展和技术水平的进步而日益激烈，市场情况也在不断地发生变化，而促使市场发生变化的原因不外乎产品、价格、分销、广告、推销等市场因素和有关政治、经济、文化、地理条件等市场环境因素。这两种因素往往又是相互联系和相互影响的，而且不断地发生变化。因此，企业为适应这种变化，就必须通过广泛的市场调查，及时了解各种市场因素和市场环境因素的变化，从而有针对性地采取措施，通过对市场因素，如价格、产品结构、广告等方面的调整，来应付激烈的市场竞争。对于企业来说，能否及时了解市场变化情况并适时适当地采取应变措施，是

企业能否在激烈的竞争中取得胜利的关键。

3. 市场调查的内容

市场调查的内容涉及市场营销活动的整个过程，主要包括：

（1）市场环境调查

市场环境调查主要包括经济环境、政治环境、社会文化环境、科学技术环境和自然地理环境等。具体的调查内容可以是市场的购买力水平，经济结构，国家的方针、政策和法律法规，风俗习惯，科学发展动态以及气候等各种影响市场营销的因素。

（2）市场需求调查

市场需求调查主要包括消费者需求量调查、消费者收入调查、消费结构调查和消费者行为调查，具体调查内容可以是消费者为什么购买、购买什么、购买数量、购买频率、购买时间、购买方式、购买习惯、购买偏好和购买后的评价等。

（3）市场供给调查

市场供给调查主要包括产品生产能力调查和产品实体调查等，具体调查内容可以是某一产品市场能够提供的产品数量、质量、功能、型号和品牌等，以及生产供应企业的情况等。

（4）市场营销因素调查

市场营销因素调查主要包括产品、价格、渠道和促销活动的调查。产品调查的内容主要是了解市场上新产品的开发情况、设计情况、消费者的使用情况、消费者的评价、产品生命周期阶段和产品的组合情况等；产品价格调查的内容主要是了解消费者对价格的接受情况以及对价格策略的反应等；渠道调查的内容主要是了解渠道的结构、中间商的情况以及消费者对中间商的满意情况等；促销活动调查的内容主要是了解各种促销活动的效果，如投放广告的效果、人员推销的效果、营业推广的效果和对外宣传的市场反应等。

（5）市场竞争情况调查

市场竞争情况调查主要包括对竞争企业的调查和分析，了解同类企业的产品、价格等方面的情况，分析他们采取的竞争手段和营销策略，做到知己知彼，通过此类调查可以帮助企业确定自身的竞争策略。

市场调查是企业制订营销计划的基础。开展市场调查可以采用两种方式，一是委托专业市场调查公司来做，二是企业自己来做，企业可以设立市场研究部门，专门负责此项工作。市场调查工作的基本过程包括：明确调查目标、设计调查方案、制订调查工作计划、组织实地调查、调查资料的整理和分析、撰写调查报告。

Learning Situation 2

学习情境二

营销策略基础

企业要想生存和发展就必须对其所处的市场环境进行分析，而且市场营销策略的制订是以对未来市场的准确判断和分析为基础的。因此，对于企业所处的市场环境进行深入的分析是营销的第一步。正如《礼记·中庸》中所说，"凡事预则立，不预则废。"意思就是，不论做什么事情，事先有准备有计划才能成功，不然就容易失败。

在市场营销沙盘模拟实训中，很多团队在初期制订营销策略时讨论得非常热烈，但是各种营销策略都有其利弊，最终做选择时难免会左右为难。本学习情境的主要任务就是掌握市场分析的方法，准确分析市场调研报告，根据调研报告提供的信息进行对比，选择适当的目标市场和营销渠道，制订合理的融资策略。

知识目标

- 了解三年经营期的宏观市场环境。
- 掌握微观市场环境分析的方法。
- 了解直销、批发和零售三种销售渠道的差异。
- 了解市场营销中产品策略、渠道策略、价格策略和促销策略的相关知识。

能力目标

- 能够利用市场调研报告进行市场环境分析。
- 能够根据市场分析的结果确定合理的销售渠道。
- 能够在市场细分的基础上正确选择目标市场。
- 能够根据不同的销售渠道制订相应的营销策略。

素养目标

- 树立正确的商业价值观。
- 培养营销人员基本为商素养。
- 培养善于动脑、勤于思考、及时发现问题的学习习惯。
- 讲好中国故事,传承民族优秀文化。

任务一　市场分析

导入案例

<u>小米的市场开发的互联网新思维</u>

小米做市场开发的互联网思维,就是七字诀:专注、极致、口碑、快。首先是专注,专注就是你做的事情要尽可能简单,要尽量突出一件事情。小米团队最初经过市场调研发现,消费者用过的手机多数型号复杂,给人留下的印象不深刻,但是iPhone永远用最简单的手机型号,几乎每个人都很容易就记住了。于是小米手机发布的时候没设型号,第一代产品就叫小米手机,为的就是专注于简单。第二是极致,就是要做到自己能力的极限,雷军说:什么叫极致呢?就是得把自己逼疯,把别人逼死,小米做的大字体就是全球唯一的,别的品牌的大字体只是改改字体,小米的大字体是把系统全部按照非常大的规模重新设计过。第三是口碑,小米一直认为,不一定好的东西就有口碑,很多东西很好却没有口碑,口碑最重要的是要超越用户的预期。这一点,小米公司在做米柚系统的时候表现明显,他们专注做发烧友级的OS,在这点上跟iOS走了不一样的思路,雷军团队希望功能锁定在发烧友喜欢的,不需要包罗万象,不可能做每个人都喜欢的系统。他们追求的市场原则是只看发烧友喜不喜欢,这样就牢牢地抓住了消费者,小米的开发者论坛里面聚集了大量的发烧友,1/3的功能定义是由论坛上的发烧友来投票确定的。最后做事情要快,天下武功唯快不破。小米公司在系统更新方面,如果消费者需要,小米会在一周之内进行升级,而且坚持每周星期五下午升级,这样很多发烧友就会形成习惯,他们愿意跟小米一起完善产品。这个方法对于互联网公司来说是很寻常的,但是对当时的手机公司来说是绝无仅有的。

评点:

市场是企业的方向,质量是企业的生命,洞悉市场是企业制订营销策略的基石,把握市场就是把握了企业的未来。市场的把握就要有与时俱进的市场思维,如今的市场,自然离不开互联网思维。在我们课程中的市场开发,偏重于传统思维模式。"以史为镜可以知兴替",掌握传统思维是把握新思维的基石。但无论哪种思维都有共同分析逻辑。

任务引入

A 公司当前的财务状况如表 2-1 和表 2-2 所示。

表 2-1　资产负债表　　　　　　　　　　　　　　　　　（单位：万元）

资　产	金　额	负债及所有者权益	金　额
流动资产：		流动负债：	
货币资金	771.00	短期借款	0.00
其他应收款	0.00	应付账款	18.00
应收账款	180.00	预收款项	0.00
存货：		应交税费	23.25
原材料	40.00	流动负债合计	41.25
在途物资	0.00	非流动负债：	
在制品	80.00	长期借款	800.00
库存商品	240.00	非流动负债合计	800.00
发出商品	0.00	负债合计	841.25
流动资产合计	1 311.00	所有者权益：	
非流动资产：		实收资本	1 000.00
固定资产		未分配利润	69.75
土地和建筑	320.00	所有者权益合计	1 069.75
机器设备	280.00		
减：累计折旧	0.00		
在建工程	0.00		
非流动资产合计	600.00		
资产总计	1 911.00	负债和所有者权益总计	1 911.00

表 2-2　利润表　　　　　　　　　　　　　　　　　　　（单位：万元）

项　目	金　额
一、营业收入	360.00
减：营业成本	125.00
税金及附加	0.00
销售费用	26.00
管理费用	76.00
财务费用	40.00
二、营业利润（损失以"-"号填列）	93.00
加：营业外收入	0.00
减：营业外支出	0.00
三、利润总额（损失以"-"号填列）	93.00
减：所得税费用	23.25
四、净利润（损失以"-"号填列）	69.75

随着市场宏观环境的日益稳定，公司逐渐意识到营销能力已成为公司发展的瓶颈，如何建设营销队伍，如何精细地进行市场分析，如何精确地选择目标市场、紧跟市场变化，如何有效制订最佳的营销策略组合、赢得市场先机、取得市场份额，已经成为公司迫切需要解决的问题。股东们希望新的团队能够通过不断分析市场变化，不断研发新型产品，在市场博弈中脱颖而出，为企业获取更多的利润。如果想要在未来的市场竞争中

立于不败之地，新团队必须做好市场分析，具体包括市场环境分析、产品流行功能和流行周期分析，以及零售市场六类消费群体分析。

> **职业提示**
>
> **营销人员基本为商素养——致广大而尽精微**
>
> "致广大而尽精微"出自《礼记·中庸》："故君子尊德性而道问学，致广大而尽精微，极高明而道中庸。"君子恭奉德性、学思致知，于广大处和精微处体会道之显现，以中庸的方式表达道之高明。
>
> "致广大而尽精微"体现了儒家既尊奉道体之大，又穷尽道体之细，既从广大处着眼，又从精微处入手，从而于平实中达到高明的中庸智慧。
>
> 市场开发是营销专业的核心技能，具备正确的营销思维素养是市场开发技能的基本要求。市场开发人员要有系统的思维和广阔的视角，才能掌握市场动向和发展脉络，进而提升掌控市场的专业技能。因此，作为专业的市场开发人员需要具备"致广大而尽精微"的思维意识，能高瞻远瞩，亦需精益求精，既要系统思维又要细致入微；既要能避免"千里之堤，溃于蚁穴""失之毫厘谬以千里"之殇，也要有纵观全局之能。
>
> 习近平主席在2022年新年贺词中曾说："中华民族伟大复兴绝不是轻轻松松、敲锣打鼓就能实现的，也绝不是一马平川、朝夕之间就能到达的。我们要常怀远虑、居安思危，保持战略定力和耐心，'致广大而尽精微'。"
>
> 治国如此，为商何不如此？

一、市场环境分析

在理解了经营规则、明确了经营目标之后，企业还需要认识自身所处的市场环境，并正确分析出未来三年市场的整体环境，才能够制订并运用恰当的营销策略来实现其经营目标。

在经营初期，各团队的营销策略可以说既是明确的，又是待定的。之所以说营销策略是明确的，是因为各团队在开展经营活动之前所面对的市场环境是一样的，经营者可以根据市场调研报告中给出的市场环境信息制订几套基本的、整体的营销策略，以免在经营过程中乱了阵脚；之所以说营销策略又是待定的，是由于经营尚未开始，经营者对竞争对手的营销策略尚未可知，而且在博弈的过程中，竞争对手的营销策略会直接影响整体的市场环境，因此需要经营者根据市场环境的变化适当地调整企业的营销策略。因此，经营者首先要根据市场调研报告，从宏观和微观两个层面对市场环境进行分析。

（一）宏观市场环境分析

1. 四种产品的市场份额分析

（1）从各营销渠道所占份额角度分析

ITMC市场营销沙盘系统（4.0版本）中模拟三种营销渠道在不同产品中所占的市场份额如图2-1所示。

宏观市场环境分析

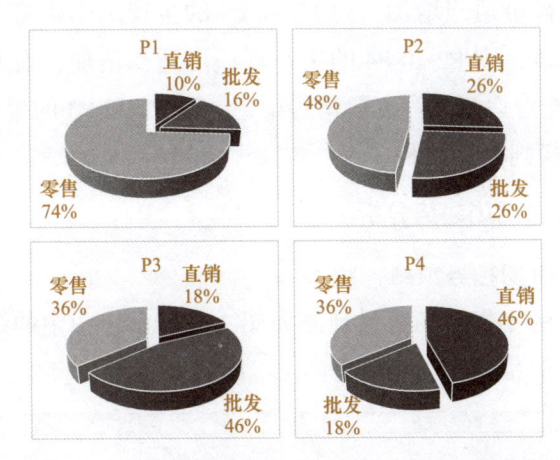

图 2-1 三种营销渠道在不同产品中所占市场份额

由图 2-1 可知，未来三年 P1 产品的整体市场份额中零售市场约占 74%，直销市场约占 10%，批发市场约占 16%；P2 产品的整体市场份额中零售市场约占 48%，直销和批发市场各占约 26%；P3 产品的整体市场份额中零售市场约占 36%，直销市场约占 18%，批发市场约占 46%；P4 产品的整体市场份额中零售市场约占 36%，直销市场约占 46%，批发市场约占 18%。经过分析可得出以下结论：P1 和 P2 两种产品的零售市场份额较大，适合选择零售的销售渠道；P3 产品的批发和零售市场份额较大，适合选择批发和零售的销售渠道；P4 产品的直销和零售市场份额较大，适合选择直销和零售的销售渠道。

（2）从产品组合策略角度分析

在 ITMC 市场营销沙盘系统中，由于单一产品的市场需求量非常有限，企业依赖单一产品很难寻求发展，因此需要采用多元化策略，以产品组合的方式来寻求利润的增长及企业的发展，同时能比较有效地避免市场风险。此时企业需要慎重考虑的实际问题是产能的分配以及渠道的选择。在 ITMC 市场营销沙盘系统中，每种产品的三种销售渠道在未来三年里的销售总体规模及市场份额如表 2-3 所示。

表 2-3　四种产品未来三年的销售总体规模及市场份额表（静态）

渠道		直销		批发		零售	
产品	总需求量（件）	数量（件）	市场份额（%）	数量（件）	市场份额（%）	数量（件）	市场份额（%）
P1	3 904	370	10	632	16	2 902	74
P2	2 862	745	26	745	26	1 372	48
P3	1 705	310	18	782	46	613	36
P4	1 538	710	46	278	18	550	36

注：上述数据来自于 4.0 版本系统某一次 10 组规模比赛的市场调研报告，编者整理了若干套市场调研报告后发现报告中数据体现出来的市场份额大致相同。

据表 2-2 可知，选择经营的产品种类会影响企业的零售规模。P1 是最适合零售的产品，其次是 P2，而 P3 和 P4 的零售规模较小。如果某企业以零售为主要销售渠道，则 P1 和 P2 的生产规模可适当增加，而 P3 和 P4 的生产规模则需要控制。如果某企业以直销为主要销售渠道，则 P2 和 P4 的生产规模可适当增加，而 P1 和 P3 的生产规模则需要控制。如果某企业以批发为主要销售渠道，则 P2 和 P3 的生产规模可适当增加，而 P1 和 P4 的生产规模则需要控制。

2. 四种产品的零售市场趋势分析

（1）P1 产品零售市场趋势预测

P1 产品未来三年的零售市场数量预测如图 2-2 所示，图中的纵坐标轴表示产品的需求数量（单位：件），横坐标轴表示时间（"1-1"表示第一年第一季度，依此类推）。

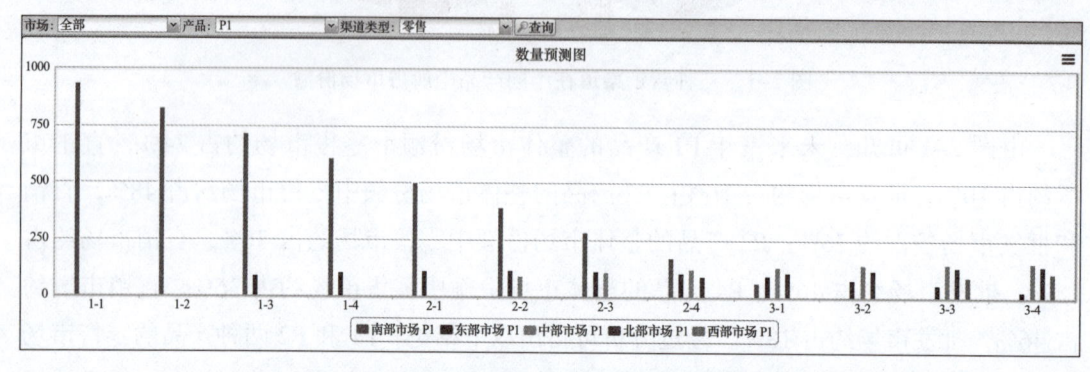

图 2-2 P1 产品未来三年零售市场数量预测图

从 P1 产品的零售市场数量预测图可以分析出，未来三年 P1 产品的需求数量总体上呈下降趋势，说明该产品属于落后且即将被市场淘汰的产品。

P1 产品未来三年的零售市场价格预测如图 2-3 所示，图中的纵坐标轴表示产品的价格（单位：万元），横坐标轴表示时间。

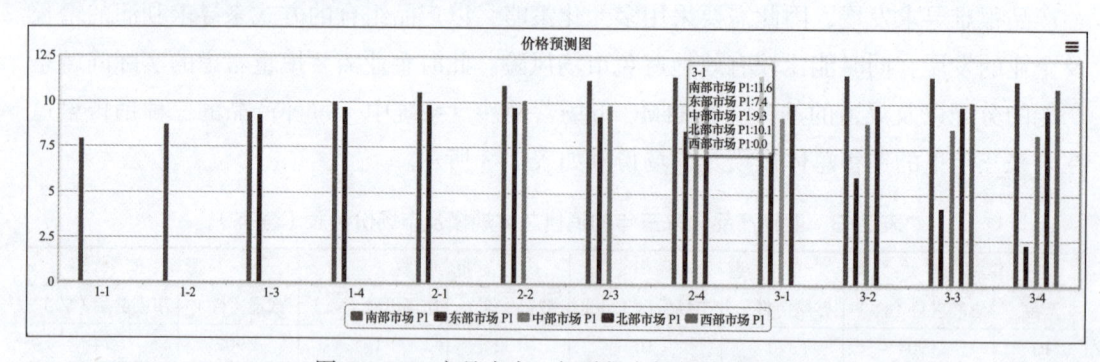

图 2-3 P1 产品未来三年零售市场价格预测图

从 P1 产品的零售市场价格预测图可以分析出，未来三年 P1 产品的价格总体上呈抛物线状，尤其在第三年某些市场上其价格呈迅速下降趋势，进一步验证该产品属于落后且即将被市场淘汰的产品。

（2）P2 产品零售市场趋势预测

P2 产品未来三年的零售市场数量预测如图 2-4 所示。

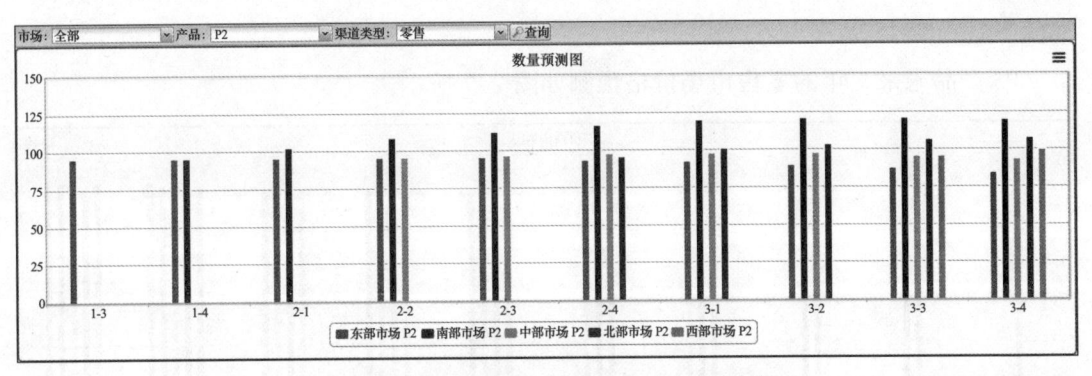

图 2-4　P2 产品未来三年零售市场数量预测图

从 P2 产品的零售市场数量预测图可以分析出，市场上从第一年第三季度开始出现对 P2 产品的需求，而且需求数量总体上呈逐渐上升趋势，说明该产品是处于市场成长期的产品。

P2 产品未来三年的零售市场价格预测如图 2-5 所示。

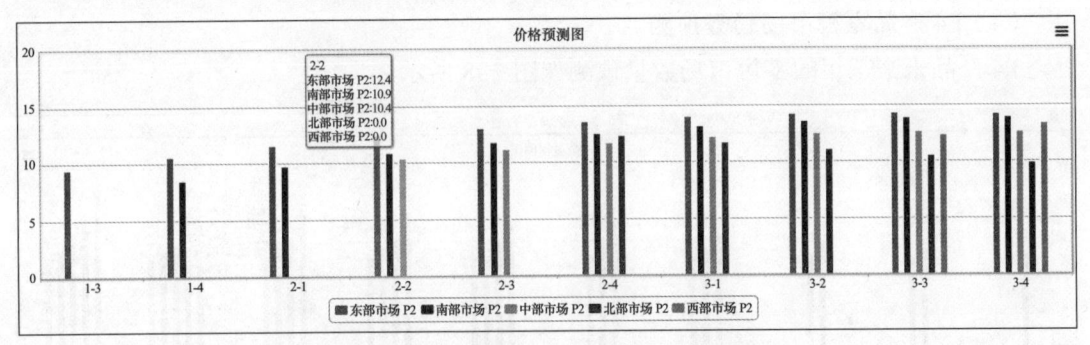

图 2-5　P2 产品未来三年零售市场价格预测图

从 P2 产品的零售市场价格预测图可以分析出，未来三年 P2 产品的价格总体上呈逐年上升趋势，尤其在第二年价格迅速上升，进一步验证该产品是处于市场成长期的产品。

（3）P3 产品零售市场趋势预测

P3 产品未来三年的零售市场数量预测如图 2-6 所示。

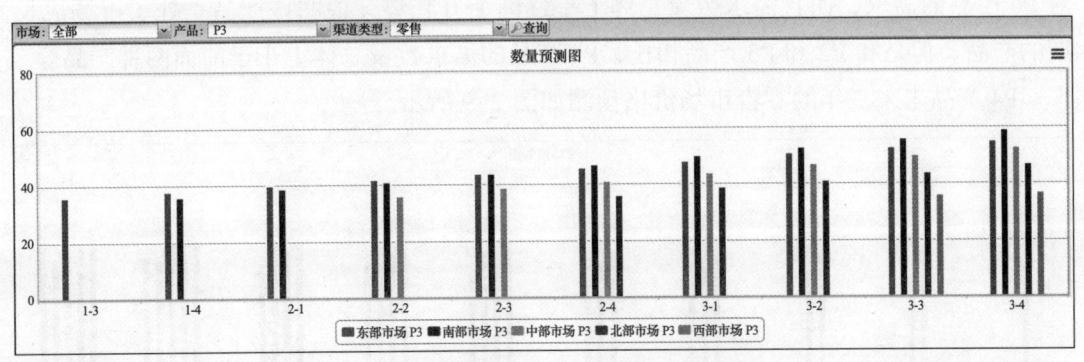

图 2-6　P3 产品未来三年零售市场数量预测图

从 P3 产品的零售市场数量预测图可以分析出，市场上从第一年第三季度开始出现对 P3 产品的需求，而且需求数量总体上呈逐渐上升趋势，说明该产品是处于市场成长期的产品。

P3产品未来三年的零售市场价格预测如图2-7所示。

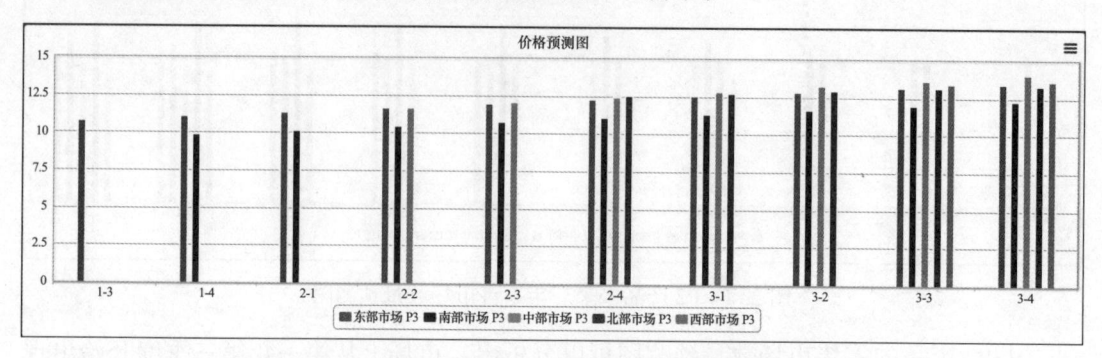

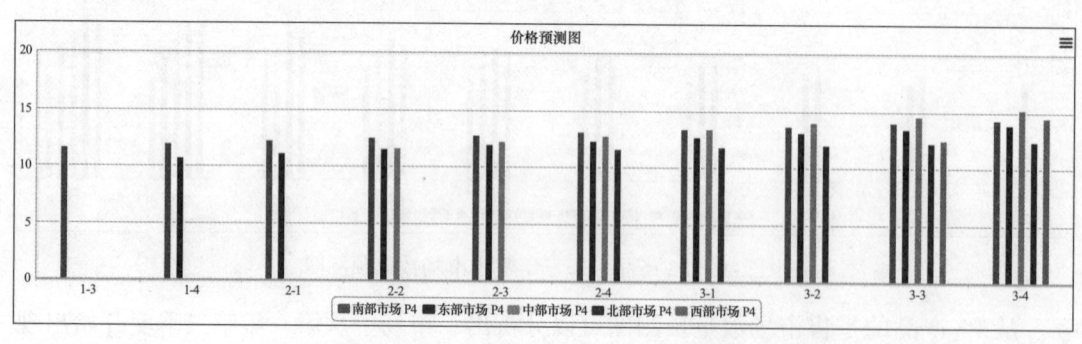

图2-7　P3产品未来三年零售市场价格预测图

从P3产品的零售市场价格预测图可以分析出，未来三年P3产品的价格总体上呈逐年上升趋势，尤其在第二年价格迅速上升，进一步验证该产品是处于市场成长期的产品。

（4）P4产品零售市场趋势预测

P4产品未来三年的零售市场数量预测如图2-8所示。

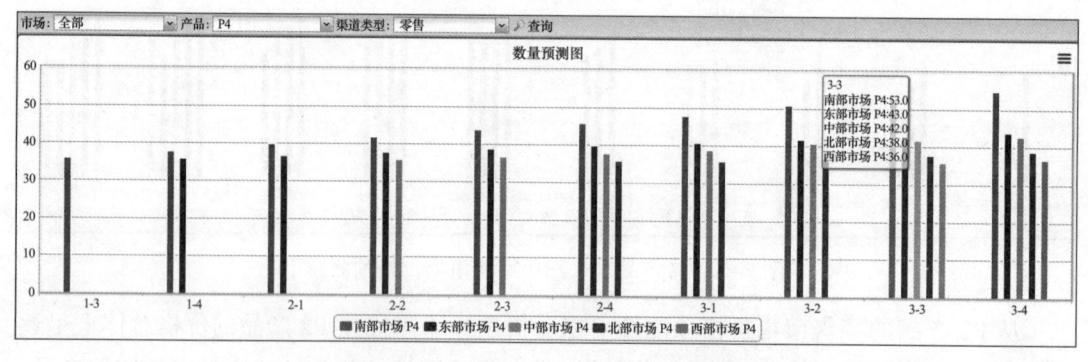

图2-8　P4产品未来三年零售市场数量预测图

从P4产品的零售市场数量预测图可以分析出，市场上从第一年第三季度开始出现对P4产品的需求，而且需求数量总体上呈逐渐上升趋势，说明该产品是处于市场成长期的产品。但是和P2和P3产品相比，P4产品的需求数量总体上小于前面两种产品。

P4产品未来三年的零售市场价格预测如图2-9所示。

图2-9　P4产品未来三年零售市场价格预测图

从 P4 产品的零售市场价格预测图可以分析出，未来三年 P4 产品的价格总体上呈逐年上升趋势，尤其在第二年价格迅速上升，进一步验证该产品是处于市场成长期的产品。

经过对宏观市场环境的分析可以得出以下结论：企业目前产品单一，只有 P1 产品，而且 P1 产品的市场前景不好。市场上对于新产品有需求，企业如果想在市场竞争中取得优势，就需要根据市场的需求不断研发新产品，打开市场销路，赢得市场先机。

（二）微观市场环境分析

某经营团队在第一年购买了南部市场调研报告，得到了南部市场的环境信息（见表 2-4）和需求情况（见表 2-5）。

表 2-4　南部市场环境信息表（第一年）

市场环境	期初值	第1季度	第2季度	第3季度	第4季度
常住人口（万人）	1 000	1 040	1 040	1 040	1 040
购买力指数（%）	20	21	21	21	21
通货膨胀率（%）	2.30	2.00	2.00	2.00	2.00
利息率（%）	1.50	1.44	1.50	1.56	1.62
人均 GDP（元）	5 000.00	5 000.00	4 750.00	4 512.50	4 286.88
恩格尔系数（%）	40.00	39.60	39.20	38.81	38.42
市场需求波动率（%）	0	27.00	19.00	11.00	4.00

表 2-5　南部市场需求情况表（第一年）

季度	产品	直销 平均价格（万元）	直销 需求量（件）	批发 平均价格（万元）	批发 需求量（件）	零售 市场期望价（万元）	零售 习惯型（件）	零售 理智型（件）	零售 冲动型（件）	零售 经济型（件）	零售 情感型（件）	零售 不定型（件）
1	P1	9.98	184	6.54	370	10.00	58	0	0	69	0	276
2	P1	9.98	—	6.54	—	10.03	48	48	0	63	44	136
3	P1	9.98	—	6.54	—	10.21	40	40	40	48	36	77
3	P4	12.32	—	10.95	—	13.69	2	2	2	3	2	4
4	P1	9.98	—	6.54	—	11.93	34	34	34	41	31	65
4	P2	8.78	—	7.80	—	9.75	6	6	6	8	5	9
4	P3	10.69	—	9.50	—	11.88	2	2	2	3	2	4
4	P4	12.96	—	11.52	—	14.40	3	3	3	3	2	4

1. 市场需求数量分析

（1）三个销售渠道的需求数量分析

根据上述南部市场第一年市场调研报告整理，在不考虑市场需求波动率的前提下，得到第一年南部市场三个销售渠道的市场份额如表 2-6 所示。

表 2-6　南部市场三个销售渠道的市场份额表（第一年）

产品	渠道 总需求量（件）	直销 数量（件）	直销 市场份额（%）	批发 数量（件）	批发 市场份额（%）	零售 数量（件）	零售 市场份额（%）
P1	1 816	184	9.7	370	19.4	1 262	66.3
P2	40	—	—	—	—	40	2.1
P3	15	—	—	—	—	15	0.8
P4	32	—	—	—	—	32	1.7
合计	1 903	184	9.7	370	19.4	1 349	70.9

结论： 在第一年的南部市场，直销的市场份额为9.7%，批发的市场份额为19.4%，零售的市场份额为70.9%。所以，第一年企业如果想将产品销售出去，则必须在零售市场上打开销路，适当考虑批发市场和直销市场的竞争。

（2）零售消费群体的需求数量分析

1）零售消费群体需求数量的影响因素：

零售市场实际销售的产品数量主要受市场需求波动率的影响。每年年初，系统会直接给出本年度各季度的市场需求波动率，市场需求波动率直接作用于零售消费群体需求数量的变化，其计算公式为

$$\text{零售消费群体每个季度实际的需求数量} = \text{调研报告给出的六类零售消费群体需求数量} \times (1 + \text{本季度市场需求波动率})$$

可见，当市场需求波动率为正时，零售消费群体该季度的实际需求数量将按相应比例增加；当市场需求波动率为负时，则按相应比例减少。

例如：表2-5提供了第一年南部市场的六类零售消费群体对产品的需求数量及期望价格，而表2-4中提供的市场需求波动率将会对这六类零售消费群体的实际需求量产生影响。以第一季度为例，由于市场需求波动率为27%，将其代入上述公式，可得六类零售消费群体的实际需求量如下：

习惯型消费群体实际需求量 =58×（1+27%）=73.66≈74（件）

经济型消费群体实际需求量 =69×（1+27%）=87.63≈88（件）

不定型消费群体实际需求量 =276×（1+27%）=350.52≈351（件）

理智型、冲动型和情感型消费群体的需求量均为0。当然，企业的实际销售数量并不等于市场的实际需求数量，实际销售数量还受产品的需求价格弹性系数及企业定价策略的影响。

2）六类零售消费群体实际需求数量对比：

根据表2-4中南部市场第一年四个季度的市场需求波动率和表2-5中的数据可以计算出六类零售消费群体的实际需求数量如表2-7所示。

表2-7 南部市场六类零售消费群体实际需求数量表（第一年）

（单位：件）

季度	产品	习惯型 报告	习惯型 实际	理智型 报告	理智型 实际	冲动型 报告	冲动型 实际	经济型 报告	经济型 实际	情感型 报告	情感型 实际	不定型 报告	不定型 实际
1	P1	58	74	0	0	0	0	69	88	0	0	276	351
2	P1	48	57	48	57	0	0	63	75	44	52	136	162
3	P1	40	44	40	44	40	44	48	53	36	40	77	85
3	P4	2	2	2	2	2	2	3	3	2	2	4	4
4	P1	34	35	34	35	34	35	41	43	31	32	65	68
4	P2	6	6	6	6	6	6	8	8	5	5	9	9
4	P3	2	2	2	2	2	2	2	2	2	2	4	4
4	P4	3	3	3	3	2	2	3	3	2	2	4	4
实际需求	P1		1 474	P2		40		P3		15	P4		32

结论：由于企业在第一年前三个季度只能向市场提供 P1 产品，而且前三个季度的市场需求波动率均高于 10%，使得零售消费群体对于 P1 产品的需求数量进一步加大，因此，第一年企业应该把营销的重点放在 P1 产品的零售市场上。

2. 市场价格分析

（1）三个销售渠道的价格对比

从表 2-5 中可以看出，直销渠道和零售渠道的价格相对较高，而批发渠道的价格相对较低，由此说明，第一年南部市场的直销和零售渠道可以给企业产品的销售带来更多利润。

（2）四种产品的零售市场期望价格对比

第一年 P1、P2、P3、P4 四种产品在南部和东部两个市场上的零售市场期望价格对比如表 2-8 所示。

表 2-8　南部、东部零售市场期望价格对比表（第一年）

季度	南部市场		东部市场	
	产品	市场期望价格（万元）	产品	市场期望价格（万元）
1	P1	10.00	P1	—
2	P1	10.03	P1	—
3	P1	10.21	P1	10.85
4	P1	11.93	P1	11.37
4	P2	9.75	P2	13.07
4	P3	11.88	P3	14.21
4	P4	14.40	P4	13.82

注：上述表格中数据来自于第一年市场调研报告。

分析得出如下结论：

① 由于第一年第一、二两个季度东部市场没有零售需求，所以产品 P1 只能在南部市场销售。

② P2、P3、P4 产品的研发周期均为三个季度，因此最快也要等到第一年第三季度才能投入生产，第一年第四季度才能上市销售。所以，调研报告给出的第三季度 P2、P3、P4 三种新产品的市场期望价格没有参考意义，该季度仍只需要对比两个市场 P1 产品的市场期望价格来选择目标市场。

③ 第一年第四季度，P1 和 P4 两种产品在南部市场上销售更容易获利，P2 和 P3 两种产品在东部市场上销售更容易获利。

3. 零售市场的选择

（1）从需求数量角度分析

对比南部市场和东部市场的调研报告（第一年东部市场的需求情况见表 2-9）可以发现，南部市场对于 P1 产品的需求数量远远超过东部市场，对于 P2 和 P3 的需求数量则低于东部市场，而对于 P4 产品的需求数量南部市场又高于东部市场。因此当企业的主要销售产品是 P1 时，应优先考虑南部市场的营销。

表 2-9　东部市场需求情况表（第一年）

季度	产品	直销 平均价格（万元）	直销 需求量（件）	批发 平均价格（万元）	批发 需求量（件）	零售 市场期望价（万元）	零售 习惯型（件）	零售 理智型（件）	零售 冲动型（件）	零售 经济型（件）	零售 情感型（件）	零售 不定型（件）	合计（件）
3	P1	9.76	—	8.68	—	10.85	6	5	5	7	6	9	38
3	P2	10.34	—	9.19	—	11.49	6	6	6	6	6	8	38
3	P3	10.89	—	9.68	—	12.10	2	2	2	2	2	4	14
4	P1	10.23	—	9.10	—	11.37	6	6	6	8	6	10	42
4	P2	11.76	—	10.46	—	13.07	5	4	5	6	5	9	34
4	P3	12.79	—	11.37	—	14.21	3	2	2	3	2	4	16
4	P4	12.44	—	11.06	—	13.82	2	2	2	3	2	5	16
总需求量	P1	80		P2	72		P3	30			P4	16	

（2）从市场期望价格角度分析

P4 产品在南部市场价格更占优势，P2 和 P3 产品在东部市场价格更占优势，而 P1 产品在两个市场的价格差异不大。

二、产品流行功能和流行周期分析

在市场营销沙盘系统中，每种产品都可以有五种流行功能，分别用 F1、F2、F3、F4、F5 表示。下面就产品的流行功能和流行周期进行分析，这是保证企业生产出的产品能够符合市场需要的前提条件，也是做好各类零售消费群体市场，尤其是冲动型消费群体市场的必要条件。

（一）相关名词解释

1. 产品流行功能

产品流行功能是指零售市场的消费群体在特定时间内对于产品功能的需求，产品只有在其流行周期内具备了这种功能，冲动型消费群体才会购买该产品。而在流行周期过后，该功能就成为产品的基本功能，如果产品不具备该功能，零售市场的六类消费群体都不会购买该产品。

2. 流行周期

流行周期是指产品流行功能从开始流行到成为基本功能的时间，也就是说，过了这个时间产品的流行功能就会变成该产品必须具备的基本功能。

3. 市场敏感度

市场敏感度是指零售商对零售市场上产品流行功能开始流行的感知速度，即该零售商的所覆盖的消费群体对市场调研报告中给出的产品流行功能从市场预期到实现的最短周期。

（二）未来三年产品流行功能和周期的具体分析

市场调研报告中以表格的形式提供每种产品在各个季度的流行功能，以及该流行功能够持续的时间，如表 2-10 ～表 2-12 所示。产品的流行功能适用于当年所有市场。

表 2-10　产品流行功能和周期表（第一年）

产品	第 1 季度	第 2 季度	第 3 季度	第 4 季度
P1	P1F1 （流行周期 1 个季度）	P1F3 （流行周期 2 个季度）		P1F2 （流行周期 1 个季度）
P2			P2F5 （流行周期 3 个季度）	
P3			P3F1 （流行周期 1 个季度）	P3F4 （流行周期 1 个季度）
P4			P4F3 （流行周期 4 个季度）	

表 2-11　产品流行功能和周期表（第二年）

产品	第 1 季度	第 2 季度	第 3 季度	第 4 季度
P1	P1F4 （流行周期 2 个季度）		P1F5 （流行周期 2 个季度）	
P2		P2F1 （流行周期 1 个季度）	P2F4 （流行周期 2 个季度）	
P3		P3F3 （流行周期 3 个季度）		
P4			P4F1 （流行周期 3 个季度）	

表 2-12　产品流行功能和周期表（第三年）

产品	第 1 季度	第 2 季度	第 3 季度	第 4 季度
P2	P2F2 （流行周期 2 个季度）		P2F3 （流行周期 3 个季度）	
P3	P3F2 （流行周期 2 个季度）		P3F5 （流行周期 3 个季度）	
P4		P4F5 （流行周期 4 个季度）		

1. 产品流行功能分析

①经营者可对空闲的生产线投产，投产时必须要选择生产的产品型号，而产品流行功能和周期表提供了各季度适合生产的产品型号。

产品型号是由经营者根据产品功能组合自由命名的。例如：生产带有 F1 功能的 P1 产品，产品型号可定义为"P1F1"，这样命名的好处在于，经营者只要看到型号就能知道产品所附带的功能。但同时，竞争对手也很容易获取本企业生产的产品信息。为了提高竞争对手的识别难度，型号也可以设定为其他文字，只要本企业能够识别即可。

②流行功能是影响产品销售的决定性因素。对于直销和批发而言，其订单都附有对产品功能的要求，如果企业生产的产品不具备订单所要求的流行功能，将导致企业无法交付直销或批发订单。对于零售而言，结合产品的流行功能、流行周期及零售商的市场敏感度可以确定某个流行功能在不同零售商处流行的起止时间。超过了流行周期，该功能将作为产品的基本功能，如果产品不具有该功能，则零售市场的六类消费群体将都不会购买该产品。

例如：表 2-10 中的 P1 产品，第一季度的流行功能是 F1，第二季度的流行功能是 F3，这意味着到了第二季度 F1 就会作为 P1 产品的基本功能，因此在第二季度 P1 产品应该包含两个功能，即 F1 和 F3。

③产品流行功能是决定冲动型消费群体是否购买该产品的第一要素。产品只有在流行功能流行的时间内具备了这种功能，冲动型消费群体才有可能购买该产品。

2. 市场敏感度分析

市场敏感度表示零售商对产品流行功能开始流行的反应速度，以季度为单位，不同零售商的市场敏感度存在差异。

零售部在选择合适的零售商签约以后，需要将自己的产品配送给各个零售商进行销售。而不同零售商的市场敏感度不同，导致零售商对产品流行功能的反应期存在差异。系统中不同零售商之间的对比如表 2-13 所示。

表 2-13 零售商对比表

市场	零售商名称	市场覆盖率（%）	市场敏感度（季度）	进场费（万元）	回款周期（季度）	提成比例（%）	管理费（万元）
南部	A1	40	2	20	4	10	2
	A2	60	4	20	1	10	2
东部	B1	40	2	20	2	10	2
	B2	60	4	20	2	10	2
中部	C1	40	3	20	2	10	2
	C2	60	4	20	3	10	2
北部	D1	40	3	20	2	10	2
	D2	60	2	20	3	10	2
西部	E1	40	3	20	2	10	2
	E2	60	2	20	3	10	2

以南部市场为例：结合表 2-10 中的产品流行功能和周期数据以及表 2-13 中的零售商市场敏感度数据可知，P1 产品第一年第一季度的流行功能为 F1，F1 流行周期为一个季度，A1 零售商市场敏感度为 2（即反应速度为两个季度），则具有 F1 功能的 P1 产品（即 P1F1）在 A1 零售商处开始流行的时间为第一年第三季度。A2 零售商市场敏感度为 4（即反应速度为四个季度），则具有 F1 功能的 P1 产品（即 P1F1）在 A2 零售商处开始流行的时间为第二年第一季度。

3. 零售商产品销售时间分析

（1）各区域市场零售商销售产品的时间规定

不同市场的零售商开始销售产品的时间不同，根据市场调研报告可知，南部市场（A类零售商）从第一年第一季度开始销售产品，东部市场（B类零售商）从第一年第三季度开始销售产品，中部市场（C类零售商）从第二年第二季度开始销售产品，北部市场（D类零售商）从第三年第一季度开始销售产品，西部市场（E类零售商）从第三年第三季度开始销售产品。

（2）产品流行功能、周期及市场敏感度对产品销售时间的影响

产品的流行功能在流行周期过后就成为产品的基本功能，经营者必须明确每个产品项目在各个零售商处能够销售的期限，否则，若把已经过了其销售期限的产品仍配货给该零售商上架销售或者在零售商之间进行货物调拨，不仅产品无法销售，还会浪费配货费用或产品调拨费用。下面以 P1 产品为例，结合三个年度市场调研报告中给出的产品流行功能和流行周期以及各个零售商的市场敏感度分析该产品的流行功能在各个零售商处的流行时间和周期（根据表 2-10～表 2-13 的数据分析得出表 2-14）。

表 2-14　P1 产品的流行功能在各零售商处的流行时间表

零售商	时间	1-1	1-2	1-3	1-4	2-1	2-2	2-3	2-4	3-1	3-2	3-3	3-4
A1 B1 D2 E2	流行功能			P1F1	P1F3	P1F3	P1F2	P1F4	P1F4	P1F5	P1F5		
	基本功能				P1F1	P1F1	P1F1 P1F3	P1F1 P1F3 P1F2	P1F1 P1F3 P1F2	P1F1 P1F3 P1F2 P1F4	P1F1 P1F3 P1F2 P1F4	P1F1 P1F3 P1F2 P1F4 P1F5	P1F1 P1F3 P1F2 P1F4 P1F5
C1 D1 E1	流行功能				P1F1	P1F3	P1F3	P1F2	P1F4	P1F4	P1F5	P1F5	
	基本功能					P1F1	P1F1	P1F1 P1F3	P1F1 P1F3 P1F2	P1F1 P1F3 P1F2	P1F1 P1F3 P1F2 P1F4	P1F1 P1F3 P1F2 P1F4	P1F1 P1F3 P1F2 P1F4 P1F5
A2 B2 C2	流行功能					P1F1	P1F3	P1F3	P1F2	P1F4	P1F4	P1F5	P1F5
	基本功能						P1F1	P1F1	P1F1 P1F3	P1F1 P1F3 P1F2	P1F1 P1F3 P1F2	P1F1 P1F3 P1F2 P1F4	P1F1 P1F3 P1F2 P1F4

注：表中将产品的功能分为流行功能和基本功能，流行功能是指该功能正在某个零售商的消费群体中流行；基本功能是指过了流行期限的功能，是该产品必须具备的功能。也就是说，在该零售商的消费群体中只有具备了基本功能的产品才能够销售，而比基本功能多了流行功能的产品冲动型消费群体会优先购买。

由表 2-14 可知，虽然调研报告中显示 P1 产品在第一年第一季度流行 F1 功能，但实际上由于各个零售商并不能马上感知到市场上开始流行 F1 功能，因此等到零售商的消费群体中开始流行 F1 功能时，已经不是第一季度了。而且因为各个零售商对市场的反应速度不同，所以 F1 功能实际上开始流行的时间也不一样。例如：由于 A1 和 B1 零售商的市场敏感度为两个季度，即某个功能开始流行两个季度后这两个零售商才会感知其流行，因此 F1 功能在这两个零售商处开始流行的时间为第一年第三季度。同理，由于 A2 和 B2 零售商的市场敏感度为四个季度，因此 F1 功能在 A2 和 B2 零售商处开始流行的时间为第二年第一季度。

（3）产品流行功能及流行周期对产品销售的影响

① 产品流行功能和周期决定了不带有流行功能的产品可以销售的最长期限。根据表 2-14 可知，A1 和 B1 零售商可以销售不带有 F1 功能的 P1 产品至第一年第三季度，

而到了第四季度这两个零售商就不能再销售不带 F1 功能的 P1 产品。同理，A2 和 B2 零售商可以销售不带 F1 功能的 P1 产品到第二年第一季度，过了该季度将无法再销售。

②产品流行功能和周期决定了冲动型消费群体最早的购买时间。由于 A1 和 B1 零售商开始流行 F1 功能的时间为第一年第三季度，这意味着第一年第三季度 A1 和 B1 零售商可以销售冲动型订单。同理，A2 和 B2 零售商则需到第二年第一季度才会有冲动型消费需求。

③产品流行功能及周期还会对第二年的直销和批发订单所要求的产品功能产生影响。通常来讲，某年直销订单所附的功能为该年之前出现过的所有功能，即第二年某产品的直销订单的功能为第一年该产品出现过的所有功能，第三年该产品直销订单的功能则为第一、二年出现过的所有功能；而批发订单所附功能可能不包括上年第四季度出现的产品功能。例如：第一年第一季度 P1 产品的流行功能为 F1，流行一个季度；第二季度的流行功能为 F3，流行两个季度；第四季度的流行功能为 F2，流行一个季度。这就意味着第二年 P1 产品的直销订单一定会要求产品具有 F1、F2、F3 三种功能；而批发订单则既可能同时附上这三个功能，也可能只附上 F1 和 F3 两个功能。

在市场营销沙盘的三种产品销售渠道中，零售最为复杂，各企业在零售市场上的竞争往往也最为激烈。零售市场涉及四种产品、五个市场、六类消费群体，经营规则较为复杂，不同经营者对规则的理解层次不同，导致各零售业绩差异很大。分析好市场环境是做好零售的基础，充分理解交易规则是取得零售收益的必备条件，对于市场调研报告规律的深入分析和掌握有利于经营者在经营过程中准确制订和灵活运用各种策略，从而提高企业的经营能力和控制水平。

三、零售市场六类消费群体分析

零售市场的六类消费群体在购买产品时遵循一定的交易先后顺序，只有当前一类消费群体的购买行为结束后，才会进行下一类消费群体的购买行为。六类消费群体的交易先后顺序为：情感型、习惯型、理智型、冲动型、经济型、不定型。

（一）零售市场六类消费群体购买规则分析

1. 情感型消费群体购买规则

情感型消费群体的购买行为受产品的历史优惠额度影响，某种产品历史优惠额度最高的零售商将获得该产品的优先交易权；如果多个零售商对该产品的历史优惠额度相同，则比较该产品的销售价格，销售价格低的零售商获得优先交易权；如果零售商的销售价格也相同，则比较企业综合指数，综合指数高者获得优先交易权。

针对以上规则，说明如下：

①因为情感型消费群体受历史优惠额度影响，而经营初期各企业 P1 产品的历史优惠额度均为 0，因此系统设定第一年第一季度零售市场上没有情感型消费需求。情感型消费需求最早出现在第一年第二季度的南部市场。

②在每一季度媒体广告结束后，经营者可以通过查询"辅助信息"中的"企业信息"了解各企业的历史优惠额度，历史优惠额度最高者将享有下一季度情感型消费订单的优先交易权。

③历史优惠额度的累积决定了情感型消费订单的交易顺序。企业某产品在某个市场上的历史优惠额度是累积的，每个季度的优惠额均可能发生变化，因此情感型消费订单的优先交易权也会随之变化。

④在新开放的市场上，情感型消费订单的优先交易权由企业综合指数决定。例如：第一年第三季度东部市场开始出现对 P1 产品的情感型消费需求，但此时产生的情感型消费订单的优先交易权是由企业综合指数决定而非历史优惠额决定的，企业综合指数最高者将享有优先交易权。

⑤对于市场上出现的新产品，情感型消费订单的优先交易权由企业综合指数决定。例如：第一年第四季度南部和东部市场对 P2、P3、P4 三种新产品所产生的情感型消费订单，第二年第二季度中部市场对各种产品的情感型消费订单，第三年第一季度北部市场对各种产品的情感型消费订单，以及第三年第三季度西部市场对各种产品的情感型消费订单，均由企业综合指数来决定优先交易权。

2. 习惯型消费群体购买规则

习惯型消费群体属于媒体广告主导群体。系统按照各组某季度某产品获得的媒体影响力与所有小组该季度该产品获得的媒体影响力总和的百分比分配订单。

在市场营销沙盘中，模拟的媒体广告有两大类，即央视和百度。央视媒体广告的投放采用招投标的方式，各企业可以兼中兼得，即一个企业可以同时投放央视黄金时段、午间时段和晚间时段的广告，每个时段的广告由所有投标企业中广告费用排名第一的企业获得。而百度属于网络媒体，各企业须按广告费用投放的金额进行排名，如果投放金额相同则按照企业历史媒体关系值进行排名，所以各企业在某一种产品上只能中标一个百度媒体广告。不同媒体广告对应的媒体影响力及关系值如表 2-15 所示。

表 2-15 不同媒体广告对应的媒体影响力及关系值表

媒体类型	广告时段或排名	媒体影响力 数值	媒体影响力 （%）	媒体关系值
央视	黄金时段	40	23.2	2
央视	午间时段	12	6.9	10
央视	晚间时段	6	3.5	8
百度	排名第一	20	11.6	5
百度	排名第二	18	10.5	9
百度	排名第三	15	8.7	8
百度	排名第四	13	7.6	7
百度	排名第五	11	6.4	6
百度	排名第六	10	5.8	5
百度	排名第七	9	5.2	4
百度	排名第八	7	4.2	3
百度	排名第九	6	3.5	3
百度	排名第十	5	2.9	3
合计		172	100	—

注：媒体关系值的作用表现在当投标价格相同时，由历史媒体关系值高者优先中标。

> **例题**
>
> 　　第一年第一季度南部市场 P1 产品的习惯型消费群体的实际需求量为 74 件，某企业中标的媒体广告项目为央视黄金时段和百度排名第七（假定每个媒体广告项目都有小组中标）。若该企业将 P1 产品的价格定为市场期望价格（实际定价对产品销售将产生影响），则该企业的 A1 和 A2 零售商各能成交多少习惯型消费订单？
>
> 　　解：
>
> 　　① 由表 2-15 可知，该企业的媒体影响力为 49（其中央视黄金时段获得的影响力为 40，百度排名获得的影响力为 9），所占比例为
>
> $$(40+9)/172 \times 100\% = 28.4\%$$
>
> 　　② 由表 2-13 可知，在南部市场 A1 零售商的市场覆盖率为 40%，A2 零售商的市场覆盖率为 60%。
>
> 　　则 A1 零售商可成交的习惯型订单数量为
>
> $$74 \times 40\% \times 28.4\% = 8.4 \approx 8（件）$$
>
> 　　A2 零售商可成交的习惯型订单数量为
>
> $$74 \times 60\% \times 28.4\% = 12.6 \approx 13（件）$$
>
> 　　即在企业将 P1 产品的价格定为市场期望价格的情况下，A1 零售商可销售 8 件，A2 零售商可销售 13 件。

3. 理智型消费群体购买规则

理智型消费群体属于企业综合指数主导群体。企业综合指数高者优先交易，如果综合指数相同，则比较产品的价格，价格低者优先交易。

企业综合指数的计算公式为

$$\text{企业综合指数} = \frac{\text{本小组 ISO 认证得分}}{\text{所有小组 ISO 认证总得分}} \times 20 + \frac{\text{上季度本小组销售额}}{\text{上季度所有小组销售总额}} \times 40 + \frac{\text{本小组媒体影响力}}{\text{所有小组总媒体影响力}} \times 40$$

其中，ISO 认证得分 = 完成 ISO 14000 认证计 20 分 + 完成 ISO 9000 认证计 10 分。

从上述公式可知：

① 影响企业综合指数的因素主要体现在两个方面：一是媒体影响力，二是销售额。当然，ISO 9000 和 ISO 14000 认证也会影响企业综合指数，但是为了产品的销售，基本上所有小组都会进行 ISO 9000 和 ISO 14000 认证，因此这部分各小组之间的差异不大，对企业综合指数的影响也不明显。

> **例题**
>
> 以 10 组比赛规则为例，若某企业第一年放弃 ISO 9000 认证，而其他企业均进行了 ISO 9000 认证，则该企业 ISO 认证对于企业综合指数的贡献为 0，其他企业 ISO 认证对其综合指数的贡献为（10/90）×20=2.22。即在不考虑其他影响因素的条件下，该企业的综合指数比竞争对手均低了 2.22。

②媒体影响力对企业综合指数的影响是长期累加的，但销售额对企业综合指数的影响是一次性的。换句话说，某季度的销售额只会影响下一季度的综合指数，但某季度因媒体广告中标而产生的媒体影响力则会一直持续地影响企业综合指数。

③在某个季度媒体广告结束前，并不能通过"辅助信息"所提供的企业综合指数的高低来判断理智型消费群体的订单归属，因为该季度的媒体广告中标结果还会对企业综合指数产生影响。

综上所述，如果想在理智型消费订单的争夺上占据优势，则每一个季度媒体广告的中标都很关键。

4. 冲动型消费群体购买规则

冲动型消费群体属于流行功能主导群体。产品的流行功能均有一定的持续周期，并且产品开始流行的时间会受到零售商的市场敏感度的影响，而只有在流行功能的流行持续周期内，冲动型消费群体才会产生交易。在此期间，拥有此项流行功能的产品优先成交；如果都拥有该流行功能，则比较产品拥有的所有功能数量，拥有最多功能者优先成交；如果功能数量也相同，则比较产品的价格，价格低者优先成交；如果价格仍旧相同，则比较企业综合指数，综合指数高者优先成交。

针对上述规则，说明如下：

①冲动型消费订单的成交顺序是在满足流行功能的条件下，先比较该产品所拥有的功能数量，功能多者优先交易。需要注意，产品所包含的功能，即使是还没有开始流行的功能，对促进冲动型消费群体的购买也是有效的。例如，冲动型消费群体在第一年第三季度对 P1 产品的需求，会优先选择带有五个功能的 P1 产品，即使它的价格高于带有四个功能的 P1 产品。

②如果流行功能相同，则比较产品的价格。例如，有多个企业所销售的 P1 产品都带有五个功能，则比较这些企业 P1 产品的销售价格，价格低者优先成交。

③如果功能数量和价格都相同，再比较企业综合指数，综合指数高者优先成交。

此外，针对冲动型消费群体还需要注意零售商的市场敏感度。各零售商对产品流行的反应速度不同，只有当产品流行功能开始在零售商处流行后，才会产生冲动型消费需求。例如：因为 P1 产品的流行功能最早在第一年第三季度的 A1 和 B1 零售商处开始流行，所以最早的冲动型订单也是出现在第一年第三季度的 A1 和 B1 零售商处。受零售商的市场敏感度影响,第一年在 A2 和 B2 零售商的消费群体中没有冲动型消费订单,直到第二年第一季度这两个零售商处才会有冲动型消费订单。

> **例题**
>
> 南部市场第一年第三季度的冲动型消费实际需求量(考虑市场需求波动率)为 44 件,东部市场第一年第三季度的冲动型消费实际需求量(考虑市场需求波动率)为 7 件。由于本季度只有 A1 和 B1 两个零售商产生冲动型消费订单,因此冲动型消费订单的实际可成交量如下:
>
> A1 零售商冲动型消费订单可成交量 =44×40%=17.6≈18(件)
>
> B1 零售商冲动型消费订单可成交量 =7×40%=2.8≈3(件)
>
> 当然,企业实际成交的冲动型订单还受产品销售价格的影响。

5. 经济型消费群体购买规则

经济型消费群体属于价格主导群体。价格低者优先成交,如果价格相同,则比较企业综合指数,综合指数高者优先成交。

在经济型消费群体的购买规则中需要理解以下几个要点:

①经济型消费群体遵循价格低者优先成交的原则,这里的价格指的是初始定价而不是促销折后价。例如:甲企业对 P1 产品的定价为 5.5 万元/件,无折扣;乙企业对 P1 产品的定价为 8 万元/件,两折促销,折后为 1.6 万元/件。虽然乙企业的最终售价低于甲企业,但由于甲企业的初始定价更低,所以经济型消费群体还是会优先购买甲企业的产品。

②不同零售商需要单独比较价格来确定经济型消费订单的归属。例如:甲企业在 A1 和 A2 零售商处的 P1 产品定价分别为 3 万元/件和 4 万元/件,乙企业在 A1 和 A2 零售商处的 P1 产品定价分别为 2.9 万元/件和 4.3 万元/件。则分别单独比较 A1 和 A2 零售商处的定价可知,经济型消费群体会优先购买甲企业在 A2 零售商处销售的 P1 产品和乙企业在 A1 零售商处销售的 P1 产品。

③对于包含不同功能的产品,所比较的价格是剔除产品功能成本之后的价格。例如:甲企业在 A1 零售商处销售 P1F1(即包含 F1 功能)产品,销售价格为 4 万元/件,而乙企业在 A1 零售商处销售 P1F1F2F3(即包含 F1、F2、F3 功能)产品,销售价格为 5.6 万元/件。由于每增加一个功能,产品的成本就会增加 1 万元,因此剔除功能成本影响之后,甲企业的 P1 产品实际销售价格为 3 万元/件,而乙企业的实际售价为 2.6 万元/件,因此,经济型消费群体会优先购买乙企业的 P1 产品。

6. 不定型消费群体购买规则

不定型消费群体属于促销活动主导群体。没有促销就不会产生该群体的消费需求,并且产品的定价不能高于市场期望价格,否则也不会产生该群体的交易。促销后价格低者优先成交,如果促销后的价格相同,则比较企业综合指数,综合指数高者优先成交。

在不定型消费群体的购买规则中需要理解以下几个要点：

① 如果企业制定的销售价格高于该产品的市场期望价格，则不会产生任何不定型消费群体的交易，也就是说，要促成不定型消费群体的交易，必须同时满足"有促销优惠"且"产品定价不高于市场期望价格"这两个条件。

② 企业所制定的促销活动对其他五类消费群体同样有效。

（二）零售市场六类消费群体成交要素分析

① 决定经济型消费群体成交的关键要素是价格，所以占领经济型消费群体市场的主要办法就是降价，但是价格不断降低会直接影响企业的利润，这不是很好的营销策略。

② 决定不定型消费群体成交的关键要素是促销，即优惠额度，优惠后价格低的优先成交，这是一种变相降价的方法，只适合短期内使用，长期使用则会导致企业利润下降甚至亏损。但是不定型消费订单成交形成的历史优惠额度可以影响情感型消费订单的成交，以短时期的促销达到占领情感型市场份额的营销策略是有一定优势的。

③ 决定冲动型消费群体成交的关键要素是添加产品附带功能，这类消费群体首先考虑的不是价格，而是产品的功能，而且冲动型消费群体形成的销售额会影响企业综合指数，因此把握住冲动型消费群体的交易对于整体零售市场还是很有利的。

④ 决定习惯型消费群体成交的关键要素是媒体广告的投放，加大媒体广告投放力度从而占据媒体影响力优势必然会促进习惯型消费订单的成交，但是习惯型消费订单所产生的销售额还受到企业制定的零售价格的影响，如果媒体广告投放的数额过高但销售额不高，那么企业的销售费用就会非常高，这是一种风险比较大的营销策略。

⑤ 理智型消费群体订单的分配主要受上一个季度的销售额和企业综合指数两个方面的影响，而其他五种零售消费群体所形成的销售额都会对企业综合指数产生影响，进而对理智型消费订单的成交产生影响。

综上所述，做好零售市场最关键的是要针对各类消费群体制订合理的零售营销策略。

素养园地

卫国营商：为国担当，为国分忧，一起来听听史上商人故事

企业营销无国界，企业家有祖国。习近平总书记在企业家座谈会上指出，优秀企业家必须对国家、对民族怀有崇高使命感和强烈责任感，把企业发展同国家繁荣、民族兴盛、人民幸福紧密结合在一起，主动为国担当、为国分忧。

胡雪岩：卫国营商，赈灾义民，戒欺商道

一、卫国商道

清光绪元年（1875 年 5 月），清政府任命左宗棠为钦差大臣，督办新疆军务。光是出关粮运经费每年约计白银 200 余万两，加上西征军官兵的饷银，每年共需经费 800 余万两白银。

为了能够实现国家军务目标，当时胡雪岩旗下的"阜康钱庄"恰好与英国渣打银行有生意往来，于是胡雪岩亲自出面，向其筹借钱款。面对借款对象的敏感问题，胡雪岩的观念是："谈得成功，我是代表中国政府；谈不成功，我只代表我自己。"最后，经过胡雪岩几昼夜的秘密谈判，终于就利息、期限、偿还方式等细节达成一致。胡雪岩以江苏、浙江、广东海关收入为担保，为西征筹得第一笔借款200万两，开中国政府商借外债之先例。此后更是如法炮制，依靠自己在上海滩生意场上的商业信誉，先后四次出面向汇丰银行等英国财团借得总计白银1 595万两，解决了西征的经费问题。左宗棠称赞："雪岩之功，实一时无两。"

二、义民商道

胡雪岩功成名就之后未忘记他的发迹之地——杭州，为杭州百姓做了许多义举。他开设钱塘江义渡，方便了上八府与下三府的联系，并设船，为候渡乘客提供方便，博得了"胡大善人"的美名。他还热心于慈善事业，乐善好施，多次向直隶、陕西、河南、山西等涝旱地区捐款赈灾。到清光绪四年（1878年），除了胡雪岩捐运给西征军的药材外，他向各地捐赠的赈灾款估计已达20万两白银。此外，他还两度赴日本，高价购回流失在日本的中国文物。

三、戒欺商道

清光绪四年（1878年），胡雪岩在亲笔跋文的"戒欺"一匾。它高悬于厅堂，被奉为店训。

胡雪岩商道已经成为一种经营理念浸渍在胡庆余堂品牌内涵中，形成一个完备的人文体系，核心就是"戒欺"。其"是乃仁术""真不二价""顾客乃养命之源"等经营理念，已超越了中医药范畴，为打造"诚信"社会做出了明确的历史诠释。

"戒欺"匾曰："凡百贸易均着不得欺字，药业关系性命尤为万不可欺。余存心济世，誓不以劣品弋取厚利，惟愿诸君心余之心。采办务真，修制务精，不至欺予以欺世人……"上述文字是胡雪岩留给后人的最有价值的品牌遗产。

"戒欺"反映在生产上就是"采办务真，修制务精"。"采办务真"的"真"，指入药的药材一定要"真"，力求"道地"，从源头就优选药材质地；"修制务精"的"精"指精益求精，其意是员工要敬业，制药精细。

在经营上，"戒欺"的体现是"真不二价"，向顾客正言胡庆余堂的药童叟无欺，只卖一个价。胡雪岩还把"顾客乃养命之源"写入店规，教育员工把顾客当作衣食父母。

想一想、议一议：党的二十大报告指出，依托我国超大规模市场优势，以国内大循环吸引全球资源要素，增强国内国际两个市场两种资源联动效应，提升贸易投资合作质量和水平。合理缩减外资准入负面清单，依法保护外商投资权益，营造市场化、法治化、国际化一流营商环境。通过网络和媒体搜集资料，研讨我国在营造国际化一流营商环境上有哪些创新举措？

知识练习与思考

一、填空题

1. 市场营销沙盘中的市场分析，包括_____和_____两个层面。
2. 宏观市场分析包括四种产品的_____分析、四种产品的_____分析。
3. 微观市场环境分析包括_____分析、_____分析、_____的选择。
4. 产品流行功能是指_____市场的消费群体在特定时间内对于产品功能的需求，产品只有在其_____内具备了这种功能，冲动型消费群体才会购买该产品。而在_____过后，该功能就成为产品的基本功能，如果产品不具备该功能，零售市场的_____消费群体不会购买该产品。
5. 流行周期是指产品流行功能从_____到成为_____的时间，也就是说，过了这个时间产品的流行功能就会变成该产品必须具备的_____功能。
6. 市场敏感度是指_____对零售市场上产品_____开始流行的感知速度，即该零售商所覆盖的消费群体对市场调研报告中给出的产品流行功能从市场预期到_____的最短周期。

二、思考题

1. 简述如何分析产品流行功能。
2. 简述零售商产品销售时间分析。
3. 简述零售市场六类消费群体购买规则分析。
4. 简述零售市场六类消费群体成交要素。
5. 从胡雪岩商道中能领悟到什么为商之道？

能力培养与训练

一、看表填空

1. 营销渠道分析

表2-16　渠道信息

产品	总需求量（件）	直销 数量（件）	直销 市场份额（%）	批发 数量（件）	批发 市场份额（%）	零售 数量（件）	零售 市场份额（%）
P1	3 904	370	10	632	16	2 902	74
P2	2 862	745	26	745	26	1 372	48
P3	1 705	310	18	782	46	613	36
P4	1 538	710	46	278	18	550	36

表2-16中营销渠道有三个，其中_____个产品的总需求最高，是_____件；_____个渠道需求量最大，是_____件。

在直销渠道中，市场份额最高的是_____产品。

2. 市场环境分析

表2-17　市场信息

市场	零售商名称	市场覆盖率（%）	市场敏感度（季度）	进场费（万元）	回款周期（季度）	提成比例（%）	管理费（万元）
南部	A1	40	2	20	4	10	2
	A2	60	4	20	1	10	2
东部	B1	40	2	20	2	10	2
	B2	60	4	20	3	10	2
中部	C1	40	3	20	2	10	2
	C2	60	4	20	3	10	2
北部	D1	40	3	20	2	10	2
	D2	60	2	20	3	10	2
西部	E1	40	3	20	2	10	2
	E2	60	2	20	3	10	2

表2-17中有_____个市场，共计有_____家零售商，市场敏感度数据的含义是_____；回款周期如果是2，说明回款需要_____个季度。

二、看图分析

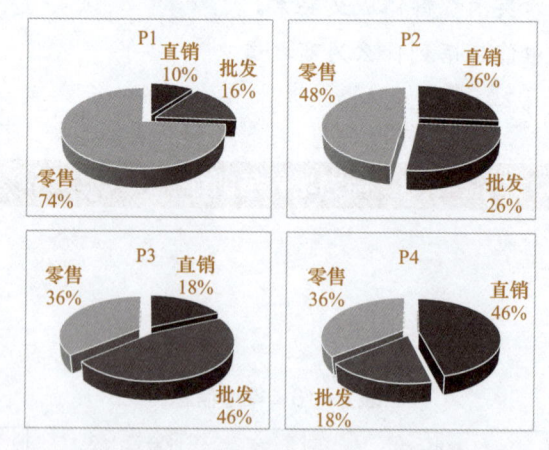

图2-10　三种营销渠道市场份额占比

图2-10是三种营销渠道在不同产品中所占市场份额，依图判断P1、P2、P3、P4产品在未来三年的营销渠道选择。

任务二 营销策略制订

导入案例

营销策略是企业以顾客需要为出发点，根据经验获得顾客需求量以及购买力的信息、商业界的期望值，有计划地组织各项经营活动。它是针对一定的目标市场所采用的一系列可测量、可控的旨在提高销售及厂商声誉的活动，是多种营销方法例如产品、价格、渠道、促销、公关策略的综合。

营销策略即消费者需求策略，是遵守营销理论的各种方法和技法。营销理论是以往经验策略的总结，为寻找更好的营销策略提供思维基础。理论是精简的，而以理论为基础的策略却有着无限可策划的空间。

成功的十大营销

1. 移位营销

上海工业缝纫机股份有限公司的传统产品缝纫机针，因成本高难以维系。于是公司决定把在上海难以生产的缝纫机转移到生产成本低的内地去建立生产基地。这样，一包针的生产成本降到0.3元，大大增强了市场竞争力，从而夺回了失去的市场。

2. 限量营销

日本汽车公司推出一款式样古典、风格独特的"费加路"新车，非常抢手。该公司没有因此拼命上产量、扩规模，而是公开宣布每年只生产2万辆，进行限量销售，结果订单激增到30多万辆。为公正起见，公司对所有订购者实行摇奖抽签，中奖者才能成为购得此车的幸运儿。其结果造成产品供不应求的市场紧俏气氛，使企业始终保持优势。

3. 逆向营销

山东济宁新华毛皮总厂在困境中不随波逐流。有一年，我国毛皮生产出口压缩，内销不畅。许多厂家停止收购，竞相压价抛售。该厂经过调查分析，审时度势，逆向营销，贷款400万元以低廉价格大量收购。数月以后，市场需求回升，毛皮价格上涨，该厂赚了一笔可观的利润。

4. 文化营销

格兰仕集团起初生产的微波炉在国内是新兴产品，为了挖掘潜在市场，格兰仕在全国各地开展大规模的微波炉知识推广活动，全方位介绍微波炉知识；此外，还编出目前世界上微波食谱最多最全的《微波炉使用大全及菜谱900例》，连同《如何选购微波炉》一书免费赠送几十万册，使格兰仕这个品牌深入人心，市场占有率遥遥领先。

5. 启动营销——特殊状况特殊对待

海信集团经过深入调查，了解到彩电在农村具有很大的发展潜力。因此，该集团制订全面启动农村市场的营销战略，并迅速付诸实施。针对农村的特殊状况，他们开发生产灵敏度高、电源适应范围宽、可靠性好、耗电量少、价格适宜的彩电，最大限度地满足了农民群体对产品价格、可靠性能的特殊需求，从而开拓了广阔的农村市场，取得显著经济效益。

6. 定位营销

麦当劳成功的一个重要因素，就是市场营销定位明确，即主要面向青少年，特别是儿童。他们针对青少年、儿童的特点开展各种促销活动，如开心生日会、赠麦当劳玩具等，因此在市场竞争中独占鳌头。

7. 远效营销

日本有家巧克力公司，意欲培养日本青年过"情人节"的习惯，然而效果不理想，但是，该公司认定这一战略方向，坚持不懈地宣传"情人节"，最后终于达到目的。现在，日本青年人在"情人节"互赠巧克力已成风气，该公司巧克力销量大增，生意越做越红火。

8. 特色营销

美国有家名不见经传的小店，在许多服装店都看好高档服装经营时，却反其道而行之，专门经营服装大厂生产多余、规格不配套而其他商店又不愿问津的零头单件服装。该店采取"一口价"的营销策略，即所有服装不论其式样、规格、颜色如何，全部以6美元一件出售，生意越做越好。

9. 限价营销

某美食城曾推出一项活动，声称216种各派美味佳肴由名厨主理，顾客可随意选用，数量不限。收费结账时，实行"最高消费者限额"，每人50元，超额消费部分不收费。如果每人消费不足50元，则按实际消费额收费。此举深受消费者欢迎，美食城每天顾客盈门，座无虚席。

10. 借名营销

约翰逊研制出"粉质化妆膏"时采用"借名生辉"的办法进行推销。他拟出一则广告："当你用过佛雷公司的化妆品之后，再擦上约翰逊的粉质化妆膏，将会收到意想不到的效果。"佛雷公司享有盛名，这则广告貌似宣传佛雷，实质上却在宣扬约翰逊自己。不到半年，约翰逊公司声名鹊起，迅速占领化妆品市场。

任务引入

在市场营销沙盘中，企业必须在系统模拟的直销、批发和零售三个销售渠道中展开竞争，营销渠道的选择直接决定了企业产品的销售数量和销售金额，关系到企业经营的成败。企业如何在直销、批发和零售三个渠道中与竞争对手进行博弈并最终通过合理的营销策略取得竞争优势，是市场营销沙盘实训操作的难点，也是最具有挑战性的部分。

企业在制订整体营销策略时应考虑以下因素：

①市场需求的总体状况。
②竞争对手的经营状况。

③企业的生产能力和可供销售的产品数量。

④企业的财务状况。

认真分析上述因素是企业制订营销策略的基础。

一、直销策略

(一)直销的作用

在市场营销沙盘中,企业销售产品的渠道有三种,即直销、批发和零售。直销是企业经营过程中将面对的第一种销售渠道,在每年年初进行。对企业而言,直销起到的作用主要体现在以下几方面。

1. 清理库存

在初始条件下,各企业拥有的 P1 产品(不附带流行功能)的数量包括:成品库存 80 件;四条生产线正在生产 40 件,其中第一季度下线 20 件,第二季度下线 20 件;A1 零售商库存 40 件。因此,即使企业不再生产不附带流行功能的 P1 产品,也至少有 160 件的产品库存,若实训规模为 10 个小组,则总共可以给市场提供 1 600 件不附带流行功能的 P1 产品。市场营销沙盘中未来三年的直销订单产品数量如表 2-18 所示。

表 2-18　直销订单产品数量表

年份	市场	直销订单产品数量(件)				
		P1	P2	P3	P4	合计
第 1 年	南部	184	—	—	—	184
第 2 年	南部	80	137	47	120	384
	东部	23	119	47	107	296
第 3 年	南部	4	149	59	144	356
	东部	13	110	57	119	299
	中部	30	120	53	115	318
	北部	26	130	47	105	308
总需求		360	765	310	710	2 145

分析表 2-18 可得出以下结论:第一年 P1 产品库存数量较多,销售期限极短,不附带流行功能的 P1 产品在市场上只能销售到第二年第一季度,第一年直销渠道能够消化 10 个小组全部 P1 库存产品的 11.5%。

如果经营者预期本企业很难通过批发或零售渠道销售 P1 产品,便会通过低价直销的方式促进销售,以清理库存。在经营实战中,一些经营者以低价甚至亏本的价格通过直销渠道销售 P1 产品。由于经营者在第一年 P1 产品的直销中存在清理库存的目的,但各企业的综合指数没有差距,所以只能采取价格竞争这一种途径,从而导致企业很难通过直销获得利润。

2. 销售产品获取利润

直销作为企业的销售渠道之一,其最主要的作用在于销售产品,获取利润。直销市场的需求数量和价格趋势如图 2-11 所示。

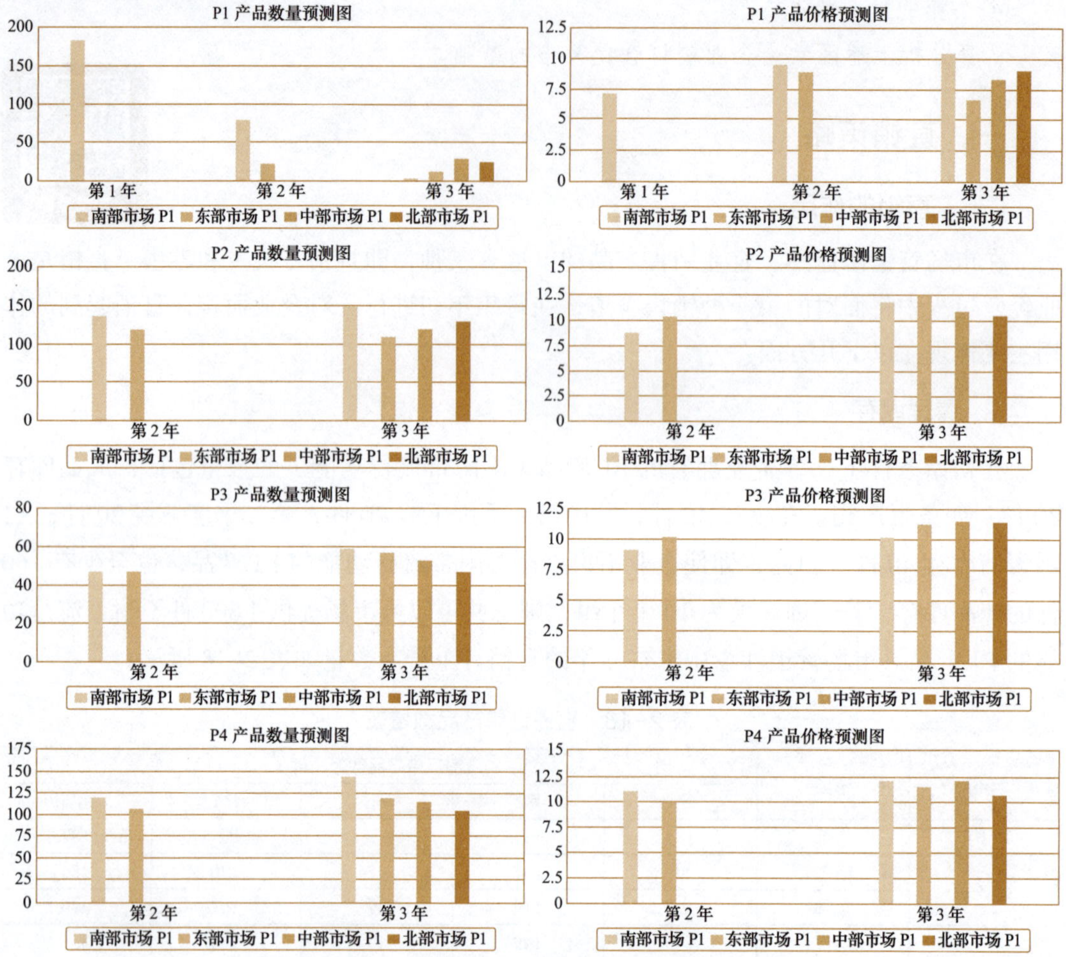

图 2-11　直销市场需求数量和价格趋势图

由图 2-11 可知：在第二年和第三年的经营中，四种产品的直销价格不断提高，与其他两种销售渠道相比，直销渠道获取利润的空间增大，因此企业经营者会调整营销策略，不再是通过直销来清理库存，而是结合企业综合指数的高低等情况为产品制订适当的直销价格，达到销售产品获取利润的目的。直销采用招投标的方式进行，按照综合评分来确定中标企业。直销综合评分由投标价格和企业综合指数两个评分要素构成，其计算公式为

$$综合评分 = \frac{所有小组最低投标价格}{本小组投标价格} \times 60 + \frac{本小组企业综合指数}{所有有效投标小组最高企业综合指数} \times 40$$

由于第一年各个企业的综合指数相同，所以第一年的中标规则是低价中标。第二年和第三年企业投标时则要考虑第四季度的企业综合指数对于直销中标的影响。

3. 促进零售和提高中标概率

直销订单的交货可以在短期内提升企业综合指数，促进下一季度零售市场理智型产品的销售并进一步提高直销中标概率。

若直销中标，则企业在交付直销订单时，不仅实现了产品的销售目标，同时由交付货物所产生的交易额又提升了本企业下一季度的企业综合指数。根据企业综合指数的计算公式可知，企业上季度销售额占所有企业销售总额的比例大小会对企业综合指数产生一定影响。而企业在交付直销订单时，所成交的订单金额直接计入企业本季度的销售额，提升本企业销售额所占比例，进而提升下一季度的企业综合指数。

如果企业综合指数提高，一方面会增加理智型消费群体购买本企业产品的机会，促进企业零售；另一方面，如果企业将大量直销订单集中在第四季度交付，则由于交易额巨大，将会大幅度提高本企业在下一年第一季度的企业综合指数。此时综合指数的提高不仅能促进企业的零售，更有利于企业在下一年第一季度的直销竞标。

（二）直销策略的制订

1. 理解直销竞标规则

根据直销规则，直销订单的中标者是由综合评分法来确定的。系统会依据公式计算出直销订单中每个投标小组的综合评分，综合评分最高者中标。根据直销综合评分的计算公式可知，影响直销订单中标的因素有两个：一是投标价格，占60%的权重；二是企业综合指数，占40%的权重。

> **例题**
>
> 针对第三年南部市场的一个P2产品直销订单，现有A、B、C三个小组参与该直销订单的投标，其中A组的企业综合指数为18，B组的企业综合指数为15，C组的企业综合指数为10。现在A组的投标价格为19万元/件，B组的投标价格为17万元/件，C组的投标价格为15万元/件，试问：
> ①哪个小组会中标？
> ②若A组和B组的投标价格不变，则C组的投标价格应为多少才能中标？
> ③若A组和C组的投标价格不变，则B组的投标价格应为多少才能中标？
>
> **解：**
> ①计算各组的综合评分：
> 　　　A组综合评分 =15/19×60+18/18×40=47.37+40=87.37（分）
> 　　　B组综合评分 =15/17×60+15/18×40=52.94+33.33=86.27（分）
> 　　　C组综合评分 =15/15×60+10/18×40=60+22.22=82.22（分）
> 通过比较各组综合评分可知A组综合评分最高，因此该订单由A组中标。
> ②C组若想中标，则须满足：C组综合评分≥A组综合评分。
> 假设C组的定价为 P_C，若想满足上述条件，则
> 　　　$P_C/P_C×60+10/18×40 \geq P_C/19×60+40$，可得：$P_C \leq 13.37$ 万元/件
> 因此，C组若想中标，其投标价格不得高于13.37万元/件。

③B组若想中标，则须满足：B组综合评分≥A组综合评分。

假设B组的定价为P_B，若$P_B>15$万元/件（C组价格），则

$15/P_B×60+15/18×40 ≥ 15/19×60+40$，可得：$P_B ≤ 16.65$万元/件

若$P_B ≤ 15$万元/件（C组价格），则

$P_B/P_B×60+15/18×40 ≥ P_B/19×60+40$，可得：$P_B ≤ 16.88$万元/件

综上可得，$P_B ≤ 16.65$万元/件。

因此，B组若想中标，其投标价格不得高于16.65万元/件。

当然，在实战中因受时间限制，经营者很难详细计算投标的价格，且该价格的计算须建立在对竞争对手投标价格的正确预期的基础上，这实际上是非常困难的。因此在实战中，经营者一般采取预估的方式制定投标价格。但经营者在制定价格时，一定要理解直销竞标的规则，才能制订合理的直销策略。

2. 直销策略分析

作为产品的一种销售渠道，直销虽然扮演着重要的销售角色，但企业可以根据自身情况，选择是否参与直销投标。如果企业综合指数比较低，参与直销投标就必须以很低的价格争取中标，这样企业在直销环节就没有利润空间，此时放弃直销投标本身也是一种策略。企业在决定是否参与直销投标时，往往需要考虑以下两点：

（1）产品的销售压力

这和企业选择的销售渠道有关。如果经营者认为通过其他渠道可以完成产品的销售且能够获得更好的利益，则可以放弃直销渠道。

例如，在第一年的经营期中，如果经营者的零售目标消费群体为"不定型"和"情感型"，即前期针对不定型消费群体销售，待历史优惠额达到在各小组中最大时，再将产品销售给情感型消费群体。由于不定型消费群体需求量大，若预期能够达成交易，则往往无须参与直销投标。

（2）直销的盈利能力

销售产品的最终目的是获取利润，如果某种销售行为无法获利或者无法给企业带来整体利益，则经营者需要重新评估该销售行为的必要性。

企业在进行直销投标前，需要考虑投标行为能否给企业带来利润，以及利润是否达到了预期。如果不能实现盈利目标，则可以选择放弃直销投标。参与直销投标主要包括以下成本：

①直销产生的费用。企业参与直销投标需要投入一定费用，与直销直接相关的费用包括客户开发费和购买标书费。其中，企业每开发一个客户需要投入5万元的费用，每个客户只需要开发一次，当然，第一年无须开发客户也可以参与直销投标；而企业购买标书所需要支付的费用为2万元/份。

② 产品的直接成本。除了考虑费用的投入，企业还需要考虑直销订单涉及的产品直销成本。一般而言，第一年不附带流行功能的 P1 产品的直接成本为 2 万元 / 件（由 1 万元的原材料成本和 1 万元的加工费构成）。第二年 P1 产品的直销订单通常要求有 2～3 个附加功能，因此其直接成本为 4 万～5 万元 / 件；P2、P3 产品通常要求有 1～2 个附加功能，因此其直接成本通常为 5 万～6 万元 / 件；P4 产品通常要求有 1 个附加功能，直接成本为 6 万元 / 件。第三年 P1 产品的直销订单通常要求有全部 5 个附加功能，P2、P3 产品通常要求有 3 个附加功能，P4 产品通常要求有 2 个附加功能，其直接成本均为 7 万元 / 件。

③ 其他相关费用。生产线的折旧费和维修费、行政管理费以及因购买生产线而产生的银行贷款利息等，都需要通过产品的销售来补偿。

例如：以第三年为例，直销订单的产品直接成本均为 7 万元 / 件（有时 P2、P3 产品的直销成本达 8 万元 / 件），假定每个订单包括 10 件产品，则每件产品分摊的标书费为 0.2 万元 / 件，此外还要考虑客户开发费。如果该年某企业的直销投标价为 7 万元 / 件，则本次投标不仅无法给该企业带来利润，甚至还会造成客户开发费、购买标书费和其他费用等损失。因此，在企业综合指数处于劣势，直销投标价格高则中标无望、低则得不偿失的情况下，经营者也可以放弃直销投标。

综上所述，当经营者预期无法以较高的价格中标而获取利润或者当企业有更好的销售渠道可以选择时，可以放弃直销投标。

3. 直销策略的种类

（1）投机策略

投机策略是指企业综合指数较低，直销投标无竞争优势时，经营者预估企业参与投标的订单没有竞争对手参与竞争，而以投机心理参与直销投标的策略。灵活运用投机策略可能会以较高的价格中标。

1）投机策略使用分析：由于竞争对手可能会忽视一些相对低价的直销订单，因此综合指数低的企业也可能以较高的直销价格中标。

对于综合指数较高的竞争对手而言，他们往往会将直销投标的重点放在价格较高的订单上以追求更高的利润，因受生产能力限制或出于节约投标成本的考虑，他们会放弃价格较低的直销订单。

对于综合指数居中的竞争对手而言，他们投标的重点往往在中等价格和较高价格的直销订单上，并通过降低直销价格的手段与综合指数较高的竞争对手展开竞争。因此他们也可能会放弃一部分价格较低的直销订单。

对于综合指数较低的竞争对手而言，他们可能预期直销竞争无望，出于节省费用的考虑而直接放弃直销投标。因此，这就给本没有竞标优势而以投机心理参与投标的企业带来机会。

2）投机策略使用时间：一般而言，投机策略可以在第一年经营期和第三年经营期采用。

第一年经营初始期，各企业综合指数基本上无差异（因放弃了ISO认证而综合指数偏低的企业除外），且直销投标无须开发客户。因此，经营者可以先不开发客户而直接参与直销报名，在购买标书之前，通过资格预审查看各个订单的竞投标情况。如果存在有些直销订单没有企业投标的情况，经营者再购买标书参与投标。企业采用该策略时应尽量将购买标书的时间压后，以避免过早购买标书后，其他小组再行购买标书参与投标，但要在直销倒计时结束前完成投标。

在第二年经营期中，直销订单数量大约占市场总体订单数量的20%，而且经过第一年的发展，各企业基本上都具有年产量320件的生产规模。又由于第一年市场环境不好，整体上供过于求，因此有些企业会先囤货，等到第二年市场环境改善的时候再进行销售。所以大家基本上都不会放弃第二年直销市场的竞争，有时候会出现几家企业抢夺一个直销订单的局面，因此一般不会有订单被遗漏，投机策略很难奏效。

在第三年经营期中，由于整体市场环境处于供不应求的局面，直销订单数量较多，且经过前两年的竞争，有些企业元气大伤，这时综合指数较高的企业肯定会选择价格较高的订单参与投标，而资金链紧张的企业会选择批发渠道，因此一些低价的订单可能会被忽视，并为综合指数较低的企业带来机会。

3）特殊市场机会：如果出现企业产品组合策略上的结构性失衡，即企业在产品组合选择上的失误，导致某些产品的生产量过多，而另一些产品的生产量过少，因此产生供货方面的结构性失衡，那么就可能出现直销投标的竞争失衡。在经营实战中，受市场调研报告给出的产品未来趋势的影响，第三年经营期容易出现P2和P3产品生产比较集中而P1和P4产品的生产比较分散的情况。这时，经营P4产品的企业即使综合指数比较低，也可以利用投机策略以较高的直销价格中标。

（2）市场领导者策略

所谓市场领导者是指企业综合指数排名第一的市场领先企业。领导者的综合指数领先越多，直销的优势就越大。对于领导者而言，在参与直销投标时，可以预期主要竞争对手（例如综合指数排第二的企业）的直销价格，并预期该直销订单的最低投标价格，据此根据综合评分的计算公式来计算本企业的投标价格。

1）投标订单的选择。

①关于直销订单数量的选择。综合指数高的市场领导者需要明确自身各产品的库存数量和产能等，并据此选择直销投标的订单数量。一般投标的数量可以比生产能力适当多一些，比如高出10%左右，这样可以预留出一部分数量给没有中标的订单；即便全部中标，其违约金也不至于影响太大。如果直销订单不足，则剩余的少量产品可以通过零售渠道以较高的价格出售。

②关于直销订单质量的选择。一般来说，由于企业综合指数高，市场领导者会优先

考虑价格比较高的订单。但通常高价订单的竞争也最为激烈，尤其是一些综合指数较低的企业会以低价投标来干扰市场。例如，单价 23 万元/件的 P2 产品直销订单，综合指数低的企业可能会以每件 10 万元左右的价格投标。因此，市场领导者在选择订单时，往往也需要选择一些中低价位的订单参与投标。

2）投标价格的制定。市场领导者在制定投标价格时，需要考虑以下几个因素：

① 企业综合指数领先优势的大小。市场领导者的综合指数领先优势越大，其直销投标价格就可以越高。尤其是当领导者的综合指数一枝独秀、遥遥领先时，直销优势最大；相反，当领导者的综合指数虽然排名第一，但与排名第二、第三的企业相差不大时，其控制直销价格的能力就相对较弱，制定直销价格时也会比较纠结：定价过高可能难以中标，价格过低则可能中标太多而导致大量订单违约。此时，领导者可以尝试不同的价格档次投标，一旦因中标太多而不得不违约时，尽量违约低价订单以减少违约金。

② 整体市场的竞争激烈程度。在第三年参与直销投标时，市场领导者需要注意整体市场的竞争程度。一方面，如果有些经营不善的企业已经破产，则整体市场的竞争将趋于缓和，领导者可以适当提高直销投标价格；反之，如果竞争激烈则应适当降低价格。另一方面，领导者通过查看各企业的财务报表，了解各企业的库存量及生产能力，可以判断市场的总体供求关系，进而为直销投标提供评判依据。

③ 零售市场环境的好坏。判断零售市场环境，一是要了解各区域的市场需求波动率。当市场波动率较大且为正值时，零售产品的需求数量也会相应增加，市场环境较好；当市场波动率较大且为负值时，零售产品的需求数量就会相应减少，市场环境较差。二是要了解各区域的零售市场期望价格。市场期望价格越高，零售价格的可能性越高，经营者选择零售市场的可能性就越大；反之亦然。因此，当零售市场环境较好时，直销的价格也可适当上调，即使通过直销不能完全销售的产品也可通过零售渠道销售；当零售市场环境较差时，直销的价格也可适当下调，尽量通过直销渠道销售所有产品。

（3）市场追随者策略

市场追随者是指企业综合指数并不处于领先地位，但紧跟市场领导者，排在第二阵营的企业。市场追随者的数量有可能是一家企业，也可能是三四家企业，关键要看各企业之间综合指数的差距大小。

对于市场追随者而言，需要根据直销的竞争情况来选择合适的直销订单参与投标。当竞争比较激烈时，追随者可能既要和市场领导者正面竞争，又要与市场投机者（综合指数最低层次者）进行竞争。

在价格制定方面，追随者可以参考领导者的策略，即对于高价订单，可以较大幅度降低价格以提高中标概率；对于中等价位的订单，可以给予适当幅度的降价；而对于低价订单，可以较小幅度地降低价格甚至以原价格参与投标。

当然，制订直销价格策略并没有固定的模式，只要能够中标且中标后能获得满意的利润便是可行的。企业的定价过程也是和竞争对手博弈的过程，不存在最优的定价模式。

二、批发策略

（一）批发的作用

企业只要投放了招商广告即有参与选单的机会，但因为每个市场的订单数量有限，所以即使企业投了广告也并不一定能选到订单。对企业而言，批发具有以下几方面的作用。

1. 销售产品

批发作为企业的一种销售渠道，首先具有销售产品的作用。需要注意，不同产品的批发订单呈现出不同的特点。市场营销沙盘中三年整体的批发订单产品数量如表2-19所示。

表2-19 批发订单产品数量表

年份	市场	P1	P2	P3	P4	合计
第1年	南部	370	—	—	—	370
第2年	南部	162	137	120	47	466
	东部	23	119	120	42	304
第3年	南部	8	149	152	57	366
	东部	13	110	144	47	314
	中部	30	120	136	45	331
	北部	26	130	120	40	316
总需求		632	765	792	278	2 467

关于批发订单还有以下几点需要注意：

① 第一年P1产品的批发订单个数较少，一般是4～5个，但单个订单所拥有的产品数量却较大。从单个批发订单所拥有的产品数量来看，P2、P3产品一般都是大订单，一个订单一般包括几十件产品。而P1和P4产品的批发订单通常是小订单，单个订单拥有的产品数量通常在10件左右。

② 从批发订单中所要求的产品功能来看，一般都需要带上该产品以前年度出现过的所有流行功能，但本年第四季度新出现的流行功能可能并不会出现在下一年的批发订单中。例如，第一年第三季度P2产品的流行功能为F3，则第二年P2产品的批发订单都需要附带F3功能；而P4产品在第一年第四季度流行F2功能，则第二年P4产品的批发订单既可能要求附带F2功能，也可能不需要附带该功能。对于企业而言，可针对批发订单生产一部分附加功能较少的产品，以达到降低成本的目的。

③ 批发订单的平均价格和产品数量可以从所购买的市场调研报告中查看，经营者可根据这些信息有针对性地投放招商广告。

2. 促进零售和提高直销中标概率

与直销相同，企业在某季度交付批发订单后，所成交的金额就会直接计入该季度的销售额，进而影响企业下一季度的综合指数。综合指数的提升，一方面会增加理智型消费群体购买本企业产品的机会；另一方面，如果企业将大量的批发订单集中在第四季度交付，将会大幅度提高本企业下一年第一季度的综合指数，这有利于企业第一季度的直销竞标。

3. 解决流动资金不足的问题

根据系统规则，批发订单是以预付款的方式支付给企业的。即只要企业获得了批发订单，即可收到相应的预付货款，当企业交付货物时直接冲抵货款。若企业在第四季度仍未能交付订单，则须退回预收的订单金额，并按照未交货订单金额的25%支付违约金。

因此，当企业资金不足时，可以通过投放招商广告获取批发订单的方式来缓解资金压力，使企业渡过难关。

（二）批发策略的种类

在三种销售渠道中，企业通过批发渠道销售产品的平均价格是最低的。根据批发在三年经营期不同阶段所起到的不同作用，企业大致可采取以下几种批发策略。

1. 放弃批发策略

在第一年经营期，批发的作用主要在于提升企业的综合指数。即当企业获得批发订单后，选择在某个季度交货，交货后的下一季度该企业的综合指数往往会有较大的提升。这主要是由于第一年各企业的交易额通常都不大，而企业交付批发订单所形成的交易额在总交易额中往往占有较大比重，因而可以对企业综合指数产生较大影响。

在第一年经营期，经营者如果预期竞争对手会大力参与批发竞标，且不愿承担投了批发广告而拿不到理想订单的风险，则可能会放弃批发。

在经营期的第二年和第三年，若企业已获得足够的直销订单，则往往会放弃投放批发招商广告；或者当经营者认为批发价格过低，即便获得订单也难以弥补成本时，也会考虑直接放弃参与批发竞标。

2. 投机策略

投机策略在批发中是指经营者仅投放少量的招商广告，能否选到订单取决于竞争对手，无论选到与否都可以接受的一种竞标方式。

在第一年经营初始期，投机策略的使用可能为企业创造良好的收益。即在博弈过程中，当竞争对手策略雷同且都趋于保守而放弃批发时，如果某企业以少量招商广告费的投入而获得批发订单，则可以获得丰厚的回报。

3. 选择性批发策略

选择性批发策略适用于经营期的第二年和第三年。即经营者根据市场调研报告给出的批发平均价格，选择一部分市场作为批发的目标市场，投放招商广告并选择批发订单。

此策略的制订依据在于：虽然产品的批发价格在三种销售渠道中最低，但不同产品在不同市场上的批发价格存在较大差异，经营者可以选择一部分价格较高的市场作为重点市场，参与批发竞单。

例如在经营期第三年，P2产品的批发平均价格通常在10万元/件左右，但在南部市场，其平均价格可能在12万元/件左右，个别订单的价格可能达到15万元/件。经营者参考调研报告给出的平均价格，有针对性地选择某些细分市场参与批发订单的竞争，在获取一定利润的同时也能扩大销售规模，提高企业综合指数，是可取的营销策略。

4．被迫批发策略

被迫批发策略是指当企业面临资金短缺时，经营者不得已必须依赖批发订单来解决流动资金不足的问题，使企业暂时渡过难关，求得生存与发展。

在经营期第一年，由于企业所有者权益较高，经营者可选择的贷款额度也相应较高，因此通常不存在资金紧张的问题。在第一年第四季度，经营者通常会将长期贷款的额度用完，即在年末选择大量长期贷款，用于第二年的经营开支，只要企业在第二年能够控制好资金的使用，通常可以顺利经营到第三年。

如果企业在第二年有贷款未还，且第二年年末的所有者权益较低，则第三年年初往往会面临资金不足的问题。尤其是当企业有大量欠款需要偿还，且由于所有者权益太低、没有贷款额度时，解决经营中的资金难题就只能依赖于批发了。

只要获得了批发订单，企业即可收到预付货款。因此，批发订单给资金困难的企业带来了发展的机会，即利用预先收到的货款来保证企业的正常运营。

当然，企业在选择批发订单时，也需要考虑自身的生产能力，不要因产能不足而在年末产生大量违约批发订单。当企业违约时，违约订单的预付货款及违约金将一并被收回。如果企业无法支付，则仍然会面临破产。

三、零售策略

在市场营销沙盘的三种销售渠道中，零售最为复杂，各企业在零售市场上的竞争往往也最为激烈。零售市场涉及四个产品大类、五个区域市场和六类消费群体，经营规则较为复杂，不同经营者对规则的理解层次不同，导致各企业的零售业绩差异很大。

零售渠道需要经营者在经营过程中理性分析和灵活运用各种营销策略，从而提高企业的经营能力和控制水平。

（一）做好零售的基础

1．零售商的市场覆盖率

零售商的市场覆盖率代表了零售商的销售能力，在市场营销沙盘系统中共有五个可供产品销售的区域市场，即南部市场、东部市场、中部市场、北部市场和西部市场。每个区域市场均有两个零售商，且1号零售商的市场覆盖率为40%，2号零售商的市场覆盖率为60%。总体来看，2号零售商的销售能力比较强，因此企业在给零售商配货时，通常会给2号零售商分配更多的货物。

2. 产品可销售的期限

经营者必须明确一个产品项目能够销售的期限，否则，若把已经过了销售期限的产品仍配货给零售商上架销售或者在零售商之间进行货物调拨，不仅产品无法销售，还浪费了配货费用或产品调拨费用。

经营者要掌握产品的销售期限，需要考虑两个因素：一是产品流行功能开始流行的时间及流行周期，二是零售商的市场敏感度。市场调研报告给出了各季度产品的流行功能和流行周期，以及各零售商的市场敏感度。经营者根据市场调研报告可以推算出每个产品的流行功能在各零售商处实际开始流行的时间和持续周期，当某个流行功能在某个零售商处的流行期限结束后，该功能将变为产品的基本功能，此后销售的该产品必须具备该功能，否则产品无法销售。

以任务一中表2-5所列P1产品的流行功能在各零售商处的流行时间和流行周期为例，分析如下：

A1零售商的市场敏感度为两个季度，F1功能的流行周期为一个季度，因此对A1零售商来说，F1功能真正开始流行的时间为第一年第三季度，且仅在第三季度流行F1功能。过了第三季度，F1功能成为基本功能，不带有该功能的P1产品无法销售。A2零售商的市场敏感度为四个季度，则对其而言F1功能真正开始流行的时间为第二年第一季度，同样流行一个季度，即过了第二年第一季度该功能将成为基本功能，不带有该功能的P1产品将无法销售。

所以，如果在第一年第四季度A1零售商仍然有不具备F1功能的P1产品，可通过"特殊任务"中的"库存调拨"选项将其未售完的P1产品调拨给A2零售商，仍能继续销售，但如果在第二年第一季度A2零售商仍未售完，则这批P1产品将无法销售。

概括来讲，对于同一种产品项目而言，市场敏感度越差（即反应速度越慢）的零售商销售的期限越长。例如，A2零售商比A1零售商可以多销售两个季度的不带有F1功能的P1产品。因此，当某些产品项目在市场反应速度快的零售商处已超过销售期限，还可以通过库存调拨的方式，将产品调配到市场反应速度慢的零售商处继续销售。

同理，经营者可以列出P2、P3和P4产品不同流行功能在各零售商处的实际流行时间，以便掌握每种产品项目可供销售的期限。此外，产品的流行功能及流行周期是随机产生的，每次重新开始经营的数据都可能不同，但只要掌握了正确的分析方法，便可以快速地理解产品的不同流行功能在各零售商处的实际流行时间，进而分析出产品项目可以销售的期限。

3. 市场的需求量与企业的实际销售量

企业通过购买市场调研报告可以查看各产品的零售市场需求量，但市场的实际需求量还受市场需求波动率的影响。而企业的实际销售量不一定等于市场的实际需求量，实际销售量还受企业零售价格的影响。产品零售价格升高，企业的实际销售数量就会下降。

4. 六类零售消费群体的交易顺序和规则

（1）交易顺序

在市场营销沙盘中，六类零售消费群体的交易顺序为：情感型、习惯型、理智型、冲动型、经济型、不定型。即系统首先进行情感型消费订单的交易，待情感型消费订单交易完成后再来进行习惯型消费订单的交易，然后依次是理智型、冲动型、经济型、不定型。如果某个季度某类消费群体的订单为0，则系统直接进行下一类消费群体的交易。

（2）交易规则

六类零售消费群体中，情感型消费群体的交易看企业的历史优惠额，优惠额高者优先交易；习惯型消费群体看企业媒体中标所获得的媒体影响力，按各企业媒体影响力所占比例分配订单；理智型消费群体的交易看企业综合指数，综合指数高者优先交易；冲动型消费群体的交易看产品附带的功能数量，产品附带功能多者优先成交，若产品的功能数量相同再看产品的价格，价低者优先交易；经济型消费群体看企业的原始定价（即不考虑促销折扣），定价低者优先交易；不定型消费群体的交易则看产品的折后价格决定，若折后价格相同，再看企业综合指数，综合指数高者优先交易。

从交易规则看，除了习惯型消费群体外，其他五类消费群体的订单均可能由某企业独占，只要该企业最符合交易条件、定价合理，且货物供应充足。

（二）零售策略的种类

在实战中，经营者在给零售产品定价时，需要针对不同的消费群体，拟定不同的销售目标，从而确定产品的价格策略、促销策略和媒体策略等。

1. 针对经济型消费群体的零售策略

经济型消费群体属于价格主导型，如果针对某一产品某企业的原始定价最低，则经济型消费群体会优先购买该企业的产品。

需要注意：一方面，此处的定价是原始定价，不考虑价格折扣。例如：A企业的P1产品定价为8万元/件，5折销售，即折后为4万元/件；B企业的P1产品定价为7.9万元/件，无折扣。假定不考虑其他企业的定价，则经济型消费群体会优先购买B企业的P1产品。另一方面，此处比较的价格是剔除产品附带功能成本之后的价格。例如：A企业P1F2产品的定价为8万元/件，B企业的P1产品（无附带功能）的定价为7.2万元/件，由于A企业的产品带有一个F2功能，而每增加一个附带功能的成本为1万元，因此A企业的实际定价为7万元/件；而B企业的P1未带任何功能，其实际定价即为7.2万元/件。由于A企业的实际定价低于B企业，因此经济型消费群体会优先购买A企业的P1F2产品。

企业在制定价格时，还需要考虑定价的目标。企业针对经济型消费群体的定价目标主要包括：清理库存和销售获利。

（1）以清理库存为目标的价格策略

为达到清理库存的目标，经营者往往以微利甚至亏损的价格出售产品。此策略通常出现在以下两种情况：一是企业在经营初期处理不带任何功能的 P1 产品库存时，由于各组都有相当数量的同种产品，导致市场竞争激烈，此时经营者预期产品难以销售，则可能以低价销售；二是当某个产品项目的销售期限即将结束时，经营者为避免剩余产品无法继续销售而被迫通过低价销售。

若经营者将经济型消费群体作为目标客户，则往往会根据以往的经验来预测竞争对手的定价以及自身对低价的承受意愿，然后制定一个自认为交易概率较高的价格。

（2）以销售获利为目标的价格策略

企业以经济型消费群体为目标客户，也可以获取较为可观的利润。通常当一个产品项目被市场淘汰时，新的产品项目将获得市场机会。新产品上市之初，企业对产品的定价主要有高价低促销策略、高价高促销策略和低价低促销策略。高价低促销策略是指企业以高于市场期望价格，且无促销或微小促销（如 9.9 折）的定价销售产品，此策略适合于综合指数高且以情感型和理智型消费群体为销售对象的企业。高价高促销策略是指企业以高于市场期望价格，但大力促销甚至白送（如买第一件免费）的价格策略销售产品，目的在于做到最大的优惠额进而为销售情感型订单打基础。此情况下，若企业以低于市场期望价格来销售新产品，则经济型订单成交的可能性就会很大。

（3）兼顾不定型消费群体的价格策略

企业以经济型消费群体为目标客户时，其定价通常都低于市场期望价格，这已经满足了不定型消费订单交易的第一条件。而不定型消费订单交易的第二个条件是企业必须有促销活动。实际上，当以低于市场期望价格销售产品时，只要采取一个象征性的促销策略，即可满足不定型消费订单的两个交易条件。对企业而言，此种促销的优惠额几乎可以忽略不计，但销售量却可能会大幅度增加。

综上所述，企业若以经济型消费群体为目标客户，则在不同经营时期可以制定不同的销售目标。不论是以清理库存为目的，还是以销售获利为目的的价格策略，在不同时期的不同竞争环境下，都是可行的。

2. 针对不定型消费群体的零售策略

根据经营规则，不定型消费群体属于促销活动主导群体，企业要想将产品销售给不定型消费群体，必须满足两个基本条件：一是产品的价格不能高于市场期望价格；二是必须要有促销优惠。

需要注意的是，以上两个条件是最基本的交易门槛，不定型消费群体到底购买哪个企业的产品，取决于促销后的价格，促销后价格低者优先成交。如果促销后的价格相同，则比较企业综合指数,综合指数高者优先成交。此外,促销对其他五类消费群体同样有效。

以不定型消费群体作为目标客户,经营者一般都是出于两个目的:一是为获得情感型消费订单做铺垫;二是提升产品销售量,同时兼顾情感型消费群体。前者交易的不定型消费订单往往以亏本销售为代价;而后者往往是通过压低利润来促进销售。

(1) 为情感型消费订单做铺垫的价格策略

由于市场上情感型消费群体购买某产品的规则是看企业在该市场对该产品的历史优惠额的大小,优惠额最大者优先成交。而最容易提升企业历史优惠额的销售途径是将产品销售给不定型消费群体。根据规则,企业可以从两方面促成不定型消费交易的达成:一方面是将优惠额做到最大,使促销后价格最低;另一方面是尽可能提高企业综合指数。

经营者要想使产品促销后价格最低,只需要在第二种促销方案(多买折扣)中设定购买最少件数为1件,享受折扣为0折,促销后价格为0;或者在第三种促销方案(买第几件折扣)中,将折扣方式设置为买第1件享受0折优惠。采用这两种促销手段均能使企业不论销售多少数量的促销产品,企业的实际收入均为0,销售额将全部转为优惠额。当然,通过第一种促销方案(满就送)也可以做到这一点,但在设置优惠方式时计算比较麻烦。需注意的是,为了使优惠额达到最大,产品的零售价格最好定为市场期望价格。

为了抢夺不定型消费订单,可能会出现多个竞争小组均采用同样的促销方案的情况,即都将产品的折后价格设置为0。此时,企业综合指数就会发挥重要作用,综合指数最高者将享有优先交易权。由此可见,仅仅从促销方面来抢夺不定型消费订单是不够的,还需要考虑企业综合指数的影响。所以,企业若希望做到历史优惠额最大,第一年第一季度最好不要放弃 ISO 9000 的认证,同时还需要适当抢夺媒体广告以提高企业综合指数。

此外,每个新市场开放之时,都是企业促成不定型消费订单的交易、为情感型消费订单做铺垫的好时机。

(2) 基于提升产品销售量的价格策略

通常,在六类零售消费群体中,不定型消费群体的订单数量是最多的。因此,不定型消费订单的成交可以对提升企业产品的销售量起到很大的作用。

当经营者出于提升产品销售量的考虑,且不愿意亏本销售时,可采取以下两种策略:一种是将价格定为市场期望价,折后价高于成本价。若能够达成不定型消费订单的交易,则既可以促进产品的销售,又能够保证获得一定的利润,同时还可以增加企业的历史优惠额,为后续情感型消费订单的成交提供可能。另一种策略是让定价低于市场期望价,折后价高于成本价。此种定价虽不能带来较大的优惠额,但若能达成不定型消费订单的交易,则可大幅度增加产品销量,且为经济型消费订单提供更大的交易机会。

综上所述,当经营者拟将不定型消费群体作为目标客户时,可以考虑两种销售组合方式:一是不定型和情感型组合,即前期通过不定型消费订单做足优惠额,待时机成熟再销售情感型;二是不定型和经济型组合,同时兼顾两种消费群体。随着时间的推进,企业经营的产品越来越多，可供销售的市场范围越来越广。经营者需要时时关注市场环境，通过查看辅助菜单中提供的信息，了解各种产品在各个市场上的优惠额现状，以及各种产品的销售价格水平等，以寻找不定型、情感型和经济型消费订单的交易机会。

3. 针对习惯型消费群体的零售策略

习惯型消费群体属于媒体主导型，即按照企业媒体广告中标所获得的媒体影响力占所有企业媒体影响力总和的比例来分配订单。如果企业放弃媒体广告，或者所投放的媒体广告未能中标，再或者虽然有中标但其影响力不足以为企业分配到一个订单，则均无法达成习惯型消费订单的交易。因此，企业若想实现习惯型消费订单的销售，则不仅要有媒体广告中标，且所获得的媒体影响力还要大到能够给企业带来订单。而在此过程中，企业制定的产品价格对所能分配的订单数量也会有一定的影响。

（1）习惯型消费订单交易规则分析

习惯型消费订单的交易受媒体广告中标及企业定价的影响，现通过实例来具体分析习惯型消费订单的分配规则。

例题

若第一年第一季度南部市场的市场需求波动率为27%，第一季度市场调研报告给出的习惯型消费订单的需求量为58件，零售市场期望价格为10.00万元/件。第一季度媒体广告结束后，各组的媒体广告中标结果如表2-20所示。

表2-20 第一年第一季度各组媒体广告中标结果表

中标小组	产品名称	媒体类型	广告时段或排名	中标费用（万元）	媒体影响力 数值	媒体影响力 占比（%）	媒体关系值
ST7	P1	央视	黄金时段	378	40	23.2	2
ST4	P1	央视	午间时段	189	12	6.9	10
ST6	P1	央视	晚间时段	49	6	3.5	8
ST2	P1	百度	排名第一	79	20	11.6	5
ST8	P1	百度	排名第二	67	18	10.5	9
ST7	P1	百度	排名第三	55	15	8.7	8
ST9	P1	百度	排名第四	49	13	7.6	7
ST5	P1	百度	排名第五	38	11	6.4	5
ST3	P1	百度	排名第六	29	10	5.8	5
ST4	P1	百度	排名第七	17	9	5.2	4
ST10	P1	百度	排名第八	11	7	4.2	3
ST1	P1	百度	排名第九	6	6	3.5	3
ST6	P1	百度	排名第十	1	5	2.9	3
合计					172	100.0	—

根据中标情况，经营者可以计算出各组本季度共获得的媒体影响力及所占百分比，试根据各组媒体影响力占比及定价（见表2-21）计算各组习惯型消费订单的销售数量。

表 2-21　各组媒体影响力占比及定价表

中标小组	媒体影响力 数值	媒体影响力 占比（%）	定价（万元）
ST7	55	31.9	10.18
ST4	21	12.1	8.98
ST2	20	11.6	9.78
ST8	18	10.5	9.50
ST9	13	7.6	7.80
ST6	11	6.4	7.80
ST5	11	6.4	8.98
ST3	10	5.8	9.88
ST10	7	4.2	8.98
ST1	6	3.5	9.89
合计	172	100.0	—

解：要计算各组习惯型消费订单的销售数量，首先需要计算习惯型消费订单的实际需求量，再按照各组媒体影响力所占比例分配订单。

习惯型消费订单的实际总需求数量为

实际总需求数量 = 调研报告预测的需求数量 ×（1+ 市场需求波动率）

$$=58×（1+27\%）=73.66≈74（件）$$

以 ST7 组为例，根据其媒体影响力占比及定价，计算可获得的习惯型消费订单分配数量为

ST7 组获得的分配数量 = 实际总需求数量 ×ST7 组媒体影响力占比

$$=74×31.9\%=23.6≈24（件）$$

由于 P1 产品的需求价格弹性系数为 0.8，属于缺乏弹性的产品，其定价的高低对实际销售量的影响并不明显，因此可以把实际的需求量看作是实际的销售量。根据 A1 和 A2 两个零售商的市场覆盖率计算可得：

A1 零售商销售数量 =24×40%=9.6≈10（件）

A2 零售商销售数量 =24×60%=14.4≈14（件）

同理可以计算出其他小组的交易数量，计算结果如表 2-22 所示。

表 2-22　各组习惯型消费订单实际销售数量表

中标小组	媒体影响力占比（%）	定价（万元/件）	习惯型消费订单销售数量（件）	A1 零售商销售数量（件）	A2 零售商销售数量（件）
ST7	31.9	10.18	24	10	14
ST4	12.1	8.98	9	4	5
ST2	11.6	9.78	8	3	5
ST8	10.5	9.50	7	3	4
ST9	7.6	7.80	6	2	4
ST6	6.4	7.80	5	2	3
ST5	6.4	8.98	5	2	3
ST3	5.8	9.88	4	2	2
ST10	4.2	8.98	3	1	2
ST1	3.5	9.89	3	1	2
合计	100.0	—	74	30	44

（2）习惯型消费需求趋势分析

表 2-23 列出了一次随机数据中，各区域市场上各种产品的习惯型消费需求量随时间的变化趋势。观察发现，只要参与竞争的组数不变（如 10 个小组），则每次随机生成的数据变化不大。

表 2-23　各市场、各产品习惯型消费需求量变化趋势表　　　（单位：件）

年度	季度	P1 南	P1 东	P1 中	P1 北	P1 西	P2 南	P2 东	P2 中	P2 北	P2 西	P3 南	P3 东	P3 中	P3 北	P3 西	P4 南	P4 东	P4 中	P4 北	P4 西
第一年	一	58																			
	二	48																			
	三	40	6					6						2			2				
	四	34	6				6	5				2	3				3	2			
第二年	一	28	7				6	6				2	2				2	2			
	二	2	7	6			6	6	5			2	2	2			3	2	2		
	三	16	7	6			8	6	6			2	3	2			3	2	2		
	四	10	6	7			8	4	6			3	3	3			3	3	2		
第三年	一	4	6	9	6		8	4	6	7		3	3	3	3		3	3	2	3	
	二		3	9	8		8	5	6	7		4	6	3	2		3	3	2	3	
	三		3	9	9	5	6	5	5	6	5	3	3	3	2	2	3	2	2	2	3
	四		3	9	8	6	6	5	5	6	5	3	3	3	2	3	3	2	2	2	3

① P1 产品的趋势：从表 2-23 可以看出，P1 产品在南部市场的习惯型消费需求量最多，尤其在第一年第一、第二季度，但从第一年第三季度开始迅速减少，至第三年第二季度无需求；在东部市场从第一年第三季度开始有需求，且需求量保持相对稳定，至第三年需求量逐渐减少；在中部市场从第二年第二季度开始有需求且一直呈上升趋势；在北部市场和西部市场到第三年才开始有需求。

② P2 产品的趋势：P2 产品的习惯型消费需求量比较稳定，其中南部市场需求量相对较大。

③ P3 和 P4 产品的趋势：P3、P4 产品的习惯型消费需求量稳定且数量较少，其中 P3 产品各季度的需求量变化范围是 2～6 件，P4 产品的变化范围是 2～3 件。

（3）习惯型消费订单定价影响因素

企业制定产品价格时，要考虑三方面因素：一是产品的需求量，二是媒体广告中标情况，三是产品的需求价格弹性系数。

① 产品需求数量对于定价的影响：对于 P1 产品而言，在第一年第一、第二季度由于习惯型消费群体的需求量大，一般只要企业成功投放了媒体广告，且价格制定合理，即可实现产品的销售。但到了第三季度，P1 产品的习惯型消费订单数量大幅减少，要想销售产品给习惯型消费群体，则需要企业的媒体影响力占有更高的比例，因此销售难度增大。

② 媒体广告中标情况对于定价的影响：习惯型消费群体属于媒体主导型，即按照企业媒体广告中标所获得的媒体影响力占各企业媒体影响力之和的比例来分配订单。但是对于 P3 和 P4 产品而言，由于习惯型需求数量很少，企业很难获取习惯型消费订单，除

非该企业既有较高比例的媒体影响力,又制定较低的零售价格。由此可见,当市场上习惯型消费群体的需求量很少时,通过抢夺媒体广告来获得习惯型消费订单是不明智的。

③需求价格弹性系数对于定价的影响:需求价格弹性系数小于或等于1的产品属于缺乏弹性的产品,比如:P1产品的弹性系数为0.8,P2产品的弹性系数为0.9,P3产品的弹性系数为1.0,这三种产品都属于缺乏弹性的产品,定价对于其实际销售数量的影响不是很大,适合制定较高的价格。而P4产品的弹性系数为1.2,属于具有弹性的产品,定价对于其实际销售数量的影响比较大,所以在制定价格的时候要慎重,如果定价过高,则成交数量可能很少甚至没有。

4. 针对冲动型消费群体的零售策略

冲动型消费群体的交易条件相对独立,一般来说,由于冲动型消费群体以产品功能数量为主导,而增加功能将导致产品直接成本的上升,因此经营者通常期望以高价来达成交易。但如果有多家企业同时抢夺冲动型消费订单,则很难实现高价销售。所以,当以冲动型消费群体为目标客户时,企业需要时时关注冲动型消费订单的历史交易价格,并善于发现市场机会。针对冲动型消费群体可采取以下两种定价策略:

(1)低价竞争策略

在经营实战中,由于P1产品最早出现冲动型消费订单是在第一年第三季度,且只在A1和B1零售商处有需求,因此第一年第三季度经营者针对P1产品的冲动型消费订单的抢夺往往最为激烈。随着经营者逐渐理解了这一规则,原本以产品功能数量为竞争手段就会演变为以价格为竞争手段,导致价格越压越低,甚至以最低期望价销售。

企业以低价达成交易的好处在于可以提高企业的交易额,从而提高企业综合指数,但低价竞争导致利润被压缩,对改善企业财务情况并无帮助。

(2)高价竞争策略

适当调整产品的生产结构,适时推出新的产品项目,有利于企业以高价成交冲动型消费订单。对此,企业需要创新经营思路,实施差异化经营策略。

例如,P2、P3产品通常在第二年第一季度才有冲动型消费需求,如果大部分企业在第一年就开始生产P2、P3产品,则这些企业往往到第二年还在销售第一年所生产的不带任何功能或者只带有第一年出现的流行功能的P2和P3产品。而如果本企业第一年只生产P1产品,到第二年才开始生产P2、P3产品,并直接附上第一、第二年出现过的流行功能,则在第二年以高价成交冲动型消费订单的可能性就比较大。

再如,进入第三年可能很多企业会将经营重点放在P2、P3或P4产品上,而忽略了P1产品。此时再销售附带所有功能的P1产品,以高价成交冲动型订单的可能性也比较大。

总之,冲动型消费订单由于交易条件相对独立,无法通过其他手段如媒体广告、企业综合指数、历史优惠额度等达成交易,因此需要经营者创新经营思路,同时关注冲动型消费订单交易的历史价格,合理调整产品定价,灵活经营。

5. 针对情感型消费群体的零售策略

情感型消费订单以历史优惠额高低来判断订单归属，主动权掌握在历史优惠额最高者手中，而历史优惠额是可在系统中查看的，即情感型消费订单的归属可以提前确定。历史优惠额度的累积决定了情感型消费订单的交易顺序。企业某产品在某个市场上的历史优惠额度是累积的，每个季度的历史优惠额都会发生变化，情感型消费订单的优先交易权也会随之变化。

在市场营销沙盘系统中，只有开展促销活动才能够形成历史优惠额度，因此，企业如果想占领情感型消费市场则促销是必不可少的策略。系统中提供的三种促销手段分别为满就送、多买折扣和买第几件折扣，在此基础上企业若想促成情感型消费订单的交易主要可采取以下两种促销策略：

（1）销售额全部转为优惠额的促销策略

企业如果采用将销售额全部转为优惠额的促销策略，即采取"白送"（折后价格为0）的方式销售产品，对消费者而言，相当于免费获得产品；对企业而言，无销售收入，销售额全部转化为优惠额，从而为销售情感型消费订单的交易做铺垫。

（2）对每种零售产品均给予少量优惠的促销策略

当经营者觉得经常设置促销方案比较麻烦，但又希望可以满足情感型消费群体最基本的交易条件时，可能会不加限制地对每种产品均给予一定的优惠。这种微小的优惠额并不会对企业的经营产生影响，当其他企业均无优惠活动或者优惠额小于本企业时，也能够促成企业与情感型消费群体的交易。

6. 针对理智型消费群体的零售策略

理智型消费群体由企业综合指数的高低来决定订单归属，而综合指数的高低主要受媒体影响力和销售额的影响，因此在每一个季度媒体广告招标结束后，尤其是在各企业综合指数差距较大时，即可预判下一季度的理智型消费订单的归属。媒体广告中标会影响企业的综合指数，而且媒体广告投标获得的媒体影响力和关系值是累计的，所以如果想占领理智型消费群体市场，媒体广告的投放策略是关键。

（1）激进型媒体广告投放策略

激进型媒体广告投放策略指的是以高额的投放费用争取媒体广告的中标，其目的主要在于争取企业综合指数达到最高，从而获取理智型消费订单并为下一年直销竞标做铺垫。激进型媒体广告投放策略的实施通常发生在经营期第一年，且第一年第一、第二季度的媒体广告最为重要，它们可以使企业在第二季度获取理智型消费订单，而由此所产生的销售额又可以进一步提升企业第三季度的综合指数。

（2）媒体广告投放和批发订单交货相结合的策略

为了提升企业综合指数，经营者往往会抢夺第一年的批发订单以提高销售额，同时通过媒体广告的投放来获取更多媒体影响力。在此策略中，经营者需要理解以下几方面内容：

①第一年第一、第二季度的媒体广告中标对企业综合指数贡献比较明显。由于第一、第二季度只有P1产品可以投放媒体广告，因此如果媒体中标较多，就会对企业综合指数产生很大的影响。而到了第三季度，由于媒体广告的范围包括P1、P2和P3产品，产品种类越多，企业媒体影响力的效果越难以显现，除非企业在每种产品的关键广告上都能够中标。

②经营者需要合理选择批发订单的交货时间。交付批发订单的一个重要作用就是以此来扩大企业的交易额，配合媒体广告策略的使用即可提升企业下一季度的综合指数。

如果企业第一季度媒体影响力很小（例如只中了百度排名广告），即使第一季度交付了批发订单，其第二季度也很难达成理智型消费订单的交易；而如果企业第一季度媒体影响力很大（例如中了央视黄金时段和午间时段广告等），则即使不交付批发订单，第二季度获得理智型消费订单的可能性也很大。只有当企业媒体影响力排名靠前且与领先者相差不大时，选择该季度交货对企业获得理智型消费订单的帮助才较大。因此，经营者在衡量批发订单对企业综合指数的影响时，应主要考虑交货后的下一季度是否能促使企业的综合指数排名第一。

③如果企业预期在第三季度交货也无法使综合指数排名第一，则可以选择第四季度交货，所产生的交易额会提升企业第二年第一季度的综合指数。

综上所述，企业选择交付批发订单的时机，关键要看其能否对企业综合指数的提升产生最大效益，促使企业获得理智型和情感型消费订单。

企业针对理智型消费群体的定价主要出于两个目的：其一是拥有最大的市场份额。要做到这点比较简单，只要企业制定的价格合理，如企业的定价不高于市场期望价，就能获得100%的市场份额。其二是获取最大的利润。要使得企业总体利润最大化，还需要考虑产品的需求价格弹性。在经营实战中，追求自身利润最大化而实施的定价策略往往意味着企业需要放弃一部分市场订单。

在竞争市场上，企业很难在利润和市场份额两方面都实现最大化。因此，企业在制定价格时，往往需要在二者之间寻求一个平衡，企业若是想获取更多的利润，则需要接受竞争对手将分享一部分市场订单的局面；而企业若是出于压制竞争对手并增加自身市场份额的考虑，则往往需要采取更有竞争性的定价。当然，在一定条件下，企业也可能同时实现独占市场和利润最大化的双重目标。

综上所述，经营者制定零售价格时，首先需要明确产品的销售对象，根据目标客户的需求特点来考虑价格策略；此外需要考虑各类消费群体的交易规则，有目的地实施销售计划，使企业的销售行为成为可持续的过程，并使企业的销售策略覆盖尽可能多的消费群体；最后，当企业具备特定消费群体的交易条件时，应根据企业经营目标合理制定销售价格。当然，在经营实战中，企业所面临的经营环境可能较为复杂，并且经营时间有限，对零售价格的计算可能无法面面俱到，这就需要经营者充分利用有限时间来分析各企业经营情况和交易数据等市场信息，理性地进行经营决策。

四、融资策略

（一）融资方式对比

1. 贷款

企业在融资时，需要合理运用融资策略，减少资金的使用成本。在市场营销沙盘系统中，企业的融资主要来自于短期贷款、民间融资和长期贷款，这三种贷款方式对比如表 2-24 所示。

表 2-24　三种贷款方式对比

贷款方式	贷款时间	贷款额度	还款规定	年息（%）	期限（年）
短期贷款	每季度任何时间	上年所有者权益的 2 倍－已贷短期贷款（或民间融资）额，并能被 100 整除的最大整数	到期一次性还本付息	5	1
民间融资				15	
长期贷款	每年第 4 季度	上年所有者权益的 2 倍－已贷长期贷款额，并能被 100 整除的最大整数	每年年底还利息，到期一次性还本付息	10	2

2. 贴现

当企业现金不足时，只要有足够金额的应收账款，也可以通过贴现的方式，将未到期的应收账款变现使用。贴现的规则是：以 100 万元为一个基本单位，当应收账款达到 100 万元时，即可进行贴现，但其中企业只能获取 84 万元现金，而另 16 万元需作为贴现费用扣除。并且，贴现的应收账款项默认由远期开始贴现。例如：当企业既有两个账期的应收账款，也有四个账期的应收账款时，系统首先贴现的是四个账期的应收账款。

从上述融资方式的对比来看，贴现的费用最高，其次是民间融资，然后是长期贷款，最后是短期贷款。就贷款的使用而言，企业往往优先考虑短期贷款，当短期贷款不足时，再考虑民间融资；只要有贷款额度，企业一般会在年底使用长期贷款；只有当企业没有贷款额度、资金又不足时，才会考虑贴现。

（二）融资方式选择

1. 短期贷款和民间融资的使用

根据系统规则，企业必须先偿还已到期的贷款，才能根据企业的贷款额度再进行贷款。

由于在第一年经营之初，企业的短期贷款和民间融资均为 0，而企业的所有者权益高达 1 069.75 万元，按照融资规则，企业的短期贷款和民间融资的额度各为 2 100 万元，对于经营者而言融资额度非常充足。但理性经营者绝不应只顾及企业第一年的资金状况，而应该从大局出发，全盘考虑三年经营期里企业所有者权益可能发生的变化以及资金使用可能面临的风险。

（1）合理分配银行贷款

从经营实战来看，第一年企业需要开拓市场、研发新产品、购买厂房设备等，以便扩大企业规模，为后期的经营发展奠定基础。但是第一年的市场竞争比较激烈，企业在第一年很难获得利润，因此到第一年年底企业的所有者权益会或多或少地有所降低，而所有者权益的下降直接影响企业第二年的贷款额度。由于短期贷款和民间融资的期限只有一年，意味着第一年第一季度的贷款需要在第二年第一季度偿还，以此类推。所以企业即使在第一年资金相对充足的情况下，也应谨慎使用、合理分配银行贷款。

（2）尽可能避免民间融资

一般来说，第一年企业最好不要使用民间融资，民间融资年息高达15%且期限只有一年，同样情况下短期贷款的年息只有5%，利息差异非常大。但短期贷款的额度也应适量使用，避免给第二年还款带来压力。短期贷款的使用量与企业的经营策略相关，如果第一年采取比较激进的经营策略，进行大规模扩张并大力抢夺媒体广告，则需要的资金可能较多；如果第一年采取比较保守的经营策略，则所需资金往往较少。

（3）避免集中申请短期贷款

企业在贷款时，要合理分配贷款额，尽量不要在某个季度集中申请。例如，某企业第一年年末的所有者权益为450万元，第一年短期贷款为1200万元，如果是集中在第一年第三季度申请，则第二年第三季度需一次性还款1260万元，这样企业的还款压力就会非常大；如果该企业在第一年前三个季度每个季度贷款400万元，则还款的压力要小很多，因为企业在第二年每个季度还款之后，还可以继续申请贷款。

2. 长期贷款的使用

在初始条件下，企业已有800万元的长期负债，且在第一年年末和第二年年末各有400万元长期贷款额到期。一般来说，由于第一年企业需扩张发展且市场环境相对不好，企业很难获得丰厚的利润，因此往往需要在第一年年末用完剩余的1700万元的长期贷款额度。除非企业在第一年经营状况良好，所有者权益保持在很高的水平，资金无压力；或者第一年经营非常保守，短期贷款量少且所有者权益较高的情况下，才可以考虑适量使用长期贷款。

如果第一年放弃长期贷款或者少贷，则在第二年所有者权益较低的情况下，企业将失去长期贷款的机会。而在第二年经营过程中企业资金缺口往往较大，很难维持产品的生产费用、到期应还的短期贷款和长期贷款、媒体广告费等开支。因此，没有长期贷款的支持，企业将很难继续经营。

3. 还款时的注意事项

（1）确保资金充足

在企业进入下一季度经营之前，经营者应先查看企业的现金量、下一季度所需的还款额以及下一季度的应收账款和应付账款数额，考虑企业还款的资金是否充足。如果不足，则要提前通过银行贷款筹备资金，以免进入下一季度后无力偿还，或只能通过贴现偿还而提高了资金的使用成本。

（2）先还款，后贷款，再经营

在资金充足的情况下，企业应先还款，后贷款，然后再经营。例如，企业的现金为450万元，下一季度应收应付相抵且无法贴现，此外还需要偿还总额为420万元的短期贷款及利息，而企业的所有者权益为200万元，则企业进入下一季度之后，在开始经营前应先偿还 420 万元的贷款本息，偿还之后便可再申请 400 万元的短期贷款。此项操作可以避免企业使用资金后，导致还款时资金不足，陷入经营危机。

（3）媒体投标结束后再贴现

在贴现不可避免的情况下，企业可等到媒体投标结束后再贴现。由于系统会优先贴现远期的应收账款，因此，等媒体投标结束，即一个季度的零售博弈结束后，系统会自动完成订单的分配，各小组分配到的订单会产生相应的交易额，即形成新的应收账款。此时再贴现系统会优先选择新产生的远期交易额，有利于企业尽早收回应收账款。

> **素养园地**
>
> **弘扬中国式企业家精神，青年企业家生逢其时大有可为**
>
> 青年企业家需心怀实施就业优先战略这个"国之大者"，把握"企之要务"，选择为国谋富强、为民谋幸福的发展之路。
>
> 习近平总书记在党的二十大报告中指出："完善中国特色现代企业制度，弘扬企业家精神，加快建设世界一流企业。"中国式现代化将为企业和企业家创造巨大发展空间，让中国式企业家精神大有用武之地。
>
> 企业家"要在爱国、创新、诚信、社会责任和国际视野等方面不断提升自己，努力成为新时代构建新发展格局、建设现代化经济体系、推动高质量发展的生力军"。增强爱国情怀、创新和诚信守法、承担社会责任、拓展国际视野，理应成为中国式企业家精神的丰富内涵。优秀企业家必须对国家、对民族怀有崇高使命感和强烈责任感，把企业发展同国家繁荣、民族兴盛、人民幸福紧密结合在一起。
>
> 诚信守法是市场经济的基本信条和通行证，是企业家应具备的基本精神素质。只有真诚回报社会，切实履行社会责任的企业家，才能得到市场和社会的普遍认可。履行社会责任是中国式企业家精神的标志性内涵。
>
> 中国式企业家精神需要国际视野，汲取世界先进文明。拥有国际视野，一是要辩证地、长远地看待当前的机遇与挑战，坚定发展的信心；二是要积极拓展国际市场，促进企业在高水平对外开放中取得更好发展；三是以开放的胸怀借鉴世界先进商业文明，以开明的心态紧盯国际技术前沿，加快企业发展模式的转型，为促进我国产业迈向全球价值链中高端做出更大贡献。
>
> 作为兼具青年特点与企业家精神的优秀群体，青年企业家是中国经济社会发展最活跃的先锋力量之一。有责任有担当、为党和人民奋斗，是时代赋予青年企业家的使命。青年企业家需心怀实施就业优先战略这个"国之大者"，把握"企之要务"，选择为国谋富强、为民谋幸福的发展之路。新征程上，青年企业家要为实施就业优先战略中的创新创业注入活力。中国青年企业家生逢其时，有责任担纲实施就业优先战略，推动经济社会高质量发展。敢为人先、守正创新是青年企业家的成长功课，高质量发展也需要有闯的勇气和创的干劲。

知识练习与思考

一、填空题

1. 在市场营销沙盘中，企业销售产品的渠道有三种，即_____、_____和_____。
2. 直销综合评分由投标价格和企业综合指数两个评分要素构成，其计算公式为_____。
3. 企业在决定是否参与直销投标时，往往需要考虑_____和_____两方面。
4. 直销策略的种类包括_____、_____、_____。
5. 市场营销沙盘系统中，_____是按照企业在某市场的招商广告费的高低顺序来选单的。
6. 在市场营销沙盘的三种销售渠道中，_____渠道最为复杂。
7. 融资方式有_____和_____两种。

二、思考题

1. 企业在制订整体营销策略时应考虑哪些因素？
2. 简述如何清理库存。
3. 如何促进零售和提高中标概率？
4. 关于批发订单除了批发订单产品销售数量的可见点之外，还有哪些需要注意？
5. 谈谈做好零售渠道的基础要考虑哪几个方面。
6. 阅读荣毅仁事迹有哪些启示？

能力培养与训练

看表回答问题

1. 表 2-25 中是直销渠道各市场订单产品数量，试分析直销市场策略该如何制订。

表 2-25　直销订单产品数量表

年份	市场	P1	P2	P3	P4	合计
第 1 年	南部	184	—	—	—	184
第 2 年	南部	80	137	47	120	384
	东部	23	119	47	107	296
第 3 年	南部	4	149	59	144	356
	东部	13	110	57	119	299
	中部	30	120	53	115	318
	北部	26	130	47	105	308
总需求		360	765	310	710	2 145

2. 表2-26中所示是批发渠道各市场订单产品数量，试分析批发市场策略该如何制订。

表2-26 批发订单产品数量表

年份	市场	P1	P2	P3	P4	合计
第1年	南部	370	—	—	—	370
第2年	南部	162	137	120	47	466
	东部	23	119	120	42	304
第3年	南部	8	149	152	57	366
	东部	13	110	144	47	314
	中部	30	120	136	45	331
	北部	26	130	120	40	316
总需求		632	765	792	278	2 467

3. 表2-27为各组媒体影响力占比及定价，依据该表试计算各组习惯型消费订单的销售数量。

表2-27 媒体影响力及定价表

中标小组	媒体影响力 数值	媒体影响力 占比（%）	定价（万元）
ST7	55	31.9	10.18
ST4	21	12.1	8.98
ST2	20	11.6	9.78
ST8	18	10.5	9.50
ST9	13	7.6	7.80
ST6	11	6.4	7.80
ST5	11	6.4	8.98
ST3	10	5.8	9.88
ST10	7	4.2	8.98
ST1	6	3.5	9.89
合计	172	100.0	—

知识拓展

目 标 市 场

1. 目标市场的定义

企业按消费者的特征将整个潜在市场细分成若干部分，并根据产品本身的特性，选定其中的某部分或几部分的消费者作为综合运用各种市场策略所追求的销售目标，即为目标市场。

由于企业能够生产的产品是有限的，而消费者的需求是无限的，因此，企业只能在市场细分的基础上，选择部分消费者群体作为目标市场。选择的基本要求是：组成细分市场的消费者群体具有类似的消费特性；细分市场尚未被竞争者控制、垄断，企业能够占领市场；细分市场具有一定的购买力，企业可以从中获利。

一种商品在上市时一般只能满足社会中一部分人的需求。通过市场细分，可以明确目标市场；通过市场营销策略的应用，可以满足目标市场的需要。概括来讲，目标市场就是通过市场细分后，企业准备以相应的产品和服务满足其需要的一个或几个子市场。

2. 目标市场的选择策略

目标市场的选择策略即关于企业选择为哪个或哪几个细分市场服务的决策，通常有以下五种模式可供参考：

（1）市场集中化

市场集中化是指企业选择一个细分市场，集中力量为之服务。较小的企业一般会采取这种策略来专门填补市场的某一部分。集中营销可以使企业深刻了解该细分市场的需求特点，采用有针对性的产品、价格、渠道和促销策略，从而获得强有力的市场地位和良好的声誉，但同时也会隐含较大的经营风险。

（2）产品专门化

产品专门化是指企业集中生产一种产品，并向所有客户销售这种产品。例如：某服装企业向不同的消费者销售高档服装，而不生产消费者需要的其他档次的服装。这样，企业在高档服装产品方面可以树立很高的声誉，但一旦出现其他品牌的替代品或消费者流行的偏好转移，企业将面临巨大的威胁。

（3）市场专门化

市场专门化是指企业专门服务于某一特定的客户群体，尽力满足他们的各种需求。例如：某服装企业专门为老年消费者提供各种档次的服装。企业专门为这个客户群体服务，能建立良好的声誉，但一旦这个客户群体的需求潜量和特点发生突然变化，企业也将承担较大风险。

（4）有选择的专门化

有选择的专门化是指企业同时选择几个细分市场，每个市场对企业的目标和资源利用都有一定的吸引力，但各细分市场之间很少或根本没有任何联系。这种策略能分散企业的经营风险，即使其中某个细分市场失去了吸引力，企业还能在其他细分市场盈利。

（5）完全市场覆盖

完全市场覆盖是指企业力图用各种产品满足各种客户群体的需求，即以所有的细分市场作为目标市场。例如：某服装企业为不同年龄层次的消费者提供各种档次的服装。一般只有实力强大的企业才能采用这种策略，比如IBM公司在计算机市场、可口可乐公司在饮料市场开发众多的产品，以满足各种消费需求。

3. 目标市场的营销策略

（1）差异性市场策略

差异性市场策略就是把整个市场细分为若干子市场，针对不同的子市场设计不同的产品，制订不同的营销策略，满足不同的消费需求。这种策略的优点是能满足不同消费者的不同要求，有利于扩大销售、占领市场、提高企业声誉；其缺点是由于产品的差异化和促销方式的差异化增加了管理难度，提高了生产和销售费用，因此往往只有力量雄厚的大公司采用这种策略。例如，李宁公司生产多品种、多款式、多价位的运动服装和鞋类，满足国内外市场的多种需求。

（2）集中性市场策略

集中性市场策略就是在细分后的市场上，选择一个或少数几个细分市场作为目标市场，实行专业化生产和销售，力图在个别市场上发挥优势，提高市场占有率。采用这种策略的企业对目标市场有较深的了解，这是大部分中小型企业应当采用的策略。采用集中性市场策略能集中优势力量，有利于产品适销对路、降低成本、提高企业和产品的知名度，但同时也有较大的经营风险，因为它的目标市场范围小、品种单一。如果目标市场的消费者需求和爱好发生变化，企业就可能因应变不及时而陷入困境。同时，当强有力的竞争者打入目标市场时，企业就要受到严重影响。因此，许多中小企业为了分散风险，仍会选择一定数量的细分市场作为自己的目标市场。

两种目标市场策略各有利弊。企业在选择目标市场时，必须考虑所面临的各种因素和条件，如企业规模、原料的供应、产品类似性、市场类似性、产品生命周期和竞争对手的目标市场等。选择适合本企业的目标市场策略是一个复杂多变的工作。由于企业内部条件和外部环境都在不断地发展变化，因此经营者要不断通过市场调查和预测，及时掌握和分析市场变化趋势与竞争对手的条件，扬长避短，发挥优势，把握时机，采取灵活的适应市场态势的营销策略，以争取较大的利益。

4. 目标市场策略的影响因素

上述策略各有利弊，企业在进行决策时要具体分析产品和市场状况以及企业本身的特点。影响企业目标市场策略的因素主要有产品特点、市场特点、产品所处的生命周期阶段和竞争对手的策略等。

（1）产品特点

产品的同质性表明了产品在性能、品质等方面的差异程度，是企业选择目标市场时不可不考虑的因素之一。一般对于同质性高的产品（如食盐等），宜施行无差异市场营销策略；而对于同质性低或异质性产品，则应选择差异性市场营销或集中性市场营销策略。

（2）市场特点

供与求是市场中的两大基本要素，它们的变化趋势往往是决定市场发展方向的根本原因。供不应求时，企业重在扩大供给，无暇考虑需求差异，所以往往采用无差异市场营销策略；供过于求时，企业为刺激需求、扩大市场份额殚精竭虑，多采用差异性市场营销或集中性市场营销策略。

从市场需求的角度来看，如果消费者对某种产品的需求偏好和购买行为相似，则称之为同质市场，可采用无差异市场营销策略；反之，则为异质市场，采用差异性市场营销策略和集中性市场营销策略更合适。

（3）产品所处生命周期阶段

对于处在介绍期和成长期的新产品，企业的营销重点是启发和巩固消费者的偏好，因此最好实行无差异市场营销策略或针对某一特定子市场实行集中性市场营销策略；当产品进入成熟期时，市场竞争激烈，消费者需求日益多样化，可改用差异性市场营销策略以开拓新市场，满足新需求，延长产品的生命周期。

（4）竞争对手的策略

企业可与竞争对手选择不同的目标市场覆盖策略。例如，当竞争对手采用无差异市场营销策略时，本企业选用差异性市场营销策略或集中性市场营销策略更容易发挥优势。

企业的目标市场策略应慎重选择，一旦确定，则应保持相对的稳定，不能朝令夕改。但同时灵活性也不容忽视，没有永远正确的策略，企业一定要密切注意市场需求的变化和竞争动态。

Learning Situation 3

学习情境三
营销策略训练（一）

在市场营销沙盘中，为了在竞争中脱颖而出，获取最终的胜利，经营者必须根据每一年市场环境的变化来确定整体营销策略，并根据竞争对手的策略及时调整，做到知己知彼，才能百战百胜。在实战中，经营者应先理解经营规则，明确经营目标，并根据自身所处的经营环境正确评估企业在群体博弈中所处的地位，从而制订并运用恰当的竞争策略来实现经营目标。

这个学习情境的主要任务是利用市场调研报告进行数据对比，分析南部市场环境和东部市场环境，合理地开拓市场，制订生产策略和产品组合策略，做好实战的第一年。

知识目标

- 了解市场开拓、生产策略和产品组合策略的相关知识。
- 了解 ISO 认证的含义。
- 了解零售渠道六类消费群体的购买行为特点。
- 了解三种促销策略的差异。
- 了解基本的财务知识。

能力目标

- 能够利用市场调研报告进行第一年市场环境分析。
- 能够制订市场开拓策略、产品组合策略和营销渠道选择策略。
- 能够科学制订直销策略、批发策略和零售策略。
- 能够根据六类零售消费群体的特点合理制订价格策略和媒体广告投放策略。

- 能够科学管理资金使用和制订融资策略。
- 能够顺利实施第一年营销策略。

素养目标

- 在企业运营过程中培育并践行诚信、敬业、公正、友善的社会主义核心价值观。
- 培养敢担当、能吃苦、肯奋斗的时代精神。
- 培养营销思辨能力和合作共赢、守正创新意识。

任务一　第一年市场环境分析

导入案例

杭州外婆家：移动互联网时代逆势突围

近几年，餐饮行业竞争加剧，门店、人员成本节节攀升。然而，外婆家的营业额却还能够以每年30%～40%的速度攀升，更是出现"店店排队、餐餐排队"的现象。不得不说，外婆家是近些年来餐饮行业的一个传奇。为何顾客偏爱外婆家？除味道正宗之外，更重要的是实惠！

自成立之初，外婆家的定位便非常符合大众需求：居家路线、聚餐场所。虽然这个在当时不是行业主流的想法，却在无意之间吻合了大众餐饮兴起的这一潮流。大家原本总是故意设定好一个请客的局面，而外婆家就是要撇开商务的概念——到外婆家，就是随便吃个饭。作为主打杭帮菜的外婆家，在前期市场拓展的区位选择上，以江、浙、沪为本。因为江、浙、沪三地之间的交流频繁，口味相近，对于杭帮菜的接受程度高。另外，发展之初信息传播的效率远没有今天这般发达，地缘上的集中也意味着品牌传播和品牌接受度的集中。这三地市场的深耕，为外婆家积累了深厚的品牌沉淀。

从2012年下半年开始，外婆家关闭了一些尚有不错盈利能力的路边门店，全面投入知名商业综合体的怀抱，开始与现代消费模式全面融合。而在这个转型期，恰逢购物中心开始缩减购物零售业态占比，增加餐饮与体验业态的风潮兴起。外婆家以其优秀的聚客能力，成为各大购物中心所极力拉拢的"香饽饽"。同时，强大的品牌资产和规模效应赋予了外婆家与供应商之间强大的谈判能力。这种优势体现在价值链的每一个环节：在原材料及食品加工服务供应端，能以很低的价格采购原材料及服务；在门店租赁成本方面，考虑到其强大的引流能力，外婆家开始与城市综合体"联姻"，共享流量带来的利润；同时，很多商业地产商给予其极大的租赁让利，其门店的爆炸式增长也正是从这个时候开始的。

从整体上说，外婆家对于互联网的运用相比于竞争对手并没有很大的亮点，其始终停留在互联网营销的层面上。在O2O浪潮下，外婆家与线上团购、点评网站的合作并没有什么独到之处，多以线上引流、推送促销活动为主。但不可否认的是，其积极拥抱互联网的姿态，在第一时间得到了传统行业互联网化所带来的品牌传播、市场营销以及物流配送等方面的红利，这也是外婆家近几年得以在全国甚至在国际上快速扩张的保障。运用社会化媒体打造"6·2外婆节"，是外婆家对互联网较为出彩的运用。在节日到来之前，其通过微博、微信、论坛、各大点评网站推动节日促销信息，用免单、打折促销等方式鼓励消费者与外婆家互动，在提升消费者活跃度、参与感的同时，大大地提升了品牌的认知度和美誉度。对于O2O，外婆家相对来说还是比较理性，主要侧重在品牌宣传维护上，不盲目砸团购搞大动作，但也不守旧落伍，而是顺势而为。互联网对餐饮行业来说，不再仅仅具有营销、拉新的功用，还可以成为餐饮行业提高效率、降低成本的工具，也可以在餐饮行业经营管理的全过程，从点菜、支付、采购、库存管理、供应链管理到外卖、线上订单接收等各个环节发挥作用。

任务引入

请各个小组查看市场预测图和第一年的市场调研报告，并分析南部市场和东部市场在直销、批发和零售三个销售渠道的市场环境，为第一年经营决策做好准备。

一、南部和东部市场环境分析

（一）第一年南部市场环境分析

经营者需在第一年年初购买南部市场调研报告，分析南部市场的整体市场环境以及直销、批发、零售渠道的需求数量和市场期望价格等数据，如图 3-1 和图 3-2 所示。

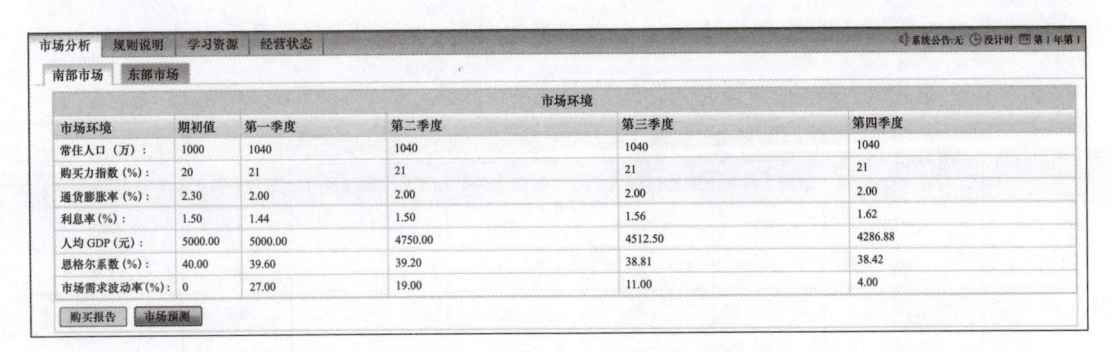

市场环境	期初值	第一季度	第二季度	第三季度	第四季度
常住人口（万）	1000	1040	1040	1040	1040
购买力指数（%）	20	21	21	21	21
通货膨胀率（%）	2.30	2.00	2.00	2.00	2.00
利息率（%）	1.50	1.44	1.50	1.56	1.62
人均GDP（元）	5000.00	5000.00	4750.00	4512.50	4286.88
恩格尔系数（%）	40.00	39.60	39.20	38.81	38.42
市场需求波动率（%）	0	27.00	19.00	11.00	4.00

图 3-1　第一年南部市场整体市场环境

季度	产品	直销 平均价格	直销 需求量（件）	批发 平均价格	批发 需求量（件）	零售 市场期望价格	习惯型（件）	理智型（件）	冲动型（件）	经济型（件）	情感型（件）	不定型（件）
1	P1	9.98	184	6.54	370	10.00	58	0	0	69	0	276
2	P1	9.98		6.54		10.03	48	48	0	63	44	136
3	P1	9.98		6.54		11.21	40	40	40	48	36	77
3	P4	12.32		10.95		13.69	2	2	2	3	2	4
4	P1	9.98		6.54		11.93	34	34	34	41	31	65
4	P2	8.78		7.80		9.75	6	6	6	8	5	9
4	P3	10.69		9.50		11.88	2	2	2	2	2	4
4	P4	12.96		11.52		14.40	3	3	2	3	2	4

图 3-2　第一年南部市场直销、批发、零售渠道需求数量及市场期望价格

1. 第一年南部市场需求数量分析

（1）不考虑市场需求波动率的分析

根据南部市场第一年市场调研报告整理，在不考虑市场需求波动率对零售市场需求数量的影响的前提下，可得到 P1、P2、P3、P4 四种产品第一年在南部市场上的市场份额如表 3-1 所示。

表 3-1　第一年南部市场四种产品的市场份额表（忽略市场需求波动率）

产品	总需求量（件）	直销 数量（件）	直销 市场份额（%）	批发 数量（件）	批发 市场份额（%）	零售 数量（件）	零售 市场份额（%）
P1	1 816	184	9.7	370	19.4	1 262	66.3
P2	40	—	—	—	—	40	2.1
P3	15	—	—	—	—	15	0.8
P4	32	—	—	—	—	32	1.7
合计	1 903	184	9.7	370	19.4	1 349	70.9

对表 3-1 中的数据进行分析可得出以下结论：第一年在南部市场上，直销的市场份额为 9.7%，批发的市场份额 19.4%，零售的市场份额 70.9%，所以，第一年企业如果想将产品销售出去，则必须在零售市场上打开销路，适当考虑批发市场和直销市场的竞争。

（2）考虑市场需求波动率的分析

根据上述南部市场第一年市场调研报告整理，在考虑市场需求波动率对零售市场需求数量的影响的前提下，可得到 P1、P2、P3、P4 四种产品第一年在南部市场上的市场份额如表 3-2 所示（四种产品第一年在南部零售市场上的实际需求量见表 2-7）。

表 3-2　第一年南部市场四种产品的市场份额表（考虑市场需求波动率）

产品	总需求量（件）	直销 数量（件）	直销 市场份额（%）	批发 数量（件）	批发 市场份额（%）	零售 数量（件）	零售 市场份额（%）
P1	2 028	184	8.7	370	17.5	1 474	69.7
P2	40	—	—	—	—	40	1.9
P3	15	—	—	—	—	15	0.7
P4	32	—	—	—	—	32	1.5
合计	2 115	184	8.7	370	17.5	1 561	73.8

对表 3-2 中的数据进行分析可得出以下结论：

①由于第一年四个季度南部零售市场的需求波动率均为正值，说明零售市场对四种产品的实际需求数量比调研报告预测的数量要大，整体零售市场环境比较好。受此影响，直销的市场份额下降到 8.7%，批发的市场份额下降到 17.5%，而零售的市场份额上升到 73.8%，所以，第一年企业的营销重点应在零售市场。

②直销和批发的市场份额合计为 26.2%，仅占整个市场需求数量的 1/4 多一点，因此，直销和批发市场的竞争比较激烈。

2. 第一年南部市场价格分析

市场调研报告显示，直销和零售渠道的价格比较高，批发渠道的价格比较低。P1 产品的价格呈逐渐上升趋势，但是上升的幅度比较平缓。P2 作为新产品在第四季度上市时的价格比较低，而 P3、P4 两种新产品的上市价格比较高。

（二）第一年东部市场环境分析

根据第一年东部市场调研报告可得知东部零售市场的整体市场环境以及直销、批发、零售渠道的需求数量和市场期望价格等数据，如图 3-3 和图 3-4 所示。

市场环境	期初值	第一季度	第二季度	第三季度	第四季度
常住人口（万）	2000	2000	2000	2080	2080
购买力指数（%）	30	30	30	29	29
通货膨胀率（%）	1.30	1.30	1.30	1.00	1.00
利息率（%）	1.70	1.70	1.70	1.68	1.75
人均 GDP（元）	7000.00	7000.00	7000.00	7210.00	6849.50
恩格尔系数（%）	35.00	35.00	35.00	34.30	33.96
市场需求波动率（%）	0	5	5	30.00	22.00

图 3-3　第一年东部市场整体市场环境

季度	产品	直销 平均价格	直销 需求量（件）	批发 平均价格	批发 需求量（件）	零售 市场期望价格	习惯型（件）	理智型（件）	冲动型（件）	经济型（件）	情感型（件）	不定型（件）
3	P1	9.76		8.68		10.85	6	5	6	7	6	9
3	P2	10.34		9.19		11.49	6	6	6	6	6	8
3	P3	10.89		9.68		12.10	2	2	2	2	2	4
4	P1	10.23		9.10		11.37	6	4	6	8	5	10
4	P2	11.76		10.46		13.07	5	4	5	4	5	9
4	P3	12.79		11.37		14.21	3	3	2	3	3	5
4	P4	12.44		11.06		13.82	2	2	2	3	2	5

图 3-4　第一年东部市场直销、批发、零售渠道需求数量及市场期望价格

1. 第一年东部市场需求数量分析

分析上述市场调研报告可知，东部市场在第一年第三季度才出现需求，而且只有零售市场有产品需求。与南部市场相比，第一年东部市场对 P1、P2、P3、P4 四种产品的需求数量较小。

2. 第一年东部市场价格分析

与南部市场对比发现，在第一年第三季度东部市场出现了对 P2、P3 两种新产品的需求，而南部市场出现的是对 P4 产品的需求。第四季度中，P1、P4 产品在南部市场的期望价格较高，P2、P3 产品在东部市场的期望价格较高。

二、产品流行功能及流行周期分析

市场调研报告中给出的产品流行功能及流行周期适用于所有的零售市场，对第一年产品流行功能和流行周期进行分析的主要目的是确定不附带任何功能的 P1 产品在各个零售市场上的最长销售时间，以及冲动型消费群体开始交易的时间。第一年产品流行功能及流行周期如图 3-5 所示。

南部市场	东部市场			
产品	第一季度	第二季度	第三季度	第四季度
P1	P1F1（流行周期 1 季度）	P1F3（流行周期 2 季度）		P1F2（流行周期 1 季度）
P2			P2F5（流行周期 3 季度）	
P3			P3F1（流行周期 1 季度）	P3F4（流行周期 2 季度）
P4			P4F3（流行周期 4 季度）	

图 3-5　第一年产品流行功能及流行周期

① 由图 3-5 可知，P1 产品第一季度的流行功能是 F1，流行一个季度；第二季度的流行功能是 F3，流行两个季度。这意味着到了第二季度 F1 就会成为 P1 产品的基本功能，因此在第二季度 P1 产品应该包含两个功能，即 F1 和 F3。

② 产品流行功能是决定冲动型消费群体是否购买该产品的第一要素，即产品只有在流行功能流行的时间内具备这种功能，冲动型消费群体才有可能购买该产品。

③ P1 产品第一年第一季度流行功能为 F1，流行周期为一个季度，南部市场 A1 零售商的市场敏感度为 2（即反应速度为两个季度），则具有 F1 功能的 P1 产品（即 P1F1）在 A1 零售商处开始流行的时间为第一年第三季度；A2 零售商的市场敏感度为 4（即反应速度为四个季度），则 P1F1 产品在 A2 零售商处开始流行的时间为第二年第一季度。

④ 同理，东部市场 B1 零售商的市场敏感度为 2（即反应速度为两个季度），则 P1F1 产品在 B1 零售商处开始流行的时间为第一年第三季度；B2 零售商的市场敏感度为 4（即反应速度为四个季度），则 P1F1 产品在 B2 零售商处开始流行的时间为第二年第一季度。

⑤ 将产品流行功能及流行周期与零售商的市场敏感度结合起来进行分析，可以明确冲动型消费群体最早的购买时间。由于 A1 和 B1 零售商处开始流行 F1 功能的时间为第一年第三季度，因此第一年第三季度 A1 和 B1 零售商可以有冲动型消费订单的交易。同理，A2 和 B2 零售商则需要到第二年第一季度才会有冲动型消费订单的交易。

三、市场环境分析的作用

在市场营销沙盘的经营过程中，第一年经营团队应该重点分析调研报告内容，从而把握整体市场环境，制订合理的营销策略。

（1）分析市场需求波动率、需求量及价格水平的作用

① 市场需求波动率影响零售市场的实际需求量，尤其是当零售市场的基本需求量较大时，市场需求波动率对其变化的影响效果比较明显。需要经营者注意的是，市场需求波动率只影响零售市场的需求量，而不影响批发和直销订单的需求量。

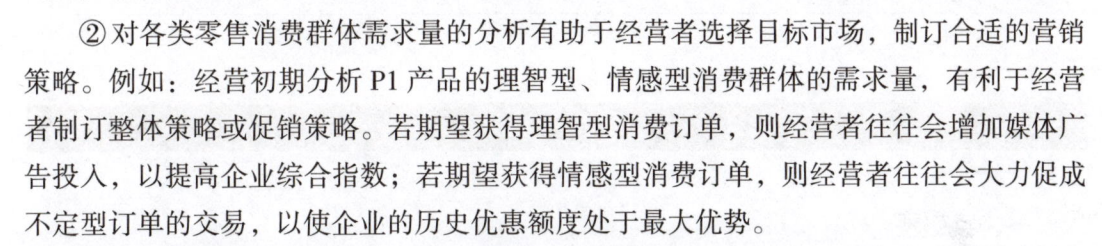

② 对各类零售消费群体需求量的分析有助于经营者选择目标市场，制订合适的营销策略。例如：经营初期分析 P1 产品的理智型、情感型消费群体的需求量，有利于经营者制订整体策略或促销策略。若期望获得理智型消费订单，则经营者往往会增加媒体广告投入，以提高企业综合指数；若期望获得情感型消费订单，则经营者往往会大力促成不定型订单的交易，以使企业的历史优惠额度处于最大优势。

③ 若批发的价格水平较高，则经营者增加批发招商广告的投放额是可以接受的。当然，企业是否抢夺批发招商广告还受经营者对待风险的态度及其经营策略的影响。零售市场期望价格的高低也直接影响企业的价格策略。

（2）分析产品流行功能及流行周期的作用

产品的流行功能及流行周期决定了产品销售期限的长短。对产品流行功能和流行周期进行分析有助于企业产品组合策略和冲动型订单选择策略的制订。

当然，如果想在营销实战中制订合理的营销策略，对于市场环境的分析是基础，合理预估竞争对手的实力也是必不可少的。因为，合理估计竞争对手的实力，一方面有利于经营者调整好自身的经营心态，做到经营过程中遇事不慌乱；另一方面有利于经营者对前期经营策略进行适当调整。若预估竞争对手实力不强，则企业在扩张速度上可以更积极；而如果预估竞争对手实力相当且竞争激烈，则企业在扩张速度上可偏向保守。

素养园地

开拓创新：华为的创新之路

华为成立于 1987 年，经过 30 多年的拼搏努力，成为国际知名品牌。华为从小到大、从大到强、从国际化到全球化的全过程，就是基于创新的成功。这家在中国土生土长的科技公司被外界评为中国最成功的跨国企业之一，从 5G 通信技术到具有自主知识产权的鸿蒙操作系统，再到商用的华为 AI 技术，华为正在向世界展示中国智造的创新传奇。

在之前面对美国芯片制裁时，华为海思从默默无闻的"备胎"，一夜之间成为街知巷闻的企业品牌。面对霸凌和围堵，华为保持坚挺，这份自信鼓舞人心。这份自信源于丰厚的技术积累和自主创新，其背后是华为未雨绸缪的远见、居安思危的忧患意识和多年艰辛苦练的技术内功。

> 当然，华为的创新之路离不开人才，更离不开年轻的人才。华为的用人宗旨是重用年轻人，于是有了华为"高薪天才少年"的新闻报道。年轻人的能量不容小视，在科技创新方面有着天然优势。其实，无论是华为这种科技公司还是其他类型的企业，都对青年寄予厚望。当代青年需要用知识来武装自己，从现在就培养自身的创新意识，向全世界展示自身的无限能量。
>
> **想一想、议一议**：华为在不断创新、突破自我的过程中，展现了民族企业哪些宝贵的精神力量？

知识练习与思考

一、填空题

1. 市场需求波动率影响零售市场的_____，尤其是当零售市场的基本需求量较大时，市场需求波动率对其变化的影响效果比较明显。

2. 根据市场调研报告的分析，需要经营者注意的是，市场需求波动率只影响_____的需求数量，而不影响_____和_____订单的需求数量。

3. 第一年经营初期分析P1产品的_____、_____消费群体的需求量，有利于经营者制订整体策略或促销策略。

4. 若经营者期望获得理智型消费订单，则经营者往往会增加_____，以提高企业综合指数；若期望获得情感型消费订单，则经营者往往会大力促成_____的交易，以使企业的历史优惠额度处于最大优势。

5. 若批发的价格水平较高，则经营者增加_____的投放额是可以接受的。

6. 产品的_____及_____决定了产品销售期限的长短。对产品流行功能和流行周期进行分析有助于企业_____和_____选择策略的制订。

二、思考题

1. 第一年市场环境分析重点是什么？
2. 市场环境分析的作用是什么？

能力培养与训练

企业通过购买市场调研报告，得到第一年南部市场环境和四种产品市场期望价格、市场需求数量等相关数据，如图3-6和图3-7所示，请根据市场调研报告做出市场分析，并回答问题。

市场环境	期初值	第一季度	第二季度	第三季度	第四季度
常驻人口（万）：	1000	958	958	939	939
购买力指数（%）：	20	20	21	21	20
通货膨胀率（%）：	2.30	2.00	2.00	2.00	2.00
利息率（%）：	1.50	1.46	1.45	1.39	1.33
人均GDP（元）：	5000.00	5039.01	4988.62	5238.05	5238.05
恩格尔系数（%）：	40.00	42.74	43.17	44.47	44.03
市场需求波动率（%）：	0	5.00	9.00	13.00	13.00

图 3-6　第一年南部市场整体市场环境

季度	产品	直销平均价格	需求量（件）	批发平均价格	需求量（件）	零售市场期望价格	习惯型（件）	理智型（件）	冲动型（件）	经济型（件）	情感型（件）	不定型（件）
1	P1	10.69	87	9.50	177	11.88	34	31	28	43	34	46
2	P1	11.70		10.40		13.00	22	22	27	30	25	47
3	P1	12.74		11.32		14.15	18	18	22	26	22	34
3	P2	13.44		11.94		14.93	7	7	7	6	6	14
4	P1	12.66		11.26		14.07	11	10	12	13	12	19
4	P2	14.08		12.51		15.64	8	8	8	10	6	12
4	P3	11.69		10.39		12.99	3	3	3	3	3	5
4	P4	13.30		11.82		14.78	4	3	3	4	3	5

图 3-7　第一年南部市场直销、批发、零售渠道需求数量及期望价格

1. 第一年南部市场 P1 产品直销渠道的需求数量是_____件，P1 产品批发渠道的需求数量是_____件，在不考虑零售市场需求波动率的情况下，P1 产品零售渠道的需求数量是_____件，P2 产品零售渠道的需求数量是_____件，P3 产品零售渠道的需求数量是_____件，P4 产品零售渠道的需求数量是_____件。计算并填写表 3-3。

表 3-3　第一年南部市场四种产品的市场份额表（忽略市场需求波动率）

产　品	总需求量（件）	直　销 数量（件）	市场份额（%）	批　发 数量（件）	市场份额（%）	零　售 数量（件）	市场份额（%）
P1							
P2							
P3							
P4							
合计							

2. 分析市场调研报告，市场需求波动率分别为：第一季度_____%，第二季度_____%，第三季度_____%，第四季度_____%。计算 P1、P2、P3、P4 四种产品零售市场需求数量并填写表 3-4。

表 3-4　第一年南部市场四种产品的市场份额表（考虑市场需求波动率）

产　品	总需求量（件）	直　销		批　发		零　售	
		数量（件）	市场份额（%）	数量（件）	市场份额（%）	数量（件）	市场份额（%）
P1							
P2							
P3							
P4							
合计							

3. 根据市场调研报告给出的数据，对南部市场需求数量、产品价格等做出分析。

任务二　第一年市场开拓和产品生产

导入案例

山东"组团出海"抢订单助力企业开拓市场

党的二十大报告指出，推进高水平对外开放，提升贸易投资合作质量和水平。近来，山东省积极组织企业"出海"开展商务活动，寻商机、抢订单、拓市场，增强外贸企业发展信心，提高山东经济发展预期。

2022年，山东商务部门牵头开展"境外百展市场开拓计划"，实施展会项目130个，为6 000多家企业提供"一对一"洽谈服务，达成意向成交额17亿元，其中已有100多家企业赴境外参展。从2022年12月下旬开始，山东组织企业赴日本、韩国、越南、马来西亚以及欧盟国家，开展系列经贸洽谈活动。潍坊一家食品公司2022年对生产工艺进行了优化升级，加大了新产品研发力度，他们在12月下旬随团赴日本，尽管在日本的洽谈活动只有四五天时间，企业的行程表却安排得满满当当。2022年亚洲纺织成衣展在日本东京举办，这是中国纺织品服装行业与日本经贸合作的重点平台。威海市组织21家企业赴日本参展，展销男装、女装、童装等各类针织和梭织产品，累计接待采购商1 300人次，成交额2 300多万美元，意向成交额达1.8亿美元。日照商务部门也加紧筹备，梳理企业需求，协调帮助企业办理出入境手续，组织当地水产品、健身器材等30多家企业赴日韩等国家对接洽谈、深化合作。全力稳外贸，山东聚焦农产品、机电产品、日用消费品以及绿色低碳行业，针对RCEP区域和"一带一路"市场的重点国家，推进"一国一展""一业一展"，并在东盟、中东、非洲等地区的省级公共海外仓设立五个山东品牌商品展示中心，引导支持企业通过"前展后仓"模式开拓国际市场。山东省商务厅外贸处四级调研员刘新宇表示："加大政策支持力度，设立国际市场开拓专项资金，对企业参加统一组织的重点展会给予不少于80%的费用减免。进一步创新市场开拓模式，打造全天候跨境贸易平台，优化国际市场布局，促进山东外贸保稳提质。"

营销启示：

风劲帆满图新志，砥砺奋进正当时。面对复杂的市场环境，新时代营销人，你准备好了吗？

任务引入

请各小组在分析对比第一年南部市场和东部市场环境的基础上，确定企业的市场开拓策略，以及新产品的研发和生产规模。

一、市场开拓与 ISO 认证

（一）市场开拓

经过对企业现状和所处的市场环境的分析，经营者目前仅可在南部市场上销售产品，市场规模较小且竞争激烈。因此，企业如果想发展壮大，就必须不断地开拓市场。

企业在开拓市场时需要花费一定的开拓周期和开拓费用。在市场营销沙盘模拟的南部、东部、中部、北部和西部这五个区域市场中，只有南部市场是在经营初始就已经开放的市场，企业要想进入其他区域市场销售产品，则必须先花费一定的时间及费用完成市场开拓。

（二）ISO 认证

经过对市场环境的分析，企业如果想在竞争中占领优势，则需要在第一年进行 ISO 认证。只有当 ISO 9000 和 ISO 14000 认证完成后，企业才可以参与直销和批发中带有 ISO 9000 和 ISO 14000 认证要求的订单竞单。ISO 认证需要注意以下几点：

① 只有直销和批发订单有 ISO 9000 和 ISO 14000 的认证要求，零售市场无 ISO 认证要求。

② ISO 认证会影响企业综合指数。如果企业放弃 ISO 认证，则与完成认证的竞争对手相比，在其他条件相同的情况下，本企业的综合指数会较低。需注意的是，完成 ISO 认证也需要一定的周期，只有当某个认证完成后，才会影响企业的综合指数。

二、产品的研发与生产

（一）产品研发

企业要想生产新产品，必须先完成产品的研发。每种新产品均需要一定的研发周期和研发费用。企业刚开始经营时仅生产了不具备任何功能的 P1 产品，品种单一，而且是即将被市场淘汰的产品，因此需要根据市场的需要不断研发新产品，以完善企业的产品线。

企业在进行新产品研发时需要理解以下两个问题。

1. 研发新产品会影响企业的所有者权益

从经营规则来看，企业研发新产品时需要投入相应的研发费用。每种新产品均需要三个季度的研发周期，其中P2产品的研发费用为10万元/季度，P3产品为20万元/季度，P4产品为30万元/季度。在利润表中，产品的研发费用计入企业的综合管理费，因此会影响企业的所有者权益。在不考虑抵扣所得税的情况下，每研发一次P2产品（即完成一个季度的研发），企业的所有者权益将降低10万元；同理，每研发一次P4产品，企业的所有者权益将降低30万元。

因此，企业的经营者不要盲目地研发新产品，而应以生产和销售新产品、拓宽企业经营范围为出发点。若企业无意生产和销售新产品，则应放弃研发。

2. 研发新产品与配置生产线要协调一致

在市场营销沙盘中，企业购买生产线后即可投入生产，但完成新产品的研发却需要三个季度。因此，企业购买生产线的时机应与研发新产品的进度协调一致，避免购买了生产线后却因未完成新产品的研发而无法生产。

例如，某企业从第一年第一季度开始研发P2产品，需要至第一年第三季度才能完成该产品的研发。如果该企业在第一年第一季度或者第二季度购买了生产P2产品的生产线，则在第二、第三季度就会由于未完成产品研发而无法生产。如果企业所购买的是全自动生产线，则要么使生产线空闲，要么花费10万元的转产费用转而生产P1产品，无论何种选择，对企业而言均是资源的浪费，所以经营者应尽量避免这种不合理的经营决策。

（二）购买或租赁厂房

1. 购买厂房

企业购买厂房需要花费很多的现金，比如企业购买B厂房需要240万元的现金。但购买厂房并不影响企业的利润，因为此项经营活动虽然会使企业的现金减少，但同时固定资产等额增加，所以总资产保持不变。且根据经营规则，厂房并不参与折旧。也就是说，企业购买厂房不会影响企业的所有者权益。此外，自有厂房作为一个加分项目，有利于提高企业的经营得分。例如，根据得分规则，购买B厂房可以使总分增加10分。若第三年末企业的所有者权益为Y，则购买B厂房可以使企业得分增加$Y \times 10/100$（如$Y=3000$万元，则经营得分将增加300分）。

2. 租赁厂房

企业租赁厂房所需花费的现金相对较少，比如租赁B厂房需要30万元/年的租金，如果租用三年，则共需要花费90万元的租金。相比购买B厂房而言，通过租赁方式获取厂房使用权所花费的现金共节省了150万元。但是，租金作为一项费用支出，会直接影响企业的利润。因为租赁费用的支出使企业现金减少，但企业的固定资产并未增加，因而总资产减少，在其他条件不变的情况下，企业的所有者权益就会相应减少。也就是说，租赁厂房会使企业的所有者权益降低，而所有者权益的降低一方面可能导致企业的融资能力下降，从而增加企业的经营风险；另一方面，根据经营得分规则，若所有者权益降低，在其他条件不变的情况下，最终得分也会降低。

3. 购买与租赁厂房的比较

经营者购买厂房需要耗费企业更多的资金，但有利于保持企业的所有者权益；租赁厂房有利于节省资金，但却会影响企业利润及企业的所有者权益。因此，购买和租赁厂房各有利弊，当企业资金比较充足时，可以考虑购买厂房；而当资金比较紧张，购买厂房的现金耗费会对企业的正常经营活动产生不良影响时，则可以考虑租赁厂房。

4. 第一年购买或租赁厂房策略

在经营初始条件下，企业拥有自主厂房A，A厂房可以容纳四条生产线。如果企业希望购买更多的生产线，则必须先租赁或购买厂房，才能将新购买的生产线安装到企业所购买或租赁的厂房中。企业所购买的厂房属于企业的固定资产，可以使企业可持续发展能力增加，因此在第一年资金充裕的情况下，企业应该选择购买厂房而不是租赁厂房。

需要注意的是，虽然第一年第一季度企业资金充裕，但是R1原材料的库存只有40件，仅可供四条生产线生产P1产品。而A厂房的四条生产线中有两条半自动生产线，需两个季度才能生产完毕。因此，为了防止停工待料的情况发生，企业在第一季度仅需要购买B厂房，不需要购买C厂房。

（三）购买生产线

在经营的初始状态下，企业自有的A厂房共有四条生产线，包括两条半自动生产线、一条全自动生产线和一条柔性生产线。随着企业经营活动的推进，市场对产品需求的种类及数量都越来越多，为了迎合市场需求及追求企业自身的发展，经营者往往需要考虑扩大企业的生产能力，购买更多的生产线。

经营者在购买生产线时，往往考虑购买生产线的时机、类型以及数量等问题。

1. 购买生产线的时机

如果经营者采取比较激进的经营策略，在第一年第二季度就会大力扩张生产线；如果经营者采取比较保守的经营策略，则可能第一年不购买新的生产线；还有些经营者可能采取适度扩张的策略，即购买一定数量的新生产线以实现逐步扩张。

2. 购买生产线的类型

生产线的类型有三种，分别为半自动生产线、全自动生产线和柔性生产线。从生产线的生产效率来看，经营者通常不会购买新的半自动生产线，而是在全自动生产线和柔性生产线之间做出选择。

从生产线的购买价格来看，全自动生产线的价格比柔性生产线低 40 万元 / 条，且全自动生产线的折旧额也比较低，这是全自动生产线相比柔性生产线的优势所在；从所需转产费用来看，全自动生产线的转产费用为 10 万元 / 次，而柔性生产线转产没有费用，这一点是柔性生产线的优势所在。

经营者在选择所要购买的生产线类型时，需要清楚地理解三种生产线各自的优点与缺点，结合自身的经营策略来合理安排新购生产线的类型。一般来说，如果企业需要经常转产生产线，则购买柔性生产线更为合适。因此，经营者在购买生产线时应做好合理的布局规划，尽量减少生产线的转产次数，争取多购买全自动生产线，以少量的柔性生产线作为补充。

3. 购买生产线的数量

企业购买生产线的数量主要取决于原材料的供应量。为了保证企业获得最大的生产能力，企业应该在三个厂房中都安排生产线进行生产。但是在第一年第一季度，由于 R1 原材料的库存只有 40 件，仅够四条生产线进行生产，而第一季度产品下线入库后会空闲两条生产线，因此第一季度最多购买两条生产线。

4. 生产线的更新

不同的生产线在生产效率、加工费用等方面均存在差异，因此为了提高生产效率和生产能力，企业往往需要考虑更新生产线，或称为产品线现代化。

在市场营销沙盘中，由于半自动生产线生产一批产品的周期为两个季度，而全自动和柔性生产线均只需一个季度，且半自动生产线生产 P3 和 P4 产品的加工费用为 2 万元 / 件。因此，在市场环境和企业经营状况都比较好的情况下，经营者往往会更新生产线，即将半自动生产线变卖后购买全自动生产线或柔性生产线。

通常来讲，经营者可以在以下三个时机考虑变卖半自动生产线：

①在第一年第二季度，当半自动生产线产出成品空闲后，可立即变卖半自动生产线并以全自动或柔性生产线替代，以提高生产效率。将半自动生产线替换为全自动或柔性生产线后，每条新生产线第一年可以多生产 10 件产品。

②在第一年第四季度，当半自动生产线空闲后可变卖。考虑到生产线的折旧等因素，企业在变卖半自动生产线后不要急于购买新的生产线，可等到第二年第一季度再购买。此项决策的好处在于：一方面，可以减少新生产线的折旧费用。若在第一年第四季度购买一条柔性生产线，该生产线第一年不计提折旧，但第二年会折旧 40 万元，第三年折旧 26 万元。但如果等到第二年第一季度再购买，则该柔性生产线第二年不计提折旧，第三年折旧 40 万元。相比较而言，后者可以节省 26 万元的折旧费用。另一方面，若企业在第一年第四季度购买，则势必会增加企业第一年的融资额，过高的银行贷款将给企业的经营增加风险，且后期偿还的银行利息也将会影响企业的利润。

③在第二年第二季度，当半自动生产线空闲后可变卖，并立即购买新的生产线。此项决策的好处在于既节省了前期的资金，又能充分利用半自动生产线。而且此时更易明确企业的产品结构，转产的概率降低，因而新购的生产线通常为全自动生产线，相对柔性生产线而言节省了部分资金。

当然，经营者变卖半自动生产线的时机需要结合市场的竞争环境以及企业的经营情况。当企业经营良好，且产品销售能力比较强的时候，可以考虑尽早变卖半自动生产线，更换为更高效的生产线；而当企业经营不理想，且预期到市场竞争激烈、产品销售困难时，则可以适当推迟更新生产线的时间。

（四）采购原材料

1. 原材料采购时机

企业在制订原材料采购计划时，需要考虑原材料的采购提前期。企业采购 R1、R2 原材料至少需要提前一个季度下达采购订单，而采购 R3、R4 原材料则至少需要提前两个季度下达采购订单。例如，企业在某年第一季度购买的 R1、R2 原材料在该年第二季度即可到货，而在第一季度购买的 R3、R4 原材料要在该年第三季度才能到货。

2. 原材料采购数量和付款时间安排

企业一次性采购的原材料数量不同，收到原材料后支付货款的时间也不同。因此，经营者可以根据企业资金状况，合理安排原材料采购数量，以便调整企业的付款时间。原材料采购数量与付款时间之间的关系如表 3-5 所示。

表 3-5 原材料采购数量及付款时间表

采购数量（个）	付款时间（季度）	采购数量（个）	付款时间（季度）
$R \leq 50$	0（即期现金支付）	$150 < R \leq 200$	3
$50 < R \leq 100$	1	$R > 200$	4
$100 < R \leq 150$	2		

3. 原材料采购数量计算

在下达原材料采购订单时，经营者需要考虑企业生产不同产品的生产线的数量，以及每种产品的原材料构成，据此制订原材料采购计划。如果每个季度多采购了原材料，则会占压企业的流动资金；如果年末原材料有剩余，则企业需要支付原材料的库存费用。因此经营者在制订原材料采购计划时，应尽可能保证在每个季度投入生产后，原材料库存数量为零，且最好在年末时正好用完所有的原材料。因此，合理安排生产线，并熟练掌握原材料采购数量的计算非常重要。

例题

假设企业拥有一条 P1 生产线、三条 P2 生产线、三条 P3 生产线和一条 P4 生产线，试计算企业满足生产所需要采购的原材料最低数量是多少。

解：根据原材料采购规则进行计算，结果如表 3-6 所示。

表 3-6 原材料采购数量

生 产 线	R1 采购数量（个）	R2 采购数量（个）	R3 采购数量（个）	R4 采购数量（个）
P1 生产线 ×1	10	—	—	—
P2 生产线 ×3	30	60	—	—
P3 生产线 ×3	—	60	30	—
P4 生产线 ×1	—	10	10	20
合计	40	130	40	20

（五）投入生产

1. 产品组合策略

在市场营销沙盘中，涉及的产品只有 P1、P2、P3、P4 四种，但每种产品又可分为不同的型号，即每种产品可附带五个不同的流行功能，分别用 F1、F2、F3、F4、F5 表示。

（1）产品组合的含义

产品组合又称为产品搭配，指的是企业生产和销售的全部产品大类及产品项目的组合。产品大类又称为产品线，指产品类别中具有密切关系的一组产品。在市场营销沙盘中，可将产品分为四大类，即 P1、P2、P3、P4 产品。而产品项目是指因性能、规则、商标和式样等不同而区别于企业其他产品的任何产品，在市场营销沙盘中，每一产品大类下所附带不同功能的具体产品即为产品项目，如 P1F2、P1F2F3 等。

在产品组合中，用产品组合的宽度表示产品线的多少，而用产品组合的深度表示某一产品线所拥有的产品项目数。

（2）产品组合策略的制订

在市场营销沙盘中，产品组合的宽度最大为 4，即有四条产品线。按产品组合的宽度不同，经营者可制订以下产品组合策略。

① 单一产品线策略：即企业只生产某一大类产品去满足不同消费群体的需求。例如，某企业在第一年经营期只生产 P1 产品，以多个产品项目满足不同类型消费群体对 P1 的需求。如以附带全部五个功能的 P1 产品满足冲动型消费群体的需求，以不附带任何功能的 P1 产品满足经济型、不定型消费群体的需求等。

采用单一产品线策略的优点在于能够集中经营，减少费用投入，有利于控制企业的所有者权益；但缺点是可能要放弃一些市场机会。单一产品线策略通常应用于第一年经营期。

②有限产品组合策略：介于单一产品线策略和全面化产品组合策略之间的一种折中策略，指企业可以选择少数几条产品线进行产品的生产和销售。例如，某企业在第一年经营期只生产和销售 P1 和 P2 产品，暂时不生产 P3 和 P4 产品。此策略通常也应用于第一年经营期。

③全面化产品组合策略：指企业向客户提供他们所需要的一切产品，尽可能地增加产品组合的宽度和深度。例如，某企业同时生产和销售 P1、P2、P3、P4 产品，并且以不同的产品型号来满足不同消费群体的需求，以此获得总体市场份额上的领先。

在经营初期，由于市场需求量较小，企业运用此策略如果达不到销售目的，则将陷入被动，因而属于比较激进的策略。而在经营后期，此策略的运用比较普遍，企业以此获得尽可能高的市场占有率及利润。

对于以上三种不同的产品组合策略，并不能简单地认定孰优孰劣。不同的策略适用于不同的市场环境，并且受企业自身经营方式和经营水平的影响。只要能够实现企业的经营目标、达到预期的经营效果，即可认为是成功的策略。

2. 产品组合的调整

产品组合调整是指随着经济环境的变化，企业需要对产品组合的宽度和深度进行重新搭配，调整产品结构，以达到更佳的组合。

（1）扩大产品组合

通过扩大产品组合，企业既可以增加产品组合的宽度，也可以增加产品组合的深度。

企业增加产品组合的宽度，也就意味着新增产品线。对于经营前期实施单一产品线策略或者有限产品组合策略的企业而言，当企业经营取得一定成果且有条件进一步扩大规模时，便可考虑新增产品线，以扩大经营范围，为企业资金寻求投资方向。此时新增产品线既能充分利用企业资源，又可以有效分散风险，并获得新的利润增长点。

企业增加产品组合的深度，则意味着生产更多的产品项目。增加产品组合的深度可以使企业在该产品线上拥有更丰富的产品项目，能够满足更多消费群体的需求，从而提高企业的专业化程度及市场份额。

例如，某企业在第一年经营期只生产和销售 P1 产品，在第二年经营期内生产和销售 P1、P2、P3 产品，第三年经营期再新增生产和销售 P4 产品，则该企业采取的是逐步扩大产品组合策略，增加了产品组合的宽度。若该企业第一年年初只生产和销售不附带任何功能的 P1 产品，在第一年第二季度生产 P1F3 产品，之后再生产附带五个功能的 P1 产品，以满足经济型、冲动型等消费群体的需求，则该企业实施的便是通过增加产品组合的深度来扩大产品组合的策略。

在市场营销沙盘中，由于每种产品的需求量有限，以单一产品线求得生存与发展的难度非常大，因此，企业经营者一般都会考虑采取扩大产品组合的策略，以提高企业的竞争力。不过，何时增加产品组合的宽度与深度以及增加多少，需要经营者根据市场竞争环境及自身实力和条件进行理性决策。

（2）缩减产品组合

随着市场需求发生变化，企业往往也需要考虑缩减产品组合。

一方面，当某种产品的需求量逐渐减少，市场出现供过于求、竞争激烈的局面时，经营者可以考虑淘汰该产品线，即缩减产品组合的宽度。例如，随着经营时间的推进，P2、P3、P4产品的市场需求量逐渐增加；而P1产品的市场需求量增量不大且有些市场已无需求，有些市场价格大幅降低。如果P1产品的市场竞争比较激烈，或者企业已将经营重点转移到其他产品，则企业可能会淘汰P1产品线。

另一方面，当某个产品项目已经过了销售期限，属于市场淘汰产品，已无继续生产的必要时，企业必须停止该产品项目的生产，即缩减产品组合的深度。例如，若第一年第一季度P1产品流行功能为F3，且只流行一个季度，则对于A1和B1零售商（考虑其市场敏感度）而言，不附带F3功能的P1产品只能销售至第一年第三季度，A2和B2零售商只能销售至第二年第一季度。即到了第二年第二季度，不附带F3功能的P1产品将不再有市场需求，因此，企业原有的不附带任何功能的P1产品项目必将被淘汰。

3. 第一年产品组合策略

由于P2、P3、P4三种新产品均需要研发三个季度才可以生产，因此，在第一年的第一、第二季度，企业只能生产P1产品。为了占领冲动型消费市场，在第一年第二季度可以生产具有流行功能的P1产品，以满足第三季度A1和B1零售商处冲动型消费群体的需要。在第三季度研发完成后可以生产新产品。为了符合市场的需要，企业可以较少地安排P1和P4生产线，而较多地安排P2和P3生产线；甚至在第二年的时候可以完全放弃P1产品的生产。

素养园地

守正创新：走好新时代的长征路

习近平总书记强调："不论我们的事业发展到哪一步，不论我们取得了多大成就，我们都要大力弘扬伟大长征精神，在新的长征路上继续奋勇前进。"

长征胜利80多年来，我们党团结带领全国各族人民，不断推进革命、建设、改革伟大事业，进行了一次又一次波澜壮阔的伟大长征，夺取了一个又一个举世瞩目的伟大胜利。虽然我们取得了很多胜利，但是我们未来还有许多"雪山""草地"需要跨越，还有许多"娄山关""腊子口"需要征服。弘扬伟大长征精神，走好今天的长征路，是新的时代条件下我们面临的一个重大课题，尤其是当代青年如何走好新时代的长征路，才能成为强国一代。

当代青年走好新时代的长征路需要艰苦创业，练就过硬本领。青年是苦练本领、增长才干的黄金时期。应该把学习作为首要任务，作为一种责任、一种精神追求、一种生活方式。同时要历练宠辱不惊的心理素质，坚定百折不挠的进取意志，保持乐观向上的人生态度，变挫折为动力，从挫折中不断奋起、永不气馁。要不怕困难、勇于开拓、顽强拼搏，紧跟党和人民事业发展步伐，在战斗中成长，在传承中创新，在建设中发展，为中华民族伟大复兴贡献力量。

想一想、议一议： 习近平总书记在党的二十大报告中勉励广大青年要坚定不移听党话、跟党走，怀抱梦想又脚踏实地，敢想敢为又善作善成，立志做有理想、敢担当、能吃苦、肯奋斗的新时代好青年，让青春在全面建设社会主义现代化国家的火热实践中绽放绚丽之花。"未来属于青年，希望寄予青年。"面对新时代新机遇，我们该怎么做？

知识练习与思考

一、填空题

1. 在第一年第一季度，R1原材料的库存只有_____件，第一季度产品下线入库后会空闲_____生产线，因此第一季度最多购买_____生产线。

2. 在下达原材料采购订单时，经营者需要考虑企业生产不同产品的_____的数量，以及每种产品的_____，据此制订原材料采购计划。

3. 如果每个季度多采购了原材料，则会占压企业的_____；如果年末原材料有剩余，则企业需要支付原材料的_____。因此经营者在制订原材料采购计划时，应尽可能保证在每个季度投入生产后，原材料库存数量_____。

4. 单一产品线策略：即企业只生产_____去满足不同消费群体的需求。采用单一产品线策略的优点在于能够_____，_____投入，有利于控制企业的_____；但缺点是可能要放弃一些_____。

5. 有限产品组合策略：介于_____策略和_____策略之间的一种折中策略，指企业可以选择_____进行产品的生产和销售。

6. 全面化产品组合策略：指企业向客户提供他们所需要的一切产品，尽可能地增加产品组合的_____和_____。企业同时生产和销售_____、_____、_____、_____产品，并且以不同的_____来满足不同消费群体的需求，以此获得总体市场份额上的领先。

7. 产品组合调整指的是随着经济环境的变化，企业需要对产品组合的_____和_____进行重新搭配，调整产品结构以达到更佳的组合。

8. 扩大产品组合：企业增加产品组合的宽度，也就意味着_____；企业增加产品组合的深度，则意味着_____。

9. 缩减产品组合：当某种产品的需求量逐渐减少，市场出现供过于求、竞争激烈的局面时，经营者可以考虑_____，即缩减产品组合的_____。当某个产品项目已经过了销售期限，属于市场淘汰产品，企业必须停止_____的生产，即缩减产品组合的_____。

二、思考题

1. 经营者会在哪个时机考虑变卖半自动生产线？并分析原因。
2. 在市场营销沙盘中，产品组合的宽度最大为4，即有四条产品线。按产品组合的宽度不同，经营者可制订哪些产品组合策略？

能力培养与训练

企业在年初制订了生产经营计划，大规模开拓市场、开发新产品扩大产品组合，增加产品组合的宽度。计划购买B厂房和C厂房，添置生产线，使三个厂房八条生产线满负荷生产，并以最快的速度投入新产品的生产。根据对未来市场的分析，企业产品线组合设定为拥有两条P1生产线、三条P2生产线、两条P3生产线和一条P4生产线，请计算并回答问题：

1. 企业新产品研发完毕即投入生产，每个季度满足生产所需要的原材料最低数量是多少？
2. 企业第一年第一季度应该如何进行原材料采购？
3. 企业第一年第二季度应该如何进行原材料采购？

任务三　第一年营销战略实施

导入案例

红牛校园营销密码

2015年8月，红牛联手全国10余所高校举办了"能量校园，手机换红牛"活动；9月，红牛玩转开学季。10月31日，第三届红牛校园品牌经理新星大赛在佛山拉开帷幕。红牛以事件营销和产品体验营销为载体，开展品牌活动，不断开创品牌校园营销的新方式。对红牛来讲，校园品牌经理新星大赛的基本目标当然是培育消费者，与消费者沟通，建立和强化红牛品牌形象。红牛持续在高校举行各种营销活动，在高校和社会上都产生了很大影响，校园品牌经理新星大赛的火爆则反映出红牛在校园营销上的持续创新与精耕细作。

红牛校园营销战略分析

1. 市场细分：找准分类方法，切入细分市场。
2. 目标市场：走进校园，理解"90后"，培育市场。
3. 活动定位：大学生职业生涯的第一个起点。

围绕自身的品牌定位，红牛校园品牌经理新星大赛致力于为大学生提供一个营销培训和实战的平台，使红牛成为大学生职业生涯的第一个起点。

营销战略解读

1. 与大学生共创价值

（1）消费者参与。以校园品牌经理新星大赛为平台，红牛通过大学生去了解大学生，让大学生与大学生沟通。在赛程设计上，销售大赛采用的是真实的销售场景，采取了真正的实战方式，让大学生亲自参与，在市场上凭借自己的力量去营销产品。这对参赛者来说是一个巨大的考验，但是也正是因为这样的赛制，参赛者才能够积极参与。对于这些年轻有活力、敢于挑战的大学生来说，真正的实战能够吸引他们全身心投入其中，主动去创造，主动参与红牛的价值创造过程。

（2）品牌体验。现在的年轻消费者追求精神上的满足和愉悦，红牛营造出来的就是一种"专注、激情、挑战"的体验。营造品牌体验，其核心就在于找到消费者和品牌的契合点，通过一系列活动将消费者与品牌联系起来，通过独特的品牌标识、鲜明的品牌个性、丰富的品牌联想、多种多样的品牌活动来让顾客体验到企业想要传递的品牌价值，从而与品牌建立起强有力的关系，达到高度的品牌忠诚。

2. 建立红牛品牌社群

品牌社群是以消费者对品牌的情感利益为联系纽带的一个社区。消费者因为其人生观、价值观和兴趣取向与该品牌特点和精神相契合，进而让消费者从心底里认同该品牌。与红牛有关的品牌联想包括挑战、能量、极限等，而大学生是一个勇于挑战、喜爱新鲜、拒绝平庸的群体，是一个追求时尚、坚持向往、追求个性独立和品牌忠诚的群体。两者之间完美契合，容易形成一种品牌社群，因此，大学校园具有打造红牛品牌社群的基础。

3. 弘扬企业的社会责任

在现代社会，企业社会责任已经深入人心。除了一些常规的慈善活动，一旦某地发生灾难需要帮助，很多企业都会慷慨解囊。红牛在此类企业慈善活动中从不落后，坚持承担其社会责任。

红牛的校园营销活动也彰显着红牛的社会责任意识。比如，红牛的"手机换红牛"活动让大学生们认识到了手机对课堂的危害，大学生们踊跃参加活动，从中学到了什么是专注，什么是尊重。校园品牌经理新星大赛则是一个"大学生就业指导公益项目"，为在校大学生提供一个真正的锻炼平台、一个真实的职场体验、一个全面的拼搏过程。这样的经历，对实践经验相对缺乏的大学生而言，弥足珍贵。

任务引入

在市场营销沙盘中，企业需要连续经营三个会计年度，因此需要经营者做好三年的整体发展规划，制订三年的营销战略，并且使每个年度的营销战略相互衔接，形成一套完整的营销体系，以保证三年经营目标的实现。由于经营者的经营风格各不相同，因而设计的营销战略也各有千秋。

各组需召开第一年工作会议，由总裁布置本年营销任务。在完成第一年市场环境分析和市场开拓的基础上，认真考虑本组的营销渠道选择、产品组合策略、价格策略、媒体广告投放策略和融资策略等，综合分析竞争对手可能采用的营销策略，科学合理地制订一套完整的营销体系，准备迎接第一年的市场挑战。

第一年整体生产能力分析

一、激进型营销战略分析

（一）激进型营销战略的总体经营思路

激进型营销战略是指经营者以"高风险、高收益"作为经营理念，在媒体广告投放、产品研发、生产线扩张等方面持积极态度。经营者采取激进型营销战略时，其各年经营思路如下所述。

1. 第一年经营思路

企业通过抢夺批发订单及投放媒体广告等竞争手段，以习惯型、理智型及情感型消费群体为主要销售对象，通过提升企业销售额和媒体影响力等因素提高企业综合指数，为企业在第二年获取直销订单打好基础。

2. 第二年经营思路

企业以直销渠道为主、零售渠道为辅销售产品，减少甚至放弃媒体广告的投放以节省费用支出，同时合理安排直销订单的交货时间。在确保资金运转正常的情况下，尽可能在第四季度交付订单，以提升第四季度销售额，从而迅速提升企业第三年年初的综合指数，为企业参与第三年的直销竞标打好基础。

3. 第三年经营期经营思路

企业仍然以直销渠道为主，剩余产品则通过批发、零售渠道销售。如果企业获取的直销订单数量合适，则可以放弃媒体广告的投放，尽量减少其对企业利润的影响。

总体而言，采取激进型营销战略时，企业的经营思路是前期迅速占领市场，在占领直销市场和垄断理智型或者情感型消费群体的零售市场的情况下，企业可以获得比较高的定价权，从而获得比较高的利润。从资金角度来看，企业在第一年销售费用方面投入比较大，后期投入相对较小。此战略如能顺利实施，则企业在第三年的经营业绩会非常突出。

（二）激进型营销战略的优缺点

1. 激进型经营战略的优点

企业一旦确立综合指数的优势，即可主导理智型消费订单的交易，其销售额又进一步促进企业综合指数的提升，从而为企业获取下一年的直销订单打下良好基础。而一旦企业在第二年年初获得了理想的直销订单，则会使企业的经营进入良性循环。

2. 激进型经营战略的缺点

①企业确立综合指数的优势往往需要付出巨大代价，比如高额的批发招商广告费和媒体广告费。

②如果有几家企业同时大力抢夺媒体广告并交替分享央视媒体广告的中标，则企业综合指数的优势很难确立，从而迫使企业进一步加强媒体广告投入，易形成恶性竞争，最终两败俱伤。

③即使企业确立了综合指数的领先优势，也无法确保可以获取理想的直销订单。因为直销订单的中标除了受综合指数影响外，还受投标价格因素的影响。有些竞争对手虽然在企业综合指数上没有优势，但可能会以低价竞争甚至以低于成本价抢夺直销订单，扰乱市场。

（三）激进型营销战略的第一年经营

对于实施激进型经营战略的企业而言，第一年经营期非常关键。企业在第一年能否实现综合指数最高的经营目标，直接关系到后续战略的实施效果，甚至会决定后续战略是否能够实施。影响企业能否实现第一年经营目标的关键因素有三个：一是批发订单的获取及交货时机的把握；二是媒体中标的影响力大小；三是零售交易额的大小。以上三个因素均会影响企业的综合指数。当然，目标的达成还需要与企业其他经营策略配合使用，发挥合力。

1. 直销、批发策略

对于直销而言，企业可以采取放弃直销策略或投机策略。如果有两个或两个以上的企业参与某直销订单的投标，则本企业以高价中标的可能性极小，而企业若以低价竞标，则即使中标，由于交易额较小，对企业综合指数的贡献也不大，因此企业可以直接放弃直销竞标。

但批发与直销不同，由于批发订单的交易额往往较大，交货后可对企业综合指数产生较大的影响。因此企业往往不会轻易放弃批发订单的竞标。

由于批发订单竞标是以批发招商广告的投入高低为序，企业能否选到批发订单或者所选批发订单金额的大小不仅取决于本企业投放的广告费，还取决于竞争对手的广告费。而企业一旦投放了招商广告又无法选到批发订单，则会白白浪费广告费且陷入被动。因此，采取激进型经营战略的企业往往投放较高的批发招商广告费，争夺批发订单，但是高额的广告费将带来高风险。

在批发订单的交货时机方面，应以提升企业综合指数为出发点。尤其是当媒体影响力与竞争对手相当时，企业交付批发订单所产生的销售额对综合指数的提升作用将至关重要。

其中，比较理想的交货时间通常在第三或第四季度。企业选择在第三季度交货的目的在于使企业在第四季度的综合指数最高，抢占 P2、P3、P4 产品的理智型和情感型消费市场，迅速提高企业零售额，从而进一步提升第二年第一季度的企业综合指数。而企业选择在第四季度交货的目的更直接，即希望通过批发订单的交易额提升第二年第一季度的企业综合指数。

2. 研发新产品策略

实施激进型营销战略时，经营者需同时研发 P2、P3、P4 产品，直到第三季度研发完成并投入生产。如果企业在第一年第四季度的综合指数最高，则企业不仅可以主导 P1 产品的理智型消费订单，还可以主导 P2、P3、P4 产品的理智型及情感型消费订单，从而将企业综合指数最高的优势发挥出来，并以新增的销售额进一步促进综合指数的提升。

3. 购买生产线策略

实施激进型营销策略时，企业第一年所生产的产品除满足零售市场需求外，还需要为第二年的直销竞标做准备。又由于企业所生产的产品种类多，因此企业必须快速扩大生产能力，购买新的生产线。

受原材料供应的限制，企业在第一年第一季度可以购买 B 厂房并购买两条生产线。如果第一季度企业媒体广告中标所产生的影响力较大，则可在第二季度购买 C 厂房并实现最大生产能力，原有的两条半自动生产线也可更新为全自动或柔性生产线。由于第一年第二季度企业尚未完成新产品的研发，因此只能生产 P1 产品，到第三季度可将生产线转为生产 P2、P3、P4 产品。为了降低转产费用并增强企业经营的灵活性，经营者可以适当购置柔性生产线（如 2~3 条）。

4. 零售策略

（1）目标市场定位

第一季度定位于习惯型消费群体；第二季度定位于习惯型和理智型消费群体；第三季度南部市场定位于习惯型和理智型消费群体，东部市场还包括情感型消费群体；第四季度 P1 产品主要定位于理智型消费群体，而新产品还可定位于情感型消费群体。

（2）零售价格策略

若企业综合指数最高，则可以实行最大利润定价法，使其价格适当高于市场期望价格。当然，为了遏制竞争对手，完全垄断理智型与情感型消费市场，企业也可以直接定价为市场期望价格或略高于期望价格。

（3）促销策略

由于激进型营销战略并不针对不定型消费群体，因此企业可以不给予促销优惠。

（4）媒体广告投放策略

在激进型经营战略中，企业媒体广告的投放非常关键。在第一年第一、第二季度，由于市场上只有单一的 P1 产品，因此媒体广告中标对企业综合指数的贡献较大。随着媒体广告投放面越来越广，单一的媒体中标对企业综合指数的影响越来越小。在媒体的选择上，央视黄金时段的广告因其媒体影响力较大，竞争最为激烈。因此企业可将广告投放的重点放在央视广告尤其是黄金时段的广告上。而百度广告则是按广告费的高低进行排名，不同排名之间影响力相差不大，因此可节约一定的广告费。

鉴于第四季度企业可销售四种产品，如果该季度企业综合指数最高，则可以垄断新产品的理智型和情感型消费订单，其销售额将大大增加，进而提高企业第二年第一季度的综合指数，为直销竞标打好基础。

（5）融资策略

采取激进型营销战略时，企业将承担较大的费用支出，例如批发招商广告投放、厂房与生产线购买、产品研发、产品生产加工以及媒体广告投放等费用。为此，企业将不可避免地向银行申请很多贷款，为了减轻还款压力，经营者可分散贷款额度，以避免贷款过于集中而导致一次性还款的压力太大。在第一年年末，企业需要申请长期贷款，用于第二年的生产开支及偿还第一年短期贷款的本金和利息。

二、保守型营销战略分析

（一）保守型营销战略的总体经营思路

保守型营销战略是指经营者对待风险持谨慎态度甚至惧怕风险，在媒体广告投放、产品研发、生产线扩张等方面比较保守，从而节省费用投入，维持企业的所有者权益，尽力降低经营风险。保守型营销战略的三年经营思路如下所述。

1. 第一年经营思路

经营者尽量减少费用投入，降低消耗，使企业的所有者权益维持在较高水平。另外，企业需要控制生产能力，节省资金使用，避免因高额银行贷款而导致企业的经营风险增加。在目标客户的定位上，企业以直销大客户以及经济型和不定型等零售消费群体为销售对象，通过低价、打折等手段促进产品销售。

2. 第二年经营思路

由于企业综合指数不占优势，且批发订单的价格较低，本年度企业可以直接放弃直销和批发，将销售重点放在零售市场，定位于经济型、不定型和冲动型等消费群体。由于企业所有者权益较高，资金相对充足，因此本年度应进一步扩充生产能力，适当为第三年储备货物，争取在第三年获取较高的利润。在媒体广告方面，本年度企业也可以尝试投机策略，以较低的媒体广告投入博取中标，并将广告投放重点放在央视媒体上，以逐渐提升企业综合指数。

3. 第三年经营思路

如果企业综合指数在第三年仍不占优势，则在直销方面可采取投机策略，尝试参与一些竞争对手容易忽略的低价订单的竞标。在批发方面，企业可以根据各区域市场的批发价格适当投放批发招商广告，以扩大产品销售，并解决企业的资金紧缺问题。

零售市场仍是企业应关注的重点，以经济型、不定型消费市场为主，以情感型、冲动型消费市场为辅。企业尽量减少费用投入，通过控制经营成本来达到获利的目标。

总体而言，采取保守型营销战略的企业往往采取薄利多销的方式，通过控制成本获取利润，由于企业所受到的市场竞争冲击较小，因此容易控制经营风险，确保企业能够较为稳定地生存和发展。

（二）保守型营销战略的优缺点

1. 保守型营销战略的优点

采取保守型营销战略的优点在于，一方面其经营方法比较简单，对经营者的经营能力要求不高，容易掌握；另一方面，该战略抵抗风险能力比较强，甚至市场上其他企业之间的媒体广告竞争越激烈，对采取保守型营销战略的企业越有利。

2. 保守型营销战略的缺点

由于企业营销战略相对保守，生产能力一般，且以经济型和不定型消费群体为目标客户，产品的销售价格及利润均较低，因此最终的经营成果很难突出。

（三）保守型营销战略的第一年经营

由于各企业在第一年经营初期都有大量的 P1 产品库存，导致第一年 P1 产品的销售竞争非常激烈，有些企业甚至不惜亏本甩卖 P1 产品，以达到清理库存、将库存变现的目的。基于此，保守型经营者需要在了解第一年竞争特点的基础上，采取适当的经营策略以实现企业的经营目标。

1. 直销、批发策略

经营之初，各企业的综合指数相同，导致第一年直销的竞争往往直接体现在价格的竞争上，投标价低者中标。从实战来看，第一年的直销中标价通常在 2 万元/件左右，即 P1 产品的直接成本价，有些经营者甚至以 1 万元/件的价格投标。

低价参与直销投标，不论中标与否，对企业利润的影响都不大。例如，某企业以 1.98 万元/件的价格中标直销 100 件 P1 产品，在不考虑购买标书的费用的情况下，该直销订单给企业带来的收入为 198 万元，而订单的直接成本为 200 万元，即亏损 2 万元。而如果企业以 2.28 万元的价格同样中标直销 100 件 P1 产品，该笔订单的销售收入为 228 万元，在不考虑购买标书费用的情况下，毛利为 28 万元。可见，第一年想通过直销获利是相当困难的。当然，以超低价格投标也是不可取的，因为产品的销售既不能给企业带来较大的交易额以提高企业综合指数，也无法带来优惠额以促成零售市场上情感型消费群体的交易，且以低价销售产品会因为亏损而导致企业的所有者权益下降。

因此，采取保守型营销战略的企业应选择少量的直销订单，以略高或略低于成本价格的定价投标，达到清理库存、将库存变现的目的。

为了提高企业综合指数，第一年批发招商广告的竞争往往也会非常激烈。但有时也会出现另一种极端情况，即很多企业出于对招商广告激烈竞争的预期，而直接放弃投放广告。基于此，采取保守型营销战略的企业也可以投放小额的招商广告（如2万元），以投机策略博取批发订单，若能成功选到订单则可获取一定的利润；如果选不到订单，损失也在企业的承受范围之内。

2. 研发新产品策略

出于维持所有者权益的目的，企业第一年应尽量减少费用投入。为了不影响第二年的扩张，可于第二年第一季度研发完所有产品，也就意味着第一年每种新产品至少研发两个季度。

3. 购买生产线策略

出于节省资金、减少银行贷款的目的，企业不要急于扩张所有生产能力。但过度的保守会阻碍企业的发展，错失市场机会。因此建议企业在第一年第一季度购买B厂房，并安装两条全自动生产线来生产P1产品；第二季度再购买一条柔性生产线，装满B厂房。企业原有的半自动生产线可以继续生产至第四季度再出售，或者保留至第二年第二季度出售以维持企业所有者权益。

4. 零售策略

（1）目标市场定位

第一季度的市场定位可以有多种选择，如果仅出于利润考虑，可以只定位于习惯型消费群体，制定较高的价格，每个零售商仅销售一件产品即可达成目标。或者将价格定为市场期望价格，并设置一定的促销方式，则除满足习惯型消费群体的交易条件外，还可以满足不定型消费群体的交易基本条件。或者制定更低价格，同时满足习惯型、经济型和不定型三个消费群体的交易条件。而从第二季度开始，建议企业定位于经济型和不定型消费群体。

（2）零售价格策略

由于采取保守型营销战略的企业不抢夺媒体广告，因此企业的综合指数往往很低，只能将产品的销售重点放在经济型和不定型消费群体的零售市场上，因此适合采取低价策略，即以低于市场期望价格的定价销售产品。

（3）促销策略

保守型营销战略比较注重促销策略的运用。其主要原因在于，当企业定位于经济型消费群体时，只要加以促销，便可以满足不定型消费群体的基本交易条件，这对企业而言意味着能够以可忽略不计的优惠额扩大产品的销售范围，因此该策略是值得尝试的。在促销方式的选择上，第二种促销方式，即"多买折扣"相对比较实用。

例如，若第一季度 P1 产品的市场期望价为 8 万元/件，企业的销售目标为第一件不给予优惠，以便从习惯型消费订单的交易中获利；从第二件开始促销，以便满足不定型消费订单的交易条件。因此，企业可以制定价格为 8 万元/件，满两件打 2.5 折（折后价为 2 万元/件，即以成本价销售，以清理库存）。如果仅卖出一件产品则售价为 8 万元/件；若一次卖出两件或两件以上则售价为 2 万元/件，同时获得 6 万元/件的优惠额。此种定价及促销策略考虑了习惯型和不定型两种消费群体的需求。当企业以极低的费用投标媒体广告（例如在百度广告上投入 1 万元）时，通常每个零售商只能销售一件习惯型消费订单。

如果企业定位于经济型消费群体，上例中也可以定价为 2.4 万元/件，满一件打 9.9 折，则既可以成交经济型消费订单，也可以成交不定型消费订单，且习惯型消费订单的销售量也会增加。

（4）媒体广告投放策略

采取保守型营销战略时，企业会比较节省媒体广告费用。由于第一、第二季度 P1 产品的习惯型消费订单的需求量较大，因此企业哪怕是百度排名第十，往往也能够销售一件产品。所以企业在第一、第二季度可以投入少量百度媒体广告。而到第三季度，由于习惯型消费订单数量较少，若企业的媒体影响力较低则很难分配到订单，因此可以选择放弃或按最低要求投放媒体广告。

当然，如果媒体广告没有中标，所投入的媒体广告费会被退回，因此，企业适当投放一些媒体广告，尤其是央视媒体的广告，对经营者而言并没有什么损失，而一旦中标，则可促进习惯型消费订单的交易。

（5）融资策略

企业采取保守型营销战略时，由于费用投入较低，因此企业的银行贷款额会比较少。企业的资金主要花费在厂房与生产线的购买、产品的研发和生产加工以及原材料的采购等方面，短期贷款总额一般可以控制在 800 万元以内。同时，企业应考虑分期小额贷款，避免集中贷款导致一次性还款压力过大。在第一年第四季度，企业可考虑先偿还长期贷款及利息，然后再进行长期贷款，这样可以避免第四季度的短期贷款，企业一般在第一年无须进行民间融资。

三、混合型营销战略分析

（一）混合型营销战略的总体经营思路

混合型营销战略是指介于激进型与保守型之间的一种更为理性且对经营者经营能力要求较高的营销策略，企业在经营过程中需将保守型策略与激进型策略进行融合，灵活运用。保守的一面主要体现在第一年的媒体广告投放策略上，目的在于维持第一年的所有者权益，但企业在生产线扩张方面却会比较激进。经营者采取混合型营销战略，其各年经营思路如下所述。

1. 第一年经营思路

企业第一年的主要经营目标在于保持较高的所有者权益，并拥有较大的产品库存量。企业要想保持较高的所有者权益，则在第一年市场竞争激烈、销售难以保证的情况下，需要加强内部管理，关注细节，控制支出。例如，企业在第一年经营期通过节省市场开拓费、产品研发费、零售商入场费和媒体广告费等支出，达到保持所有者权益在较高水平的目的。

企业要想扩大产品的库存量，其唯一的途径就是扩大生产规模。在生产过程中，经营者需要注意产品所附带的流行功能，保证所生产的产品适合企业未来销售，避免形成大量淘汰品而浪费企业资金。第一年企业主要生产和销售 P1 产品，并将目标市场定位于经济型和不定型消费群体，同时可兼顾情感型和冲动型消费群体。

2. 第二年经营思路

企业第二年的主要经营目标在于提高企业综合指数，产品的销售以零售渠道为主，同时销售四种产品。P1 产品的目标市场定位于经济型、不定型和冲动型消费群体，并视市场机会考虑情感型消费群体；而 P2、P3、P4 产品则以冲动型消费群体为主要目标客户。

企业在本年度可适当增加媒体广告的投入，通过媒体广告中标来逐渐提高企业的综合指数，为第三年参与直销竞标打下基础。由于企业在第一年保持了较高的所有者权益，因此在第二年企业的融资能力比较强，可为企业抢夺媒体广告提供资金支持。

同时，经营者须调整好产品的结构，根据第三年直销订单的特点合理安排产品的生产规模，为第三年直销竞标储存货物。

3. 第三年经营思路

实施混合型营销战略的企业往往库存量较大，需要多种销售渠道并举。经营者需要根据本企业综合指数的高低选择合适的直销策略。如果企业所获得的直销订单量远小于企业的生产能力，则应根据批发市场的订单价格有选择地参与批发竞争；剩余的产品则通过零售渠道销售。在第三年经营期，企业应减少费用投入，以追求较高的净利润。

总体而言，采取混合型营销战略时，企业在第一年的费用投入较小，以维持所有者权益；第二年则增加媒体广告的投入，以提升企业综合指数，并增加产品库存量；第三年在节省费用的前提下，多种销售渠道并举，以获取高额利润，提升经营业绩。

（二）混合型营销策略的优缺点

1. 混合型营销战略的优点

实施该战略的企业在第一年可保持较高的所有者权益，有利于降低企业的经营风险。同时，该战略的实施可使企业保持较高的产品生产能力和库存量，因此企业增长潜力较大。

2. 混合型营销战略的缺点

实施该方案对经营者的经营能力要求较高。其一，经营者要有大局观，能够大体判断市场的竞争程度及发展趋势。其二，经营者要有较强的零售掌控能力，善于发现零售市场机会，并能够妥善处理经营中的细节问题。

（三）混合型营销策略的第一年经营

第一年的经营目标主要在于维持较高的所有者权益。由于第一年企业参与市场竞争的主要手段是媒体广告竞争和产品价格竞争，企业投入较大而产出较少，通过产品的销售获取利润的可能性非常小。因此企业应尽量减少有损所有者权益的经营活动。

例如，企业第一年若无意于在东部市场销售产品，则在年初时可以放弃东部市场的开拓，从而节省5万元的开拓费用，进而也无须签约东部市场的B1和B2零售商，可以节省40万元的零售商入场费。同样，若企业无意于参与直销竞标，则可放弃ISO 9000的认证，此项认证对企业的经营活动影响甚微，放弃则可节省10万元的费用投入。仅仅以上三项决策即可节省55万元的费用投入，有利于维持企业的所有者权益。

1. 直销、批发策略

对于直销和批发，企业可以有两种选择，或是直接放弃，或是采取投机策略。由于第一年的直销竞标不需要开发客户，因此参与直销报名对企业没有影响。完成直销报名后，经营者可通过资格预审关注各个直销订单的投标情况，如果有订单无人参与投标，则企业可以尝试高价竞标。当然，此做法有两个前提：一是竞争对手可能并不了解此功能，因博弈双方信息不对称而给本企业带来福利；二是本企业获取的是最新的直销投标信息，在本企业投标后，没有竞争对手再参与本订单的投标。

企业可以尝试投放极少量的批发招商广告，以满足参与竞标的最低条件。至于能否选到订单，则取决于竞争对手的批发策略及其招商广告投入费用的高低。

企业采取以上投机策略，若成功获得了直销或批发订单，则能够获取较高的利润；若企业未能获得订单，则少量的费用投入对企业的经营活动也不会产生太大影响。

2. 研发新产品策略

企业采用混合型营销战略时，第一年应尽量维持所有者权益。就产品研发角度考虑，经营者既要节省费用投入，又要尽量不影响第二年新产品的生产，且产品研发要与生产线的购买时机相配合。

例如，企业第一年只生产P1产品，P2、P3、P4产品均只研发两个季度，至第二年第一季度研发完成。此研发策略第一年所需投入的研发费用为120万元，但由于第一年集中生产P1产品，可能导致P1产品的产量偏大。

或者企业第一年生产P1和P2产品，即前三个季度都要研发P2产品，而P3和P4产品均只研发两个季度。此研发策略第一年所需投入的研发费用为130万元，但可将一部分P1产品的产能分配给P2产品，从而减轻P1产品的销售压力。

3. 购买生产线策略

采取混合型营销战略的企业，第一年在保持较高所有者权益的同时，还需要扩大企业的生产规模，以提高企业发展潜力，因此会涉及企业购买生产线的决策。

企业在第一季度可购买 B 厂房，并安置两条 P1 产品的全自动生产线。由于企业在第一季度只有 40 个 R1 原材料，且 A 厂房已有一条全自动生产线和一条柔性生产线可供投产，故只能再安置两条生产线，否则会因缺乏原材料而不能投产。在产品的生产型号方面，考虑到企业原有大量的 P1 产品库存，因此新生产的产品需要根据系统给出的流行功能及流行周期，添加 1～2 个流行功能再进行投产。

企业在第二季度可购买 C 厂房，并购买一条柔性生产线和一条全自动生产线分别安置在 B 厂房（共可容纳三条生产线）和 C 厂房（仅可容纳一条生产线）。至此，企业共拥有八条生产线，包括两条柔性生产线、两条半自动生产线和四条全自动生产线。由于新产品的研发尚未完成，因此八条生产线均只能生产 P1 产品。考虑到大量 P1 产品的销售问题，为避免产品因流行功能太少而超过销售期限，经营者可以用一部分生产线生产附带全部五个流行功能的 P1 产品。企业既可利用该产品针对第三季度的冲动型消费群体进行销售，又可为第二、第三年销售 P1 产品预留库存。

4. 零售策略

（1）目标市场定位

立足于南部市场，企业的主要目标客户为经济型和不定型消费群体，根据市场销售机会兼顾习惯型和情感型消费群体，也可以尝试冲动型消费群体。

（2）价格、促销和媒体广告投放策略

企业的价格策略需要结合目标客户而定，并与促销策略配合使用，尽量使产品的定价具有包容性，能够同时兼顾多个消费群体。

策略一：第一、第二季度针对习惯型和不定型消费群体定价，可将价格定为市场期望价格，由于习惯型消费群体需求量大，即使企业只投放 1 万元的百度媒体广告，每个零售商仍可以成交一个习惯型消费订单。在促销方面，拟采取第二种促销手段，即"多买折扣"，满两件给予打折优惠。为了能够销售产品，又达到不亏损的目的，可以使折后价即为成本价或略低于成本价销售。

如此设置之后，企业向习惯型消费群体销售的单件产品将无折扣，可保证获利。若能销售两件或两件以上产品给不定型消费群体，则折后价为 2 万元/件（成本价），既可将库存变现，又能增加企业的历史优惠额，为获取情感型消费订单创造条件。这种零售定价的思路概括来讲就是按每个季度的市场期望价格定价，设置促销优惠使打折后商品销售价格等于或略低于成本价格，以预期能够达成不定型消费订单的交易且不产生太大亏损。

策略二：当经营者预期会有一家以上的竞争对手以零折销售产品，以争取最大优惠额而满足情感型交易条件时，上述策略中企业第一季度将无法成交不定型消费订单。此时经营者可以尝试以经济型消费群体为销售对象，在成本价格附近制定低价，比如 2.18 万元 / 件或 1.98 万元 / 件，同时设置促销方式为"满一件打 9.9 折"。如此设置后既可能成交经济型消费订单，也可能成交不定型消费订单。

还需要明确的是，企业的历史优惠额度即使不是最高，也可能达成情感型消费订单的交易。其原因在于：一方面，历史优惠额度排名第一的企业可能出现产品短缺问题，从而使得情感型消费群体会购买优惠额排名第二的企业的产品；另一方面，价格会影响销量，当优惠额排名第一的企业制定高价时，就会抑制一部分情感型消费群体的购买，该部分购买力将转为购买优惠额排名第二的企业的产品，以此类推。

上述两种零售价格、促销和媒体投放策略的运用可以兼顾习惯型、不定型、经济型和情感型四类消费群体的需要，包容性比较强，有利于企业占领零售市场，并且媒体广告费用投入不大，有利于节省资金。

到了第三季度，市场上开始出现冲动型消费需求，由于 A1 和 B1 零售商最先感知到市场流行功能，因此冲动型消费群体将向 A1 和 B1 零售商购买产品。根据冲动型消费订单交易规则，此时若企业将带有五个流行功能的产品配货给 A1 零售商，则可以垄断南部市场上的冲动型消费订单。

（3）融资策略

采取混合型营销战略时，第一年企业的资金主要花费在厂房、生产线的购买及产品的生产加工等方面，此外还需要支付一定的产品研发费、支付管理费和零售商入场费等。企业可以将短期贷款平均分配给第一年的四个季度，到了第四季度，经营者应首先偿还长期贷款及利息，然后将长期贷款最大额度贷出，用于企业第二年的经营开支。

四、第一年经营过程中需要关注的问题

（一）促销策略的使用

在市场营销沙盘中，企业的促销活动有利于达成不定型消费订单和情感型消费订单的交易。如果经营者仅将目标客户定位于习惯型、理智型和冲动型消费群体，则可以不采取任何促销手段。但如果企业给产品制定的价格不高于市场期望价格时，则最好给予适量的促销优惠，从而将不定型消费群体纳入产品的销售范围，增加交易的机会。

1. 三种促销手段对比

市场营销沙盘给出的三种促销手段分别为满就送、多买折扣和买第几件折扣，经营者需要在系统中设置促销名称、促销范围、产品范围和优惠方式。

（1）促销名称

促销名称由经营者填写，可以是数字、拼音、汉字及符号等，只要经营者自己能够识别。在经营实战中，为了节省时间，经营者可以数字命名。

（2）促销范围

促销范围是指企业可以选择对哪些零售商开展促销活动，例如企业选择 A1 零售商，则本次促销仅对 A1 零售商有效。如果不设置促销范围，则系统默认其促销活动对所有零售商均有效。随着企业签约的零售商越来越多，可供选择的促销范围也越来越广。

（3）产品范围

产品范围是指企业可以选择对哪些产品实施促销，如果不选择产品范围，则系统默认其促销活动对所有产品均有效。随着企业新产品研发的完成，以及企业生产项目越来越多，可供选择的产品范围也越来越广。

（4）优惠方式

①满就送：即"满（ ）送（ ）"，经营者直接在括号位置填写金额。例如，满 2 万元送 0.02 万元指的是只要消费者一次购买金额达到 2 万元，企业即返还 0.02 万元现金，但一次满 10 万元、满 20 万元等均只返还 0.02 万元。

经营者可以通过添加键设置多个"满就送"促销方案，例如满 7 万元送 0.5 万元，满 14 万元送 1 万元等，从而对购买金额不同的消费者给予不同的优惠额度。

②多买折扣：当消费者购买产品数量达到设定数量时，即可享受企业设置的折扣，并且只要消费者的购买量超过设定数量，其所购买的所有产品均可享受同等折扣。例如在购买最少件数一栏填写"2"，享受折扣设为"7.5 折"。则意味着只要消费者购买两件或者超过两件，所购产品均可享受 7.5 折优惠。如果企业销售的产品定价为 10 万元/件，则消费者购买一件产品的价格不享受折扣，需支付 10 万元；购买两件的需支付 10×2×0.75=15（万元）；购买三件需支付 10×3×0.75=22.5（万元），以此类推。

③买第几件折扣：折扣方式为"买第（ ）件享受（ ）折优惠"。例如买第二件享受"8 折"优惠，则意味第一件不享受折扣，第二件享受 8 折，同时每逢 2 的倍数件均享受 8 折。而如果设置为买第一件享受 8 折，则意味着不论买多少件均享受 8 折优惠。

当经营者对某一产品项目设定了多个促销方案时，系统会按照优惠额度最大的方案执行。

2. 常见的几种促销方案设置

（1）销售额全部转为优惠额（即白送）

采取"白送"的方式销售产品，对消费者而言相当于免费获得产品，对企业而言则无销售收入，销售额全部转为优惠额，可以为获取情感型消费订单做铺垫。此种促销方案的设置方法有以下几种：

①通过"满就送"来设置：例如市场期望价格为 8.40 万元/件，则经营者可设置为"满 8.40 万元送 8.40 万元"，通过继续添加设置"满 16.80 万元送 16.80 万元"，依次按 8.40 的倍数设置下去。此方法比较麻烦，一般不会使用。

②通过"多买折扣"来设置：只需要一次设置为"购买最少件数为 1，享受 0 折优惠"即可。

③通过"买第几件折扣"来设置：只需要一次设置为"买第一件享受0折优惠"即可。

通常企业为了通过抢夺不定型消费订单进而获得情感型消费订单时，会采取此种促销方案。尤其是第一年第一、第二季度针对南部市场的P1产品，第三季度针对东部市场的P1产品，以及第四季度针对P2、P3、P4产品。即当一个新市场出现需求时，企业可能会为了抢夺先机而采取此促销方案。

（2）第一件不享受优惠，从第二件产品开始促销

以第一年第一季度为例，假定P1产品的市场期望价格为8.40万元/件，某企业只投放了百度的媒体广告，预期A1和A2零售商各销售一件P1产品给习惯型消费群体，因此希望第一件产品不优惠；而从第二件开始，希望以2.2万元/件的净价销售。若该企业定价为市场期望价格，则此时可以通过第二种促销方式即"多买折扣"来实现目标，设置为"购买最少件数为2，享受2.62折优惠"即可。

通常在企业确保某零售商能够销售一件产品时，可以不给予第一件优惠，从而既能获取更高利润，又能为扩大销售提供条件。尤其是在第一年第一、第二季度销售P1产品时，如果确保每个零售商都可以销售一件产品给习惯型消费群体，则可以按此方案促销。

（3）对每个零售商均给予少量优惠

有时，经营者或许觉得经常设置促销方案比较麻烦，但又希望可以满足情感型消费群体最基本的交易条件，因此不加限制地对每种产品均给予一定的优惠。

例如，经营者认为微小的优惠额对企业的经营并不会产生影响，可以采用"满就送"的方案将促销设置为"满2万元送0.01万元"，这样不论企业的销售量和定价是多少，都可以有0.01万元的优惠额。或者采取"多买折扣"的方案将促销设置为"购买最少件数为1，享受9.9折优惠"，并且不限制促销范围和产品范围。此促销方案的好处在于：一方面，当定价不高于市场期望价格时，可能促成企业与不定型消费群体的交易；另一方面，当其他企业均无优惠额或者优惠额小于本企业时，也可能促成企业与情感型消费群体的交易。

（二）媒体广告投放策略的使用

企业投放媒体广告的目的，主要表现在两个方面：一是媒体广告中标会影响习惯型消费订单的销售，媒体广告中标越多，其产生的媒体影响力越大，习惯型消费订单的销售量也就越大；二是媒体广告中标可以提高企业综合指数，而企业综合指数越高，越有利于企业理智型消费订单的销售和直销订单的中标。

从以上两种目的来看，企业往往更侧重于后者，即提高企业综合指数，以便抢夺理智型消费订单及直销竞标。不论是激进的还是保守的媒体广告投放策略，很难比较孰优孰劣。经营者的经营风格不同，营销策略各异，需要有不同的媒体广告投放策略相适应。但即使经营者实施的是激进型媒体广告投放策略，也应保持理性，避免夺得了"标王"却使企业的资金链紧张，经营陷入泥潭。

1. 媒体广告投放对企业经营的影响

企业的经营活动往往具有双面性，一方面给企业带来了发展的机会，为企业创造价值；另一方面也可能给企业的经营带来风险。媒体广告投放对企业的双面影响都非常明显。

（1）媒体广告投放给企业带来的利益

经营者之所以投放媒体广告，从根本上说还是为了促进企业产品的销售。在六类消费群体中，与媒体广告相关的主要有习惯型消费群体和理智型消费群体，此外媒体广告对情感型消费群体也有一定影响。同时，媒体广告还会影响企业综合指数，进而影响企业的直销中标概率。具体而言，投放媒体广告可以给企业带来以下好处：

①投放媒体广告可直接促成习惯型消费订单的交易。由于习惯型消费群体的交易规则即是按照各企业媒体影响力所占比例来分配订单的，所以媒体广告对习惯型消费订单的分配有直接的影响。

②投放媒体广告可间接促进理智型消费订单的交易。由于理智型消费群体的交易规则是企业综合指数高者优先成交，而媒体广告中标所产生的媒体影响力会直接影响企业综合指数。因此，媒体广告可以间接影响理智型消费群体的交易。

③投放媒体广告可在一定程度上促进情感型消费订单的交易。当新市场开放时，企业综合指数的高低还会影响情感型消费群体的交易。原本情感型消费群体的交易由各企业历史优惠额度的高低决定，但在新开放的市场中，各企业的历史优惠额度均为0，此时企业的综合指数就起决定作用。例如，第一年第三季度东部市场P1产品的情感型消费订单以及第一年第四季度P2、P3、P4产品的情感型消费订单，均由企业综合指数高者优先成交。

④投放媒体广告可提高企业直销中标的概率。根据直销竞标规则，直销订单的中标由两个因素决定，一是企业综合指数的高低（主要受媒体影响力及销售额的影响），二是企业的直销投标价格。其中，企业综合指数在综合评分中占有40%的权重，投标价格占有60%的权重。但在价格相同的情况下，显然综合指数高者优先中标，且企业综合指数领先越多，直销竞标的优势越大。

直销中标会进一步巩固企业的综合指数。例如，某企业第二年的直销中标订单量较大，若该企业集中在第二年第四季度交货，则由于交易额较大，该企业第三年第一季度的综合指数可能大幅上升，进一步提高了第三年的直销中标概率。

（2）媒体广告投放给企业带来的风险

因为媒体广告中标能够给企业带来诸多好处，导致媒体广告的竞争往往也异常激烈。一旦企业媒体广告的投放没有达到预期效果，将给企业的经营活动带来一定的伤害。

①增加企业的财务负担。企业投放的媒体广告一旦中标，将使企业的现金减少。因此，如果企业投入高额的媒体广告费，而销售收入又远不及费用支出，则会导致企业资金紧张。由于在第一年经营期企业的所有者权益较高，可以通过银行贷款来解决资金问题。但如果企业无法获取利润，所有者权益下降，银行贷款额度降低，则会使企业在后

续的经营中面临只能还款而无法继续借款的巨大压力，形成恶性循环，使企业经营陷入困境。所以，高额的媒体广告费用投入若不能带来较高的收益，必然增大企业的财务负担，增加经营风险。

②影响企业的利润。在财务报表中，企业的媒体广告费计入企业的销售费用支出，直接影响企业的利润。如果企业投入的媒体广告费高于因投放媒体广告而增加的销售利润，则会使企业的整体利润降低。

从经营实战来看，企业在第一年很难通过投放媒体广告增加企业利润。一旦有几家企业同时抢夺理智型消费订单，则企业间媒体广告的竞争将非常激烈。而如果中途退出抢夺，前期中标的媒体广告的效益就很难显现，导致企业退出媒体广告争夺的壁垒越来越高。

③对企业的经营得分产生不利影响。根据系统的经营得分规则，有几个得分项目与媒体广告费用有一定关系：一是综合费用分摊得分。在销售额不变的情况下，综合费用越高，则该项得分越低。而企业的媒体广告费作为企业综合费用的一部分将影响该项得分。因此，在第三年经营期，除非投入少量的媒体广告费便能中标，从而达到促进习惯型消费订单的交易和提高企业综合指数的目的，否则以高额费用抢夺媒体广告是不可取的。二是净利润率得分。如果媒体广告投入的费用无法由所获得的利润弥补，则企业的净利润将会下降，该项得分降低。三是资产报酬率、权益报酬率得分。此两项得分都和企业的利润相关，如果利润下降，则得分会降低。四是经营得分。经营得分的计算公式为

$$经营得分 = (1+ 总分/100) \times 所有者权益$$

因此，除上述项目得分对总分的影响外，如果媒体广告投入过高而导致企业所有者权益下降，则经营得分还会进一步降低。

企业在第三年经营期内，由于习惯型消费需求量较少，通过媒体广告来抢夺习惯型消费订单很困难；并且由于媒体广告对企业综合指数的影响是累计的，到了第三年媒体影响力的基数很大，其增量对企业综合指数的影响较小。因此，除非企业的综合指数排名比较靠前且与排名第一者差距较小，否则通过投放媒体广告提高企业综合指数进而抢夺习惯型、理智型消费订单的目标很难实现。综上所述，第三年经营期企业投入高额的媒体广告费用往往是不明智的。

2. 媒体广告投放策略的实施

（1）激进型媒体广告投放策略

激进型媒体广告投放策略是指以高额的费用投入争取媒体广告中标，其目的主要在于争取让企业综合指数排名最高，从而获取理智型消费订单并为下一年直销中标做铺垫。

激进型媒体广告投放策略的实施通常发生在经营期第一年，且为了使企业综合指数排名第一，企业往往还会抢夺第一年的批发订单，以便通过同时提高媒体影响力和交易额两个主要因素来提高企业综合指数。在此过程中经营者需要理解以下两方面内容：

① 第一年第一、第二季度的媒体广告中标对企业综合指数贡献比较明显。由于第一、第二季度只有 P1 产品可以投放媒体广告，因此如果中标较多，对企业综合指数产生的影响就会很大。例如：A 企业在第一年第一季度的央视黄金、午间及晚间时段均中标且百度排名第一，其媒体影响力为 40+12+6+20=78；B 企业未中标央视广告且百度排名第二，其媒体影响力为 18。则 A 企业媒体广告中标对企业综合指数的贡献为 40×78/172=18.14，B 企业媒体广告中标对企业综合指数的贡献为 40×18/172=4.19。此外，由于 A 企业的媒体影响力大，成交的习惯型消费订单数量多，所产生的销售额也大，有助于提升第二季度的企业综合指数。

第一年第一、第二季度的媒体广告中标还能确保企业在第二季度获取理智型消费订单，所产生的销售额又能进一步提升企业第三季度的综合指数。而到了第三季度，媒体广告的投放范围包括 P1、P2、P3 产品，产品越多，企业媒体影响力的效果越难以显现，除非企业在每种产品的关键广告上都中标。

② 经营者需要合理选择批发订单的交货时间。交付批发订单的一个重要作用就是希望利用批发订单扩大企业的交易额，配合媒体广告投放策略的使用，提升企业下一季度的综合指数。

当只有一个企业交付批发订单而其他企业不交货时，该企业批发订单的交易额对综合指数产生的影响较大。而如果各企业都选择在某一季度交付订单，则由于各企业交易额所占比重较为均衡，交付批发订单对综合指数的提升效果并不理想。例如：A 企业批发订单金额为 320 万元，市场总批发订单金额为 1 700 万元，第一年各企业零售收入总和为 500 万元。现若 A 企业交付批发订单，其他企业不交付（不考虑直销订单），则 A 企业交付批发订单对综合指数的影响为 40×320/（500+320）=15.61；而如果其他企业也同时交付批发订单，则 A 企业交货对综合指数的影响为 40×320/（1 700+500）=5.82。可见，企业避开与其他企业同时交付批发订单对该企业综合指数的提升十分有利。当然，其他企业的交货时间是无法预期的，但在媒体结束后可以通过综合指数的变化大致判断拥有批发订单的企业是否选择了交货。

如果企业第一季度媒体影响力很小（例如只中了百度排名广告），则即使第一季度交付批发订单，其第二季度理智型消费订单的交易仍比较困难；而如果企业第一季度媒体影响力很大（例如中了央视黄金和午间时段广告等），则即使不交付批发订单，第二季度获得理智型消费订单的可能性仍然很大。只有当企业媒体影响力排名靠前且与领先者相差不大时，选择第一季度交货对企业获得理智型消费订单的帮助才比较大。

如果企业选择在第三季度交付批发订单，且能够促使企业的综合指数在第四季度达到最大（第三季度交货，第四季度也争夺媒体广告），则企业获得的利益是比较大的。主要原因在于：第四季度市场上不只是 P1 产品有零售需求，P2、P3、P4 产品也会有需求。如果第四季度企业的综合指数排名第一，则该季度 P1、P2、P3、P4 产品的理智型消费订单将由本企业优先成交,而且P2、P3、P4产品的情感型消费订单也由本企业优先成交,只要企业有相应的产品可供出售,就能大大提高其销售额,进而影响第二年的综合指数,并对企业的直销竞标有益。

当然。如果企业预期在第三季度交货也无法使综合指数排名第一,则可以选择第四季度交货,所产生的销售额可直接提升企业第二年第一季度的综合指数。

综上所述,企业选择交付批发订单的时机,关键看对企业综合指数的提升能否产生最大效益,从而促使企业获得更多的理智型和情感型消费订单。

（2）保守型媒体广告投放策略

保守型媒体广告投放策略是指企业以较低的费用投入争取媒体广告中标,甚至直接放弃媒体广告的投放。该策略的实施有利于企业将所有者权益维持在较高水平,同时企业承担的风险相对较小。

如果企业在第一年不追求综合指数,将目标客户定位于经济型、不定型和冲动型等消费群体,则企业可以采取保守型媒体广告投放策略,避开激烈的广告竞争。当然,实施这种策略并不意味经营者要一直持保守态度。在第一年媒体广告竞争激烈的市场环境中,采取保守策略的企业相对于采取激进策略的企业而言,其所有者权益能够保持在比较高的水平,因而在第二年企业仍能够获得较多的银行贷款。而所有者权益较低的企业,其银行贷款的额度也较低,因此第二年的资金往往比较紧张。当竞争对手无能力抢夺媒体广告时,前期采取保守策略的企业就能以相对较低的广告费用中标,从而慢慢提升企业的综合指数,为第三年抢夺直销订单打好基础。

到了第三年,企业应尽量降低媒体广告费用的投入。此时企业综合指数的提升不能依靠媒体广告,而应由销售额来推动。销售额既可以来自于直销订单,也可以是批发订单及零售消费订单。

素养园地

数字经济的浙江"进化论"：以更大力度实施"一号发展工程"

争创发展新优势,数字经济是重要引擎。2023年,浙江在深入实施数字经济"一号工程"的基础上提出新目标：数字经济创新提质"一号发展工程"。创新、提质、发展,新的关键词也让浙江发力未来、突破制胜的紧迫感扑面而来。

数字经济位列全国"第一方阵"。起步早、先发优势足,数字经济一直是浙江经济发展的金字招牌。比如,在产业数字化这个主战场,浙江已培育形成数字安防、集成电路、网络通信、智能计算等一批标志性产业链和数字产业集群。但从产业"软""硬"度上看,信息服务业占数字经济核心产业增加值比重偏大;电子信息领域的"专精特新"企业中,布局电工器材、物联网等领域是主流,前沿新兴领域的产业布局还偏少甚至有空白。

数字浪潮呼啸而来,浙江数字经济创新提质"一号发展工程"的提出,就是要在更深层次、更宽领域用好数字经济这一创新变量。以数据为关键要素，以加快发展数字经济、推动数字经济与实体经济深度融合为主线，浙江要加速实现数字经济实力跃迁、数据融合运用价值跃迁、数字经济创新发展能级跃迁。往"高"攀登、向"新"进军、以"融"提效，浙江提出的三大主攻方向，也是扬长补短、制胜未来的关键。

抢占关键技术、产业集群、未来布局制高点，能否抵达"高峰"，其实比的是最底层的数字技术支撑够不够硬核。长期以来，浙江数字经济创新以模式创新为主，数字关键核心技术的攻坚是浙江布局的重点之一。技术的突破、跨界，承载的是新产业的上升空间。2023年2月，浙江印发《关于培育发展未来产业的指导意见》，提出优先发展未来网络、元宇宙、空天信息、仿生机器人等九个快速成长的未来产业，还圈定了量子信息、脑科学与类脑智能、深地深海等六个探索发展型的未来产业。

推动数字经济与先进制造业、现代服务业、现代农业深度融合，这是释放数字红利的最大能量场，也是浙江的长板之一。从未来工厂到未来农场，浙江的"未来系列"把数字化转型的试验场"搬"进了车间、农田。在制造业数字化转型方面，浙江首创"产业大脑＋未来工厂"融合发展新模式。产业大脑的能力中心已有400多个组件应用于浙江企业实际的生产经营中，96个细分行业产业大脑已服务全省企业7万余家，52家未来工厂生产效率接近全省规上工业企业平均值的6倍。推动量大面广的浙江中小企业实施数字化轻量化改造，让"点"拓成"面"，带动产业、集群的创新突破，数字赋能如何"深"，是以"融"提效的攻坚课题。

2022年12月，中共中央、国务院发布《关于构建数据基础制度更好发挥数据要素作用的意见》（简称"数据二十条"），浙江正是"数据二十条"唯一被点名的试点地区。目前，国家批复成立的数据交易所集中在北、上、广、深四地，这也意味着，抢跑新赛道，浙江要加速构筑比较优势。数字经济核心产业的增加值占全杭州市1/3、浙江省1/5的余杭区就抓住了要素市场化机遇；而在数据变资产、数据知识产权质押、数据安全流动上已有探索的滨江区，也将"数谷"作为实现数字经济二次爆发的战略支点，抢先押注。数字经济朝向哪儿创新，同样可以从市场观察中寻到方向。星星点点的创新要素，最终要汇聚为打造数字经济强省的创新生态。以超常力度一体建设教育科技人才强省，以非凡力度激发全省域文化创新活力，浙江经济引擎的更新换代，事关一场全域要素创新。

想一想、议一议：党的二十大报告指出，要加快建设网络强国、数字中国。习近平总书记深刻指出，加快数字中国建设，就是要适应我国发展新的历史方位，全面贯彻新发展理念，以信息化培育新动能，用新动能推动新发展，以新发展创造新辉煌，以中国式现代化全面推进中华民族伟大复兴。如何在数字营销中利用好超大规模市场、海量数据资源和丰富的应用场景，提升企业综合实力和市场竞争力？

知识练习与思考

一、填空题

1. 市场营销沙盘给出的三种促销手段分别为_____、_____和_____，经营者需要在系统中设置_____、_____、_____和_____。

2. 促销范围：如果不设置促销范围，则系统默认其促销活动对_____均有效。

3. 产品范围：如果不选择产品范围，则系统默认其促销活动对_____均有效。

4. 满就送：满2万元送0.02万元指的是只要消费者一次购买金额达到_____，企业即返还_____现金，一次满10万元、满20万元等均返还_____。

5. 多买折扣：如果设置在最少件数一栏填写"2"，享受折扣设为"7.5折"，则意味着只要消费者购买_____或者超过_____，所购产品均可享受_____优惠。

6. 买第几件折扣：如果设置买第二件享受"8折"优惠，则意味_____不享受折扣，_____享受8折，同时每逢_____的倍数件均享受8折。而如果设置为买_____享受8折，则意味着不论买多少件均享受8折优惠。

7. 当经营者对某一产品项目设定了_____时，系统会按照_____的方案执行。

8. 采取销售额全部转为优惠额的促销方式，即"白送"的方式销售产品：

①通过"满就送"来设置：例如市场期望价格为8.40万元/件，则经营者可设置为_____，通过继续添加设置_____，依次按_____的倍数设置下去。

②通过"多买折扣"来设置：只需要一次设置为_____即可。

③通过"买第几件折扣"来设置：只需要一次设置为_____即可。

二、思考题

1. 激进型营销战略的优点和缺点分别是什么？
2. 保守型营销战略的优点和缺点分别是什么？
3. 混合型营销战略的优点和缺点分别是什么？
4. 激进型营销战略中实现第一年经营目标的关键因素有哪三个？
5. 企业投放媒体广告的目的是什么？

能力培养与训练

综合论述企业采用激进型营销策略时，在经营过程中如何将媒体广告投放和批发订单交货结合使用来提高企业综合指数。

知识拓展

促销策略

促销策略（Promotion Tactics）是一种促进商品销售的谋略和方法，有各种不同的形式，如按照客户在购买活动中心理状态的变化，适时展示商品以刺激其购买欲望，或启迪诱导以激发其购买兴趣，或强化商品的综合印象以促进其购买行为。有关学者将促销策略归纳为以下九项：①供其所需，即千方百计地满足消费者的需要，做到"雪中送炭""雨中送伞"，这是最根本的促销策略；②激其所欲，即激发消费者的潜在需要，以打开商品的销路；③投其所好，即了解并针对消费者的兴趣和爱好组织生产与销售活动；④适其所向，即努力适应消费市场的消费动向；⑤补其所缺，即瞄准市场商品脱销的"空档"，积极组织销售活动；⑥释其所疑，即采取有效措施排除消费者对新商品的怀疑心理，努力树立商品信誉；⑦解其所难，即大商场采取导购措施以方便消费者购买；⑧出其不意，即以出其不意的宣传策略推销商品，以收到惊人的效果；⑨振其所欲，即利用消费者在生活中不断产生的消费欲望来促进销售。当然，以上策略的使用都要基于商品本身的质量，促销策略的实施最忌蒙骗手法。

1. 促销策略的定义

促销策略是指企业通过人员推销、广告、公共关系和营销推广等促销手段，向消费者传递产品信息，引起他们的注意和兴趣，激发他们的购买欲望和购买行为，以达到扩大销售的目的。

企业将合适的产品在适当地点、以适当的价格出售的信息传递到目标市场，一般可通过两种方式：一种是人员推销，即推销员和消费者面对面地进行推销；另一种是非人员推销，即通过大众传播媒介在同一时间向大量消费者传递信息，主要包括广告、公共关系和营销推广等多种方式。这两种推销方式各有利弊，起着相互补充的作用。此外，目录、通告、赠品、店标、陈列、示范和展销等也都属于促销策略范围。一个好的促销策略往往能起到多方面作用，如提供信息情况，及时引导采购；激发购买欲望，扩大产品需求；突出产品特点，建立产品形象；维持市场份额，巩固市场地位等。

2. 促销策略的分类

根据促销手段的出发点与作用的不同，促销策略可分为以下两种。

（1）推式策略

推式策略采取直接方式，运用人员推销手段，把产品推向销售渠道。其作用过程为：企业的推销员把产品或服务推荐给批发商，再由批发商推荐给零售商，最后由零售商推荐给最终消费者。

该策略适用于以下情况：企业经营规模小，或无足够资金用以执行完善的广告计划；市场较集中，分销渠道短，销售队伍大；产品具有很高的单位价值，如特殊品、选购品等；产品的使用、维修或保养方法需要进行示范。

（2）拉式策略

拉式策略采取间接方式，通过广告和公共宣传等措施吸引最终消费者，使消费者对企业的产品或服务产生兴趣和需求，从而主动去购买商品。其作用过程为：企业将消费者引向零售商，将零售商引向批发商，将批发商引向生产企业。

该策略适用于以下情况：市场规模大，产品多属于便利品；商品信息必须以最快速度告知广大消费者；对产品的初始需求已呈现出有利的趋势，市场需求日渐上升；产品具有独特性能，与其他产品的区别显而易见；商品能引起消费者产生某种特殊情感；有充分资金用于广告。

促销策略的具体实施方式有：广告、人员促销、营业推广、公共关系、互联网传播与网上营销、整合营销传播等。

3. 促销策略的制订

在市场营销竞争环境中，企业要建立准确、快捷的信息系统，及时发现竞争对手的营销动向，越早发现越可以提早采取措施，结果就会越主动。

企业可以从以下几个方面构建信息的预警系统：

① 收集对手内部情报。竞争对手如果要发动促销活动，一定会提前进行促销筹备工作，其企业内部相关的销售部、市场部也一定会提早进行准备工作。因此，企业一定要与竞争对手或其下家客户建立良好的关系，保持沟通，以此建立促销竞争信息的预警系统。

② 关注渠道商的动向。竞争对手开展促销活动时，其合作伙伴及渠道商会提前得到活动通知，或接受促销活动的培训，此时很多渠道商会采取一定行动来抢夺资源，因此一些信息很容易被透露出来。

③ 了解终端细节动态。针对渠道的促销策略主要着力于鼓励、拉动渠道和终端的进货量。因此，通过渠道和终端的进货量就可以对竞争对手的促销方式和力度略知一二。

④ 留意终端店面的变化。针对消费者的促销策略主要是推动消费者购买，因此一定会在终端店面内使用宣传物料，所以宣传物料是了解竞争对手针对消费者的促销活动的最佳途径。实际上，竞争对手的促销行动不会是无声无息的，一定会在渠道、终端上有所表现，只要平时多加留意，就可以掌握其端倪。

⑤ 维护促销人员的关系。主动接触竞争对手的促销人员，打探其公司短期内的促销活动安排状况。

⑥ 熟知媒体及广告公司。许多大型的促销活动往往要配合媒体的宣传，按照常规，无论电视还是报纸的宣传计划，都要提前申报安排。因此，在竞争对手进行相关的广告宣传案上报过程中，其代理广告公司和媒体的广告部门就能获知相关信息。

⑦ 打探物流公司的业务。竞争品牌在当地无论是直营还是交给经销商来展开业务，其产品的仓储、运输、装卸等物流环节都必不可少，因而通过打探物流公司记录的客户储运量数据等物流信息，也能获知竞争对手要进行促销活动的大致时间和规模。

4. 促销策略的应用

实际上，两军对垒不是简单地硬打硬拼，而要讲究战术和技巧的应用，企业的市场营销也是如此。

（1）借势打力策略

"借势打力"是指借助竞争对手的某种力量，通过一定的策略化用到自己手中，想办法把对方的优势转变成自己的优势。比如一个地方性品牌的实力相对弱小，在广告上无法跟大品牌比拼，而在促销上也无法进行更强大的投入，若能在跟进大品牌促销中借势打力，即跟大品牌一起促销，并采取一定的特殊策略，则可以有效地解决消费者的信任问题，也可以提升自身的知名度。

（2）击其软肋策略

在与竞争对手开战前，一定要做到"知己知彼"，才能决胜千里之外。实际上，竞争对手无论如何投入资源，在其整个渠道链条上都会有相对薄弱的部分。比如，如果在渠道上投入过大，则在终端的投入往往就会不够；如果在终端投入过多，则在渠道的投入就会较少。再如，当竞争对手需要同时开拓多个区域市场时，可能会在某些区域市场不具有优势，这些都是很好的攻击机会。例如，国外大型企业在中国市场为自己的新品大打广告的时候，一些国内本土企业迅速组织终端拦截，大力宣传自己的新品，并且低价进入，以此将竞争对手吸引到综合零售店面的消费者牵引一部分到自己的柜台、专区。在竞争对手忽略终端执行的时候，这种模式是最有效的。

（3）寻找差异策略

有时候，与对手硬拼是不行的，要学会进行差异化进攻。如竞争对手采取价格战，本企业可以进行赠品战；竞争对手进行抽奖战，本企业可以进行买赠战。例如采取"角色行销"的方式，通过买产品赠送形象玩偶和礼品、幸运抽奖、品牌路演等手段吸引更多消费者。

（4）提早出击策略

有时候，竞争对手的实力比本企业强大许多，其促销强度自然也更强大。此时，本企业最好的应对方法是提前做促销，令消费者的需求提前得到满足，当对手的促销开展之时，消费者已对其不感兴趣。例如，A公司准备推出一款新的洗衣产品，并针对B公司策划了一系列的产品上市促销攻势。B公司虽然不知道A公司到底会采用什么样的促销方法，但知道自己的实力无法与之抗衡。于是，在A公司新产品上市前一个月，B公司开始展开疯狂促销——推出大包装，并实行买二送一、买三送二的优惠，以低价格俘虏了绝大多数消费者。当A公司产品正式上市后，由于消费者已经储备了大量的B公司产品，所以A公司新上市的产品在货架上几乎无人问津。

另外，经营者在本行业摸爬滚打一段时间后，对各竞争对手大致何时会启动促销应做到心中有数。比如，面对节假日的消费"井喷"，如劳动节、国庆节、元旦和春节等，各主要品牌都会启动促销活动，其形式往往也不会有太大变化，主要包括买赠、渠道激励、终端奖励等。经常对竞争对手进行分析一定可以发现一些规律，针对竞争对手的惯用手法可以提前采取行动，最好的防守就是进攻。

（5）针锋相对策略

简单来说，针锋相对策略就是针对竞争对手的策略发起进攻。

（6）搭乘顺风车策略

很多时候，当企业明知对手即将运用某种借势的促销手段，但由于各种条件限制，本企业无法对其打压，也无法照样进行，又由于其预期有效，如果不跟进便会失去机会时，最好的办法就是搭乘顺风车。

（7）高唱反调策略

消费者心智是很容易转变的，因此当竞争对手的促销做得非常有效，而本企业却无法跟进、打压时，则可以高唱反调，将消费者的心智扰乱甚至扭转回来，从而达到削弱对手的促销效果。

（8）百上加斤策略

所谓"百上加斤"是指在对手的促销幅度上加大一点，比如对手降价30%，则本企业可以降价32%；对手买100送10，则本企业可以买80送10。在很多时候，消费者可能就因为多一点点的优惠而改变其购买意愿。

（9）错峰促销策略

有时候，针对竞争对手的促销，企业完全可以避其锋芒，根据不同的销售情景和目标客户等展开相应的促销策划，系统思考，灵活运用。比如，某白酒品牌开展针对升学的"金榜题名时，美酒敬父母，美酒敬恩师"、针对老干部的"美酒一杯敬功臣"、针对结婚的"免费送婚礼花车"等一系列促销活动，取得了较好的效果。

（10）创新促销策略

创新是促销制胜的法宝。实际上，即使是一次普通的价格促销，也可以组合创新出多种不同的促销方法，达到相应的促销目的，这也是创新促销的魅力所在。比如，企业可以结合品牌定位与目标消费者的特点，开展一系列创新的促销活动，如个人才艺秀、挑战赛、意见征集和邀请体验等，加深消费者对品牌的理解，提高产品在主要消费群体中的知名度与美誉度，从而促进终端消费的形成，扫除终端消费与识别的障碍。

（11）整合应对策略

整合应对策略是指企业与互补品的生产销售企业联合促销，以达到最大化的促销效果，并超越竞争对手的声势。比如，看房即送福利彩票，品牌系列产品同网络销售平台联合宣传，冷冻设备与酒水饮料品牌联合进行社区、酒店促销推广。企业在促销过程中要善于"借道"，一方面要培育多种不同的合作方式，如可口可乐与网吧、麦当劳、迪尼斯公园等的合作，天然气与房地产开发商的合作，家电与房地产的合作等；另一方面要借助专业性的大卖场和知名连锁企业，先抢占终端，然后逐步形成对终端的控制力。

（12）连环促销策略

保证促销环节的联动性才能保证促销的效果，同时也有利于把竞争对手打压下去。实际上，促销活动一般有三方参加：消费者、经销商和业务员。如果将业务员的引力、经销商的推力、活动现场对消费者的拉力三种力量连动起来，就能实现购买吸引力，最大限度地提升销量。比如，某减肥产品公司促销活动的主题是"减肥有礼！三重大奖等您拿"，奖品从数码相机到保健凉席，设有一、二、三等奖和参与奖。凡是购买减肥产品达一个疗程的消费者均可获赠刮刮卡一张，没有刮中大奖的消费者如果在刮刮卡附联填写好姓名、电话、年龄、体重和用药基本情况等个人资料并寄到公司或者留在药店收银台，则在一个月活动结束后还可参加二次抽奖。同时，年龄在 18～28 岁范围内的年轻女性将本人艺术照片连同购药发票一同寄到公司促销活动组，即可参加公司与晚报联合举办的佳丽评选活动（该活动为本次促销活动的后续促销活动）。此次活动的消费者参与度高、活动周期长、活动程序复杂，迅速将竞争对手单一的买一送一活动打压了下去。

（13）善用波谷策略

某纯果汁 A 品牌就针对竞争对手的促销活动进行了反击——推出大型的消费积分累计赠物促销活动（按不同消费金额给予不同的赠品奖励）。活动开展后很快受到竞争对手 B 品牌更大力度的同类型促销反击。A 品牌的促销活动原定是四周，见到对手有如此强大的反击，便立即停止了促销活动。一周后，A 品牌又重新开展促销活动，但形式却变成了"捆绑买赠"。结果，虽然竞争对手 B 品牌付出了巨大的代价来阻击 A 品牌的促销，但 A 品牌依然在接下来的一个月内取得了不俗的销售业绩。

在促销竞争中，要想在战争激化前将对手置于死地，就需要有战略性地提早规划。为此，企业需要从以下两方面做好准备：战略上，应从行业研究入手，充分地分析行业竞争的根本，并根据自身实力制订有效的促销策略，注重"推力"和"拉力"的协调配合，顺应消费者需求和渠道自然力量，以较低的投入取得尽可能大的促销效果。管理上，当促销成为营销部门的常规工作时，营销人员往往只记得通过促销把商品卖出去，而忘记促销是为了突显商品或服务的价值。消费者需求既是理性的，也是感性的，促销活动需要尽可能满足消费者多方面的心理需求。促销管理与一般管理具有相通性，需要明确目标、制订计划、掌控过程、评估结果，缺少任何一个环节都会造成促销的浪费和无效。

Learning Situation 4

学习情境四

营销策略训练（二）

经过一年的博弈，市场竞争环境不断变化，各企业的实力此消彼长，这个学习情境的主要任务是分析比较复杂的市场环境，把握竞争对手的经营情况，从而合理地调整自身的市场营销策略，做好后两年的营销实战。

知识目标

- 了解市场占有率、零售商定价的相关知识。

能力目标

- 能够利用市场占有率数据、媒体广告投放数据、零售商订单数据进行竞争对手分析。
- 能够在经营过程中熟练、合理使用特殊任务操作。
- 能够根据市场环境变化、竞争对手实力的分析合理调整营销策略。
- 能够根据财务报表对本企业的经营效果进行分析。
- 能够根据关账后的财务报表对竞争对手策略进行综合分析。

素养目标

- 培养营销人员开拓创新的基本素质。
- 培养面对困难敢于竞争和锲而不舍的精神。
- 树立细节决定成败的经营理念。
- 树立正确的营销理念，坚持以人为本的商业经营思路。

任务一　竞争对手分析

导入案例

当我们在疯抢外国货时，外国人也在疯抢我们的国产货

中国"美食"冲出亚洲，红遍世界的早已有之。比如，被誉为"国民女神"的老干妈早已火遍全球，当年，老干妈在美国成了"奢侈品"，入了美国奢侈品电商 Gilt 的法眼，被奉为尊贵调味品。用老干妈腌制鸡肉的土耳其鸡肉饭、奶酪贝果淋上老干妈、冷豆腐沙拉配老干妈和米饭、老干妈配圣代冰淇淋佐花生糖粉与奶油细末……国外因为老干妈衍生出各种花样百出的吃法，大大地造福了全球人民。

当年，中国游客去日本疯抢马桶盖，让国人觉得颜面无光。两年之后就发生了大反转，中国某品牌的马桶盖因为环保、时尚、创意好，热销意大利、德国、美国、英国、法国，被外国人疯抢。而像回力鞋、大宝等国产品牌都在外国颇令人意外地"火"了。

在这背后，是中国经济的迅猛发展，是文化自信日益高涨，是国产品牌今非昔比。

如今，中国制造崛起，国产货性价比更高，备受老外青睐。而我们年轻一代也更喜爱国货，更崇尚传统文化，彰显了泱泱大国的自信。比如，越来越多的国人喜欢穿汉服，尤其是年轻一代把穿汉服当作时尚潮流，这就是传承和弘扬中华文化，展现文化自信的具体表达。

任务引入

俗话说，知己知彼，才能百战百胜。在经营的过程中要想占据优势，除了对整体市场环境了如指掌，有一套科学完整的营销思路外，密切关注竞争对手的经营情况和营销策略也十分关键。

一、竞争对手分析的内容

关于竞争对手的分析贯穿企业整个经营期，尤其是在第一年和第二年的经营期，各企业经营策略变化较多，市场竞争环境的不确定性较大，因此更需要经营者关注竞争对手的经营情况和营销策略，以便寻求本企业的发展机会。具体来看，经营者应主要关注竞争对手的媒体策略、价格策略和产品策略等。

（一）关注各企业的经营动态

1. 对于直销和批发订单归属的分析

在每年的直销和批发结束后，企业可以通过"辅助信息"中的"市场占有率"查看直销及批发订单的归属，并能根据市场需求总量、各企

业市场份额的百分比计算出各企业获得的订单数量。如果本企业参与了直销投标，则可以查看中标情况及中标价格；若本企业未参与直销投标，则只能根据参与竞标的企业数大致判断中标价格。经营者可以通过市场调研报告中的平均价格大致判断批发订单的价格。

在实战中，企业往往需要制定比较低的直销投标价格，否则很难中标。但以低价甚至低于成本价中标，对中标企业而言意义并不大，因为低价中标的直销订单交易额较小，对提升企业综合指数的贡献也较小。而获得金额较大的批发订单对企业而言更有意义，主要体现在当企业交付批发订单时，其较大的交易额可以显著提高企业下一季度的综合指数，有利于企业获得理智型消费订单。

2. 对于媒体中标结果的分析

每个季度媒体招投标结束后，经营者即可通过"辅助信息"中的"媒体中标信息"查看媒体广告的中标情况，了解中标小组的媒体投放金额，大致了解各组的媒体投放风格，为本企业制订媒体广告策略提供参考。例如，某次营销实战中第一年第一季度的媒体中标信息如图4-1所示。

中标组	投标年	投标季度	媒体名称	产品名	时段名称	中标费用	影响力	关系值
A6	1	1	央视	P1	黄金时段	455	40	2
A9	1	1	央视	P1	午间时段	200	12	10
A10	1	1	央视	P1	晚间时段	36	6	8
A14	1	1	百度	P1	排名第一	265	20	5
A20	1	1	百度	P1	排名第二	169	18	9
A6	1	1	百度	P1	排名第三	150	15	8
A8	1	1	百度	P1	排名第四	130	13	7
A13	1	1	百度	P1	排名第五	102	11	6
A3	1	1	百度	P1	排名第六	101	10	5
A9	1	1	百度	P1	排名第七	73	9	4
A4	1	1	百度	P1	排名第八	70	7	3
A16	1	1	百度	P1	排名第九	50	6	3
A5	1	1	百度	P1	排名第十	10	5	3

图4-1　第一年第一季度媒体中标信息

通过对第一年第一季度媒体中标信息的分析，A6小组以455万元的费用投入获得了央视黄金时段广告，同时又以150万元拿到了百度排名第三位，这两次中标的媒体影响力累计为55，使A6小组占有了习惯型消费订单的优先交易权。由此可以判断A6小组采取的是比较激进的媒体广告投放策略，其目的是通过投放媒体广告提高企业综合指数，争夺第二季度的理智型消费订单的销售。

3. 对各组价格策略的分析

在每个季度媒体招投标结束后，经营者可以通过"辅助信息"中的"各组零售订单"查看各组的零售情况，从而可以推断各组的价格策略及销售意图。

经营者在第一年第一季度往往需要关注各组的定价、经济型消费群体的订单归属、不定型消费群体的订单归属以及各组的优惠额等；在第一年第二季度需要关注情感型、理智型消费群体的订单归属，以及各组历史优惠额排名的变化；而到了第一年第三季度，还需要关注冲动型消费群体的订单归属及销售价格；第一年第四季度之后，除了关注 P1 产品的零售之外，经营者还需要关注其他产品的零售订单归属及销售价格。

4. 对各组产品组合策略的分析

经营者可通过两种方法来了解各组的产品组合。其一是通过"辅助信息"中的"各组零售订单"直观地查看各组零售的产品有哪些类型，从而判断其产品组合。此种方法简单直观，但并不一定准确，因为有些小组可能研发并生产了新产品，但并未上架销售或者未能达成交易。其二是通过年末财务报表进行分析判断。分析利润表中的管理费用，可以推断该小组所花费的研发费用，进而推测其产品的研发情况。当然，这种分析方法需要耗费更多的时间，并且需等年末各小组"关账"后才能看到对方的财务报表，有滞后性，且作用并不明显，因此建议经营者选择部分竞争对手去分析判断。

综上所述，经营者若要分析各组的经营动态，往往需要了解直销、批发订单的归属，以及各组的媒体中标情况、价格策略等，经营者需要综合分析、整体把握，所制订的各种经营策略也要配合使用，各种策略相互作用、相互影响。一般来说，若企业大力抢夺媒体广告来提高综合指数，往往意味着该企业针对的是习惯型和理智型消费群体，产品定价相对较高。这类企业往往还会投入较大的费用去抢夺批发订单，以巩固其综合指数领先的地位。若企业通过大力促销来抢夺不定型消费订单，往往是为情感型消费群体的交易做铺垫。若企业通过低价销售来抢夺经济型和不定型消费订单，往往意味着该企业采取相对保守的经营策略，一般不会投放高额的媒体广告。

（二）寻求各产品在零售市场的交易机会

各产品在零售市场上均有六类消费群体，企业在经营过程中应适当关注各类消费群体的市场交易机会。通常在经营的第一年，由于需要关注的市场信息量并不大，各企业都会有比较充足的时间关注各类消费群体的交易情况，并与对手展开博弈竞争。但在第二、第三年经营期，由于市场信息量较大，在有限的经营时间里，一些企业往往会忽略或无暇顾及对交易细节的分析，因此经营者应该在经营过程中有针对性地关注一些细分市场，寻求交易机会。

例如，通过"辅助信息"中的"各组零售订单"查看不同产品在各类消费群体中的交易情况；通过查看经济型消费群体的交易价格，对企业产品的价格进行适当调整，为下一季度达成交易提供条件；通过"企业信息"查看不同产品在不同区域市场的优惠额度，寻求不定型消费订单的交易机会，一旦达到目标，即可针对情感型消费群体进行产品销售；通过查看"企业信息"中的企业综合指数排名，寻求理智型消费群体的交易机会等。

（三）每年经营结束后的财务报表分析

每年经营结束后，企业应将重点放在对各企业财务报表的分析研究上。经营者通过对财务报表数据进行分析,并对各企业的经营绩效、发展潜力和竞争态势等进行预测,可以为本企业下一年经营策略的制订提供参考。

1. 财务报表分析

从各企业的财务报表中可以分析其本年的经营状况,包括企业的盈亏情况、产品库存情况、现金贷款情况、厂房和生产线布局情况等,掌握这些信息有利于了解各企业的竞争地位及发展潜力。

2. 竞争态势分析

由于市场的容量有限,一般来说,如果破产的企业越多,则后续的竞争程度越不激烈。此外,影响竞争程度的因素还包括:

① 各企业的库存量。各企业库存量越大,产品销售压力越大,后续竞争就会越激烈,反之亦然。

② 各企业的生产线规模。各企业生产线规模越大,生产能力越强,后续竞争就会越激烈,反之亦然。

综上所述,每年经营结束后,经营者需要对当前的竞争局面进行分析,了解剩余企业的数量,以及现有企业的所有者权益高低、库存量大小、产能大小和资金状况等因素,对下一年的竞争态势进行预测。

3. 综合指数分析

经营者需要时时关注各企业的综合指数,原因在于:一方面,企业综合指数高低将影响理智型消费群体的交易;另一方面,企业综合指数的高低还会影响直销中标的概率。随着经营时间的推进,媒体影响力的基数越来越大,单次媒体中标对提升企业综合指数的影响越来越小。

经营者若从提高直销中标概率的角度来考虑提升企业综合指数,策略之一是尽可能投放媒体广告并中标,但此策略往往需要企业付出比较大的代价,即高额的媒体广告费;策略之二是努力提高企业第四季度的销售额,从而在短期内提升企业综合指数。

企业的销售额可以来自于零售,也可以来自于直销和批发订单。因此,若企业的资金较为充足,则可以考虑将直销、批发订单安排在第四季度交货,并适当降低第四季度的零售价格,在提升本企业销售量的同时压制竞争对手的销售,双管齐下,合力提升下一年年初的企业综合指数。

4. 发展潜力分析

判定企业的发展潜力,需要综合考虑其整体经营状况,其中有三个指标比较重要:

① 企业的库存量及生产能力。库存量及生产能力说明了企业可供销售的产品数量多少。如果企业的库存量大,产品可以销售,则一般具备较强的成长力。

② 企业的综合指数。如果企业在第三年第一季度拥有很高的综合指数,则该企业的

成长往往不容忽视。综合指数高有利于企业以较高的价格参与直销竞标，若企业的大部分产品都能够通过直销的方式销售，则第三年的销售费用会节省很多，如媒体广告费、货物配送费和零售商销售提成等。因此企业的利润率将较高，从而提升经营业绩。

③企业的所有者权益。所有者权益较高，说明企业前期经营业绩较好，且企业的融资能力较强。

综上所述，若企业在第二年年末拥有较高的所有者权益，财务状况良好且库存量较大，则具备良好的发展潜力。当然，如果企业库存量足够大、综合指数足够高，则即使第二年的所有者权益较低，若能在第三年经营期以直销订单为主，批发、零售为辅，往往也能够取得非常好的经营业绩。

二、竞争对手分析实例

下面以一次市场营销网络竞赛为例，大致说明进行竞争对手分析的基本思路。

（一）经营初期市场环境分析

经营者通过对南部市场第一年市场调研报告（见图3-1、图3-2和图3-5）的分析可以得到以下信息：

①南部市场第一年四个季度的市场需求波动率分别为27%、19%、11%和4%，说明零售市场需求环境较好，实际市场需求量将高于预测需求量。例如，第一季度P1产品的习惯型消费群体实际需求量应为58×（1+27%）=73.66≈74（件），而不定型消费群体的实际需求量应为276×（1+27%）=350.52≈351（件）。当然，实际销售量还受企业定价的影响。

②根据产品流行功能及流行周期可知，P1产品第一年有三个流行功能，分别为F1、F3和F2。且第一个流行功能F1只流行一个季度，由此可知不附带任何功能的P1产品在A1和B1零售商（其市场反应周期为两个季度）处可销售至第一年第三季度，而在A2和B2零售商（其市场反应周期为四个季度）处可销售至第二年第一季度。也就是说，从第二年第一季度开始未售出的不附带任何功能的P1产品将无法继续销售，因此经营者应尽量在此期限前处理完无功能P1产品的库存。

③P1产品的冲动型消费需求产生于第一年第三季度。根据冲动型消费群体的交易条件可知，只有当某种流行功能开始流行后才会产生冲动型消费需求。对A1和B1零售商而言，意味着F1功能在第三季度开始流行，具备F1功能的P1产品才有可能产生冲动型消费订单，过了第三季度F1功能将不能作为冲动型消费群体购买的充分条件。同理，F1功能在A2和B2零售商处开始流行的时间是第二年第一季度，其所销售的P1产品必须具备F1功能才可能产生冲动型消费订单。

因此，A1和B1零售商在第一年第三季度可以成交冲动型消费订单，而A2和B2零售商到第二年第一季度才可以成交冲动型消费订单。由图3-2可知P1产品第三季度冲动型需求量预计为40件，实际上应该剔除A2零售商的份额，因此在不考虑价格的影响下，冲动型消费群体实际需求量为35×（1+11%）×40%=15.54≈16（件）（其中11%为第三季度的市场需求波动率，40%为A1零售商的市场覆盖率，实际销售数量还受价格影响）。

④对于直销和批发订单的数量及平均价格，实际上直销订单的平均价格意义不大，因为第一年各企业往往出于甩卖P1产品的目的只能以低价销售甚至亏本处理；而批发订单的平均价格是值得参考的，若调研报告给出的批发平均价格较高，则企业投放的批发招商广告可相应提高，但同时企业也需要承担较大的风险，因为批发订单的数量非常有限，即使投放了招商广告也不一定能夺得订单。

⑤从零售订单数量来看，P1产品的不定型需求量迅速下降。因此，经营者要想通过达成不定型消费订单的交易来提高优惠额，则应将重点放在第一、第二季度的销售，且随着情感型消费订单数量的减少，企业提升优惠额后的产出效益将越来越低。P1产品的习惯型需求量也逐季下降，当需求量较大时，以较低的媒体影响力也可获取少量的习惯型消费订单；但当需求量较小时，如果企业媒体影响力小，则无法获得习惯型消费订单。从这一点来看，抢夺媒体广告的主要目标不仅是获取习惯型消费订单，更在于提高企业综合指数。

（二）经营策略制订

通过对经营初期市场环境的分析，结合经营者对待风险的态度及对市场竞争的预期，企业拟订以下策略：

①经营思路上，第一年尽量维持所有者权益，降低经营风险；第二年考虑适当提高企业综合指数，并适当增加库存量；第三年努力通过各渠道扩大销售。

②为了保持较高的所有者权益，本企业第一年年初放弃东部市场的开拓和ISO 9000认证，以此节省15万元的费用投入。

预期第一年P2、P3、P4产品的竞争可能也比较激烈，由于本企业综合指数较低，高价销售不太现实，而低价销售很难获得利润，因此为了节省费用投入，维持所有者权益，第一年放弃生产P2、P3、P4产品，只生产单一的P1产品，待第二年第一季度再生产P2、P3、P4产品。相比第一年投产新产品，此经营思路可以节省P2、P3、P4产品一个季度的研发费用，共计60万元。

由于本企业仅生产和销售P1产品，又预计第一年东部市场P1产品的竞争也非常激烈，并且往往是低端的价格竞争，因此放弃东部市场零售商的签约（由于放弃了东部市场的开拓，实际上也不可能签约东部市场的零售商），可以节省40万元的签约费用。

在力保企业所有者权益的经营思路下，仅通过以上操作即可节省115万元的费用投入，在其他条件相同的情况下，年末所有者权益相应比选择开拓市场、研发产品、签约零售商的企业高出115万元。

③以投机策略对待直销和批发竞标，尽量减少投入。企业在第一年先参与直销报名，若有些订单无任何小组投标，则可以选择投标。

对于批发竞标企业可采取同样的思路，即投入小额的招商广告费，若无法中标，则损耗的广告费也不会影响企业的经营活动；而一旦获得批发订单，则可获利。

④针对各零售消费群体的市场需求量，拟将习惯型和不定型消费群体作为本企业的销售目标。因为第一、第二季度只要在百度媒体广告中获得排名即可确保习惯型消费订单的交易。经营者在预期媒体广告竞争较为激烈的情况下，可以适当投放央视媒体广告（媒体广告未中标的企业，其投标费用将全部返回）。同时，在促销策略中，企业拟对销售一件商品不予以打折，而销售两件及以上给予折扣，这样既不会损耗习惯型消费订单的利润，也可以拓宽产品销售范围。

若企业将经济型消费群体作为销售目标，则企业可以在制定低价的基础上给予极小的折扣，以兼顾经济型和不定型消费群体的需求。

当然，在市场博弈中，经营者很难保证交易按照预想进行，但应该考虑交易达成与否对企业的经营活动将产生何种影响。

⑤由于本企业第一年仅生产和销售P1产品，经营者又希望能够扩大生产规模，保证生产能力和企业竞争力，因此企业生产的P1产品数量将非常大，此时经营者面临两难问题：产品附加的功能越多，则成本和费用越大，但产品的可销期限就会越长；反之，产品附加的功能越少，则成本和费用越小，但产品的可销期限也会越短。经营者必须从两难境地中寻求一个平衡。

结合图3-5给出的流行功能，经营者可以考虑各生产一部分附带两个功能（F1和F3功能）、附带三个功能（F1、F2和F3功能）及附带全部五个功能的P1产品，以供企业第一年和第三年的销售。

（三）经营过程中的竞争对手分析

（1）年初关注直销、批发订单归属

若本企业未参与直销投标，可在直销投标结束后通过"辅助信息"中的"市场占有率"查看直销中标情况；如果本企业参与了直销投标，则可通过直销公示查看所有投标小组的中标情况。

当批发订单开始竞标时，企业需要做好两项工作：一是通过"选择批发订单"查看并记录参与选单企业的先后顺序；二是通过"辅助信息"中的"市场占有率"查看批发订单的归属及市场占有率的分配。

例如在共有10个小组的竞争模式下，第一年直销订单的需求数量为184件，批发订单的需求数量为370件，经营者可以通过各中标小组所占的市场份额大体计算出各组的订单销售数量。

需要注意的是，企业对直销投标结果的关注在第二年和第三年也尤其重要，原因如下：

首先，第二年的直销中标若集中在某个企业，比如该企业占有 70% 以上的直销份额，则经营者可通过对其第一年年末财务报表的分析，判断该企业在第二年是否具备相应的生产能力来履行交货义务，一旦违约，即便该企业在第三年年初的企业综合指数排名最高，也将失去第三年参与直销竞标的资格。

其次，分析第三年直销中标结果同样可以了解中标企业是否有能力履行交货义务，一旦违约损失金额巨大，该企业很难再取得良好的经营业绩。此外，分析各企业的直销订单中标数量及产品库存、生产能力等，还可以判断各企业通过批发和零售渠道来销售产品的数量，从而指导本企业的批发和零售策略。

（2）关注每个季度的中标情况，制订零售策略

媒体广告结束后，经营者可通过"辅助信息"中的"媒体中标信息"查看中标情况，再结合各组的销售订单，即可分析出竞争对手的零售策略。各小组的零售策略大致有以下三种：

①通过抢夺媒体广告，针对习惯型消费群体销售产品，但不给予任何折扣以提高销售额，以此来增加企业的综合指数，为第二季度抢夺理智型消费订单打基础。

②通过抢夺不定型消费订单，以折后价格为 0 的促销方式销售产品，目的是实现最高的历史优惠额度，为后续抢夺情感型消费订单打基础。

③通过低价策略获取经济型消费订单。

（3）持续关注经营信息

经营者对媒体中标、各组零售订单及各产品优惠额等信息的关注应贯穿经营始终。随着经营的产品越来越多，销售的区域越来越广，企业可以挖掘的市场机会也将越来越多。

（4）年末进行环境分析

在第一年、第二年经营结束后，经营者应在"辅助信息"中查看"各组财务报表"，尽快获取竞争对手的财务信息，据此分析各组经营情况并预测市场竞争态势。

破产自救措施

素养园地

锲而不舍：搜狗的差异化竞争之路

2017 年 2 月 21 日，搜狗公布了全年财报：2016 年搜狗营收 44 亿元，同比增长 19%，净利润 6.4 亿元。

2013 年搜狗与腾讯搜搜合并，当时有人称，中国搜索市场只能容纳两家，言下之意是百度和 360。然而，预测者只预测对了前一半：2017 年国内搜索市场第二名是市场份额、收入、利润都大幅上升的搜狗。

那么搜狗是如何做到的？

微信搜索＋知乎搜索＋医疗搜索

提到搜狗，很多人的印象是，它不同于百度的通用搜索，而是对微信搜索、学术搜索等印象更为深刻。这得益于搜狗从 2015 年起趟出的一条差异化之路。2015 年，

搜狗做了两件大事,一是与微信合作发布了微信搜索,二是投资知乎并推出知乎搜索。2016 年,搜狗又相继推出明医搜索和英文搜索。通过微信搜索和知乎搜索,搜狗基本固定了形态,医疗搜索则为未来确定了方向,由此可以展开无限想象。例如,在医疗网站下出现自助诊断甚至分诊,能让用户真正明明白白地看医生。

因为搜狗本身有大量稳定用户,用户需要解决诊断问题,只要搜狗实打实地帮用户找到合适的医院、医生,广大用户认可搜狗,就会产生大量的搜索,良好的商业模式就会自然而然地建立起来。

自然语言交互 + 智能硬件

谈到 AI,王小川认为,搜索其实就是 AI,它就是让机器像人一样去思考,让搜索引擎变得很聪明,能够帮我们选择出更好的页面。

有了 AI,搜狗可以在翻译、语音输入领域走得更远。不过,AI 里最难的地方其实是对人的思想和知识的学习,而不仅是图像和语音的识别,因为人最宝贵的不是图像和声音,最宝贵的在于对知识的理解和推理能力,这种能力是靠语言体系来支撑的。

对此,搜狗具备两个天生的场景:一是输入场景,让大家用语言表达;二是用语言获取信息。因此,搜狗对 AI 最有效的利用便是自然语言的交互,这为搜狗进军人工智能最难的领域打下了基础。搜狗往下思考的几件事,就是通过语言将搜索升级到对话系统、问答系统以及翻译系统,这将成为搜狗最核心的能力。

关于智能硬件,主要有客厅场景(家庭场景)、车载场景、移动场景三种,每个场景搜狗都有切入方式,有的是自研,有的靠合作、合资,有的则提供 API,让别人来调用。

其中,在客厅场景方面,搜狗已经进行了相关投资,并跟国内相关公司往前推进,积累了供应链、销售点的经验。

想一想、议一议:习近平总书记在党的二十大报告中指出,"加快发展数字经济,促进数字经济和实体经济深度融合"。新一代信息技术与各产业结合形成数字化生产力和数字经济,是现代化经济体系发展的重要方向。如何利用我国数字经济发展具有独特优势,解决传统营销手段升级改造中的问题?

知识练习与思考

一、填空题

1. 在每年的直销和批发结束后,企业可以通过_____中的_____查看直销及批发订单的归属,并能根据_____、_____计算出各企业获得的订单数量。

2. 每个季度媒体招投标结束后,经营者即可通过_____中的_____查看媒体广告的中标情况,了解中标小组的_____,大致了解各组的媒体投放风格,为本企业制订_____提供参考。

3. 在每个季度媒体招投标结束后，经营者可以通过_____中的_____查看各组的零售情况，从而可以推断各组的_____及_____。

4. 通过"辅助信息"中的_____可以查看不同产品在各类消费群体中的交易情况。

5. 如果企业将经济型消费群体定位为目标消费群体，通过查看_____消费群体的_____，可以对企业产品的价格进行适当调整，为下一季度达成交易提供条件。

6. 通过"企业信息"查看不同产品在不同区域_____，可以寻求_____消费订单的交易机会，一旦达到目标，即可针对_____消费群体进行产品销售。

7. 通过查看"企业信息"中的_____排名，可以寻求理智型消费群体的交易机会等。

8. 经营者通过对财务报表数据进行分析，可以对各企业的_____、_____和竞争态势等进行预测，可以为本企业下一年_____的制订提供参考。

9. 从各企业的财务报表中可以分析其本年的_____，包括_____、_____、_____、_____情况等，掌握这些信息有利于了解各企业的竞争地位及发展潜力。

二、思考题

1. 如何对各组产品组合策略进行分析？
2. 从企业竞争态势分析，影响企业竞争程度的因素包括哪些方面？
3. 为什么要对企业综合指数进行分析？
4. 如何提高企业综合指数？
5. 如何判断企业的发展潜力？

能力培养与训练

简述经营过程中的竞争对手分析步骤和内容。

任务二　财务报表分析

导入案例

2022年财报季，国产运动品牌交出了怎样的答卷？

2022年3月22日，安踏集团发布2021年全年业绩公告，安踏集团总营收达493.2亿元，同比增长38.9%；营业利润同比增长20.1%至109.9亿元，首次突破100亿大关；归母净利润同比增长49.6%至77.2亿元。从营收上看，安踏2021年营收轻松超过了阿迪达斯中国（343.4亿元），距离耐克中国（510.2亿元）的营收仅一步之遥。目前，安踏集团旗下包括安踏ANTA、FILA、始祖鸟、迪桑特、可隆体育等多个品牌，其中安踏ANTA及FILA是集团的"现金牛"品牌。

财报显示，2021年安踏ANTA、FILA收入占比分别为48.7%、44.2%，其他品牌为7.1%。另一大国产运动品牌李宁，2021年营收首次迈入200亿元大关。财报显示，2021年李宁集团收入达225.72亿元，较2020年上升56.1%，毛利较2020年的70.94亿元上升68.7%至119.69亿元，集团整体净利润为40亿元，同比上升136%。

近几年国潮的兴起，给国产运动品牌带来了不少市场红利。财报显示，李宁在2019、2020、2021年的全年营收分别为138.7亿元、144.57亿元、225.72亿元，同比增长分别为32.0%、4.2%、56%，呈现持续增长态势。不同于安踏的全球布局，李宁将业务重心放在了国内市场。财报显示，2021年李宁国内营收为222.76亿元，总占比达98.7%，对比2020年占比98.5%来看，其国内业务比重仍在增长。具体到销售渠道上，2021年李宁集团的直接经营销售收入占比为22.2%，电子商务渠道销售收入占比28.4%，特许经销商销售收入占比48.1%。

综合而言，在安踏、李宁交出一份不错的业绩答卷之时，也要看到阿迪、耐克对恢复中国市场增长曲线的渴求，在产品竞争力上，国产品牌想要迎头赶上，还有很长一段路要走，未来巨头之间的缠斗也将持续升温。

任务引入

在市场营销沙盘中，经营者对本企业和竞争对手的财务报表的分析至关重要。通过分析财务报表，经营者既可以了解各企业的盈利情况，也可以分析各企业的经营现状、竞争能力及发展潜能等。

每年经营结束后，经营者即可通过"辅助菜单"查看、分析各企业的利润表和资产负债表，利用这一窗口探究竞争对手的经营情况。

一、资产负债表

资产负债表是反映企业在某一特定日期（如月末、季末、年末）的全部资产、负债和所有者权益情况的会计报表，根据"资产＝负债＋所有者权益"这一平衡公式，依照一定的分类标准和次序，将特定日期的资产、负债和所有者权益的具体项目予以适当排列编制而成，是企业经营活动的静态体现。

（一）资产负债表编制

在市场营销沙盘中，资产负债表如表4-1所示。

表 4-1　资产负债表　　　　　　　　　　　　　　　　　　（单位：万元）

资产				负债及所有者权益			
项目	表达式	上年金额	当年金额	项目	表达式	上年金额	当年金额
流动资产：				流动负债：			
货币资金	+			短期借款	+		
其他应收款	+			应付账款	+		
应收账款	+			预收账款	+		
存货				应交税费	+		
原材料	+			流动负债合计	=		
在途物资	+			非流动负债：			
在制品	+			长期借款	+		
库存商品	+			非流动负债合计	=		
发出商品	+			负债合计	=		
流动资产合计	=			所有者权益：			
非流动资产：				实收资本	+		
固定资产：				未分配利润	+		
土地和建筑	+			所有者权益合计	=		
机器设备	+						
减：累计折旧	−						
固定资产账面价值	=						
在建工程	+						
非流动资产合计	=						
资产总计	=			负债和所有者权益总计	=		

（二）资产负债表项目说明

在市场营销沙盘的资产负债表中，各项目的数据来源说明如下。

① 货币资金：指企业当前的现金。

② 其他应收款：在市场营销沙盘中，当企业投放媒体广告时，所投入的广告费用将以媒体广告投标保证金项目计入其他应收款。但在媒体结束后，未中标的费用会退回。所以在年末的资产负债表中，其他应收款为 0。

③ 应收账款：由以下三项构成，即零售商售出产品，剔除销售提成后给予企业的款项；企业交付直销订单后形成的应收款；企业变卖厂房后形成的应收款。

④ 存货：由原材料、在途物资、在制品、库存商品和发出商品构成。但在市场营销沙盘中，在途物资和发出商品均为 0。因此，存货金额来源于以下三类：库存原材料的金额；在制品的金额；库存商品的价值。

A．原材料：按照企业所拥有的原材料计算，每个原材料计 1 万元。

B．在制品：需要注意，在制品按直接成本计算，由原材料成本、加工费及附加功能费构成。例如，不附带任何功能的 P1 产品的直接成本为 2 万元，P2 产品为 4 万元，全自动或柔性线生产的 P3、P4 产品分别为 4 万元和 5 万元。但如果用半自动生产线生产 P3、P4 产品，则直接成本增加 1 万元。此外，每增加一个附带功能，直接成本增加 1 万元。

C．库存商品：同样按照库存商品的直接成本计算，不仅包括企业库存商品，还包括配送给零售商的库存商品。

⑤固定资产：包括土地和建筑、机器设备、累计折旧、固定资产账面价值和在建工程。

A．土地和建筑：在此仅指自有厂房。其中 A 厂房价值 320 万元，B 厂房价值 240 万元，C 厂房价值 120 万元，均不计折旧。

B．机器设备：在此仅指企业所购买的生产线。其中半自动生产线价值 40 万元，全自动生产线价值 80 万元，柔性生产线价值 120 万元，均自购买后第二年起计提折旧。

C．累计折旧：生产线折旧的累加，注意新购买的生产线当年不计折旧。

例如：某企业第一年购买两条全自动生产线和两条柔性生产线，则第一年四条生产线均无折旧。第二年全自动生产线折旧为 80×0.33=26.4≈26（万元/条），柔性生产线折旧为 120×0.33=39.6≈40（万元/条），四条生产线第二年共计折旧 26×2+40×2=132（万元）。第三年全自动生产线折旧为（80-26）×0.33=17.82≈18（万元/条），柔性生产线折旧为（120-40）×0.33=26.4≈26（万元/条），四条生产线第三年共计折旧 18×2+26×2=88（万元）。综上，企业第一年所购买的四条生产线三年累计折旧为 132+88=220（万元）。

D．固定资产账面价值：由厂房价值和生产线残值构成。

E．在建工程：因为市场营销沙盘中购买生产线不需要安装期，故在建工程均为 0。

⑥短期借款：包括短期贷款和民间融资。

⑦应付账款：包括采购原材料的到期应付款以及零售商销售提成的到期应付款。

⑧预收账款：指企业预先获得的批发订单货款。批发订单货款以预付方式直接支付给企业，如果企业不能按期交货，则预付款项及违约金一并收回。

⑨应交税费：按所得税征税规则计算，或者直接参考利润表中的所得税费用，该税费会在下一年以现金形式支付。

⑩长期借款：指企业尚未还款的长期贷款。

⑪实收资本：始终为 1 000 万元，除非追加股东投资。

⑫未分配利润：未分配利润 = 上年未分配利润 + 本年净利润。

（三）分析资产负债表的意义

作为分析竞争对手的一个重要途径，资产负债表为经营者提供了丰富的信息，因此经营者年在每年末需要认真研究竞争对手的资产负债表。

（1）查看所有者权益和库存商品价值，分析竞争对手的成长潜力

所有者权益的高低和库存商品价值的高低是反映企业成长潜力的重要指标。根据市场营销沙盘经营规则，企业的所有者权益越高，说明企业融资能力越强，经营风险越

小；企业库存的可销商品越多，说明企业在未来可能拥有更大的销售量和更高的利润水平。

如果企业在第二年年末所有者权益较高，且库存商品价值较大，则说明该企业的成长潜力较大且经营风险较小。相反，若企业所有者权益较低，且库存商品价值较小，则说明该企业的成长潜力较小且存在较大的经营风险。如果企业的所有者权益较低，但库存量很大，说明该企业具备一定的成长潜力，但受融资额度限制，其经营风险也较大。

综上，在分析这两项指标时，一般可认为产品库存量对企业成长潜力的影响更大，而所有者权益则对企业经营风险的影响更大。当然，大量的库存商品能否转化为销售额和利润，还受企业经营策略、产品可销售条件及市场竞争程度的制约。

（2）查看土地和建筑以及机器设备价值，分析对手的生产规模

通过资产负债表中的土地和建筑项目，可以了解竞争对手的厂房建设情况。由于A厂房价值320万元，B厂房价值240万元，C厂房价值120万元，并且按照经营规则，厂房无折旧。因此，若某企业土地和建筑项目价值560万元，则说明该企业拥有A厂房和B厂房；若该项价值680万元，则说明该企业拥有A、B、C三个厂房。

当然，土地和建筑项目只能反映企业自主拥有的厂房情况，并不能准确判断其生产线规模。要了解其生产线建设情况，还需要通过机器设备项目价值进行分析。

（3）查看累计折旧，分析竞争对手的生产线买卖情况

分析思路同上。

（4）查看资金项目，分析竞争对手的资金情况

通过资产负债表中的现金、应收账款、短期借款和长期借款项目，可分析竞争对手的资金运转情况，并据此判断其参与下一年的直销与批发竞标是否受资金限制。

（5）查看在制品，分析竞争对手的产品生产情况

分析思路同上。

（6）结合分析

①结合利润表，查看竞争对手的营业外支出项目，分析竞争对手是否有直销违约订单。在市场营销沙盘中，营业外支出主要来自于两个项目，一是变卖生产线，所变卖生产线的残值计入营业外支出；二是支付违约金，按实际违约金额计入营业外支出。一旦竞争对手在本年的直销或批发订单中违约将失去下一年直销的投标资格。

②结合企业综合指数，判断竞争对手下一年获取直销订单的能力。根据直销规则，企业能否中标是依据企业投标的综合评分排名来决定的。而影响综合评分的因素主要有两个，一个是投标价格，另一个就是企业综合指数。因此，通过"辅助菜单"查看各企业的综合指数高低，可以预判下一年各企业获取直销订单的能力。如果本企业的综合指数较低又想获得直销订单，则须以相对较低的价格投标。反之，若综合指数高，则可以相对较高的价格投标，以提高利润水平。

二、利润表

利润表是反映企业在一定会计期间的经营成果的会计报表，也称为损益表或收益表。利润表反映企业在一定会计期间的收入实现情况以及费用支出情况，反映企业生产经营活动的成果，即净利润的实现情况，为经营者的经营决策提供参考依据。

（一）利润表编制

在市场营销沙盘中，利润表如表4-2所示。

表4-2　利润表　　　　　　　　　　　　（单位：万元）

项　目	表达式	上年金额	当年金额
一、营业收入	+		
减：营业成本	−		
营业税金及附加	−		
销售费用	−		
管理费用	−		
财务费用	−		
二、营业利润（损失以"−"号填列）	=		
加：营业外收入	+		
减：营业外支出	−		
三、利润总额（损失以"−"号填列）	=		
减：所得税费用	−		
四、净利润（损失以"−"号填列）	=		

（二）利润表项目说明

在市场营销沙盘的利润表中，各项目的数据来源说明如下。

① 营业收入：在市场营销沙盘中仅指产品的销售收入。

② 营业成本：包括所销售产品的直接成本及生产线的折旧费用。

③ 营业税金及附加：在市场营销沙盘中，此项为0。

④ 销售费用：包括购买市场调研报告费、市场开拓费、ISO认证费、招商广告费、零售商进场费、配货费、产品调拨费、媒体广告费及零售商销售提成等。

⑤ 管理费用：包括购买标书费、产品研发费、行政管理费、零售商管理费、设备维修费、生产线转产费、厂房租金及库存管理费等。

⑥ 财务费用：包括银行利息和贴现费用。

⑦ 营业利润：营业利润 = 营业收入 − 营业成本 − 营业税金及附加 − 销售费用 − 管理费用 − 财务费用。

⑧ 营业外收入：营业外收入主要来源于企业出售生产线所得。

⑨ 营业外支出：企业所出售的生产线的残值计入营业外支出。

例如：某企业在第一年年末出售一条半自动生产线，原值 40 万元，第一年半自动生产线的折旧为 40×0.33=13.2≈13（万元），则该生产线的残值为 40-13=27（万元），而出售半自动生产线可获得收入 10 万元。因此，出售生产线的收入 10 万元计入营业外收入，所出售生产线的残值 27 万元计入营业外支出。

此外，当企业出现订单无法交货而违约时，所支付的违约金也会计入营业外支出。

⑩ 利润总额：利润总额 = 营业利润 + 营业外收入 − 营业外支出。

⑪ 所得税费用：所得税费用 = 利润总额（先弥补前五年亏损）×25%，按四舍五入保留至小数点后两位。

⑫ 净利润：净利润 = 利润总额 − 所得税费用。

（三）分析利润表的意义

（1）了解企业盈亏情况

经营者通过查看利润表可以非常直观地了解企业的盈亏状况，并有利于分析企业盈亏的原因，进而提出改善企业经营的措施。

（2）分析影响企业盈亏的因素

在市场营销沙盘中，所有者权益是衡量企业经营成果的最重要的指标，对经营得分具有最大的贡献。而所有者权益的增长取决于企业所获得的净利润，因此，为了实现企业的经营目标，经营者需要树立以盈利为中心的指导思想，通过利润表对影响企业盈亏的各项因素进行分析。

（3）寻求提高企业盈利水平的方法

经营者要想提高企业的盈利水平，就必须理解影响利润的各项因素。通过分析利润表中的各个项目，不难发现，经营者要想提高企业的净利润，需从两个方面考虑：一方面要尽可能提高"+"的项目，即要提高营业收入，为企业"开源"；另一方面要尽可能降低"−"的项目，即要考虑如何"节流"，具体包括降低直接成本、销售费用、管理费用和财务费用等。

当然企业销售收入的增长往往也伴随着成本费用的上升，但树立"开源节流"的指导思想对提高企业的盈利能力和提升经营者的经营水平都是大有帮助的。

三、财务报表综合分析

（一）第一年年末财务报表分析

以 10 个小组竞争为例，第一年经营结束，各组关账后，经营者可以通过"辅助信息"中的"各组财务报表"项目查看各个小组的财务报表，通过"辅助信息"中的"企业信息"项目查看各组的企业综合指数。经过统计整理，各组第一年年末财务报表数据如表 4-3 所示。

表 4-3　第一年年末财务报表

组别	所有者权益（万元）	库存商品（件）	在制品（件）	土地和建筑（万元）	机器设备（万元）	短期贷款（万元）	长期贷款（万元）	现金（万元）	累计折旧（万元）	综合指数
1	295	286	440	680	680	200	2 100	850	66	6.33
2	637	1 008	460	680	760	1 400	2 100	1 492	92	6.68
3	488	1 062	430	680	800	1 300	2 100	1 231	66	8.4
4	419	837	460	680	680	1 200	2 100	1 337	66	3.5
5	−1 032	251	430	680	680	1 900	2 100	946	66	25.19
6	600	1 084	380	680	680	1 300	2 100	1 362	66	5.31
7	−366	313	430	680	600	2 100	2 100	1 699	66	20.92
8	499	263	380	680	680	800	2 100	1 307	66	12.66
9	117	529	380	680	680	1 300	2 100	1 524	66	6.77
10	584	553	300	680	640	700	2 100	1 501	92	4.21

注：上述数据来源于一次网赛。

根据以上数据，分析如下。

（1）土地和建筑

各组的"土地和建筑"项目均为 680 万元，说明每个小组均买下了 A、B、C 厂房。而买厂房的目的当然是为了安装生产线，所以初步判断各组的生产能力都较强。

（2）累计折旧

从"累计折旧"项目看，只有第 2 组和第 10 组为 92 万元，其余均为 66 万元。根据折旧规则，不难判断第 2 组、第 10 组未出售原有的两条半自动生产线，而其余各组均在第一年出售了半自动生产线。

另外，出于折旧因素考虑，如果在第一年年末出售半自动生产线，通常会在第二年第一季度再考虑购买新的生产线；若在第一年第二季度出售半自动生产线，则往往会在第一年第二季度即购买新生产线。

（3）机器设备

从"机器设备"项目看，各组存在一些差异。出于理性考虑，企业新购买的生产线普遍以全自动生产线为主，以柔性生产线为辅，基本不会再购买新的半自动生产线。若企业有八条全自动生产线，其价值应为 80×8=640（万元），若其中有一条是柔性生产线，则增加 40 万元（柔性生产线价值为 120 万元/条），依此类推。

（4）所有者权益、库存商品

从"所有者权益"和"库存商品"项目看，第 2、3、4、6 组都采取了保持权益并提高库存的经营策略，即减少费用的投入，比如减少市场开拓费、零售商入场费、产品研发费和媒体广告费等，但通过增加产能提高了生产能力。而第 5、7 组则为了提高综合指数而选择大力投放媒体广告。相对而言，第5、7组的经营风险较大，如果第二年拿不到理想的直销订单，风险会进一步增加；而第2、3、4、6组的经营风险相对较小。

（5）长期贷款、短期贷款

从"长期贷款"和"短期贷款"项目看，各组第一年申请的长期贷款均为2100万元，即用完长期贷款的额度；但短期贷款（通常第一年不涉及民间融资）存在较大差异。其中短期贷款最高的是第7组，其次是第5组，同时这两组的综合指数最高，权益最低，可见其为了提高综合指数而付出了比较大的代价，第二年经营期这两组只能还款，无法贷款，因此资金压力很大。

而短期贷款额最小的是第1组，结合其所有者权益及库存商品来分析，说明第1组前期扩张较慢，虽然拥有了B、C厂房，但很可能是在第一年下半年才购买的。

（6）综合指数

从"综合指数"项目看，第5组最高，其次是第7组，再接下来是第8组。而其他小组的综合指数均较低，基本上没有参与下一年直销投标的必要，即使投标，中标的可能性也极小。但实际上，第一年以高投入来提高综合指数的经营策略存在较大风险，以本例说明原因如下：

① 相对较高的投入换取相对较低的收益，导致企业的所有者权益大幅下降。例如，第5组和第7组，所有者权益为负，第二年只能偿还到期的贷款，而不能继续借贷，从而增加了经营风险。

② 在群体博弈的过程中，很难没有其他经营者采取类似策略。而由于退出门槛高，同类型的粗暴竞争一旦发生便会一发不可收拾，更进一步导致竞争对手不计后果的费用投入，从而增加了风险。如本例中第5组和第7组之间的竞争，导致两个小组都严重亏损。

③ 如果有两个小组的综合指数比较接近且大大领先于其他小组，为了能够获得直销订单，往往也会以较低价格投标，从而影响了企业的利润；并且还存在较大风险，即要么企业所获得的直销订单不足，要么所获订单数量超出产能而违约。

（二）第二年年末财务报表分析

延续上例，第二年各组关账后，根据"辅助信息"中的数据整理各组财务报表如表4-4所示。与第一年年末选取的数据不同，本年选取了"应收账款"和"营业外收入"等项目，而去除了"短期贷款"和"长期贷款"项目。增加"应收账款"项目是为了分析第三年年初各小组的资金状况，判断是否存在因资金困难而无法参与直销投标和批发招商广告投放的小组；增加"营业外收入"项目是为了分析各个小组的实际生产能力，如果某小组存在营业外收入并且"土地和建筑"和"机器设备"项目有所下降，则说明该小组生产能力下降，第三年的竞争能力就会降低。去除"短期贷款"和"长期贷款"项目是因为这两个项目对第三年年初的经营影响不大，且每个小组的长期贷款相同，没有比较价值。

表4-4 第二年年末财务报表

组别	所有者权益（万元）	库存商品（件）	在制品（件）	土地和建筑（万元）	机器设备（万元）	现金（万元）	应收账款（万元）	累计折旧（万元）	营业外收入（万元）	综合指数
1	-41	691	230	680	680	76	851	266	0	7.79
2	-1 298	1 658	360	440	480	23	318	150	166	11.43
3	-175	1 856	580	680	800	55	121	308	0	9.84
4	452	1 241	590	680	680	221	495	266	0	10.27
5	-787	570	140	320	360	57	35	162	136	11.21
6	-55	2 219	560	680	760	228	476	242	0	8.89
7	-864	390	300	320	360	82	6	162	136	10.45
8	599	796	600	680	680	23	1 473	266	0	7.95
9	213	523	0	680	680	174	1 420	66	0	7.55
10	-447	132	610	680	720	459	1 522	228	16	14.21

（1）营业外收入

市场营销沙盘中，企业的营业外收入主要由变卖生产线所得。通过对比第一年年末和第二年年末的财务报表，不难发现第2、5、10组都变卖了生产线。

其中第2组的机器设备价值由760万元减为480万元，且土地和建筑也减少了240万元，说明第2组在第二年由于资金紧张，出售了B厂房及B厂房的三条生产线。由于第一年年末判断第2组的生产线为两条半自动生产线、一条全自动生产线和五条柔性生产线，第二年如果出售半自动生产线，一般会考虑更换为全自动生产线，因此可以判断第2组当前的生产线为A厂房一条柔性生产线、三条全自动生产线，C厂房一条柔性生产线。其生产线价值共480万元。同理，第5组和第7组的营业外收入额来自出售B、C厂房的四条全自动生产线。第10组的营业外收入额来自出售的两条半自动生产线。

（2）所有者权益、库存商品

从表4-4可以看出，库存量较大的分别是第6、3、2、4组，说明这些小组有较大的成长潜力，并可以预测第三年零售市场的竞争将比较激烈。但由于第2组的所有者权益太低，其第三年很难获得高分。此外，第8组的所有者权益最高，库存量也相对较大，因此第8组的成长潜力也不错。

（3）综合指数

第10组的综合指数排名最高，其他小组比较接近。因此第10组在下一年直销竞标中最具优势，但由于其库存量小、所有者权益低，因而成长潜力受限。

（4）现金、应收账款

从"现金"和"应收账款"项目看，第3组和第5组受资金影响，下一年的直销投标和批发招商广告投放将受到很大限制。尤其是第5组，资金非常紧张。

在 ITMC 市场营销沙盘的经营活动中，经营者要制订合理、有效的经营策略，须以掌握竞争对手的经营信息为基础。否则，盲目经营往往会令企业陷入被动甚至面临破产。在经营过程中，经营者可以通过查看"辅助信息"了解竞争对手经营情况：如查看"市场占有率"可获取直销和批发订单的归属、各类零售群体购买各企业产品的比例；查看"各组零售订单"可了解竞争对手交易的产品种类、销售量、销售价格和优惠额大小等；查看"媒体中标情况"可了解竞争对手历史媒体中标的费用等信息。根据这些数据，经营者可以大致判断竞争对手的经营策略，并为本企业制订与调整经营策略提供依据。但仅仅分析经营过程中动态的碎片化信息缺乏对整体市场的全局把握，不足以让经营者做出准确的经营决策。为了全面了解市场的竞争格局并把握竞争态势，经营者还须对竞争对手的财务报表进行综合分析。

素养园地

高质量发展：为何国货远比想象中的厉害！

近年来，国产品牌愈发红火。"文化自信"这一时代主题，切切实实地展现在我们身边，变成了极其重要的资源，不断重塑着中国国产品牌的形象和地位。

"精品国产葡萄酒"也不例外。在葡萄酒领域，我们印象中进口葡萄酒似乎更加受欢迎。但随着国内精品酒庄的崛起，以及对品质的把控和格局的提升，国产精品葡萄酒，你不尝试它，永远不知道它有多好！谈及中国精品葡萄酒，这个产区不得不提。作为世界天堂级葡萄产区，新疆天山北坡玛纳斯河西岸小产区为酿造生态、健康、高品质的葡萄酒提供了优质的葡萄原料。这里得天独厚的风土条件丝毫不逊色于国外众多著名产区。再加上天山雪水灌溉、每年 2 800 小时的阳光照耀和富硒矿物土壤等自然加持，新疆巴保男爵酒庄应运而生。

除此之外，作为世界第 26 位葡萄酒大师——约翰·萨尔维伯爵还担任了新疆巴保男爵酒庄名誉庄主与首席酿酒师，为酿造出风格独特的世界级水平葡萄酒保驾护航。

想一想、议一议：作为新时代青年，我们如何在企业经营中追求细节的品质，实现高质量发展？

知识练习与思考

一、填空题

1. 查看所有者权益和库存商品价值，可以分析竞争对手的_____。_____的高低和_____的高低是反映企业_____的重要指标。

2. 根据市场营销沙盘经营规则，企业的所有者权益_____，说明企业融资能力

_____，经营风险_____；企业库存的可销商品_____，说明企业在未来可能拥有_____销售量和_____利润水平。

3. 查看土地和建筑以及机器设备价值，可以分析对手的_____。
4. 查看累计折旧，可以分析竞争对手的_____。
5. 查看资金项目，可以分析竞争对手的_____。通过资产负债表中的_____、_____、_____和_____项目，可分析竞争对手的资金运转情况，并据此判断其参与下一年的直销与批发竞标是否受资金限制。
6. 查看在制品，可以分析竞争对手的_____情况。
7. 通过资产负债表中的土地和建筑项目，可以了解竞争对手的厂房建设情况。由于A厂房价值_____万元，B厂房价值_____万元，C厂房价值_____万元，若某企业土地和建筑项目价值560万元，则说明该企业拥有_____和_____；若该项价值680万元，则说明该企业拥有_____厂房。
8. 如果企业在第二年年末_____较高，且_____价值较大，则说明该企业的成长潜力较大且_____较小。相反，若企业所有者权益较低，且库存商品价值较小，则说明该企业的成长潜力较小且存在较大的_____。如果企业的_____较低，但_____很大，说明该企业具备一定的_____，但受融资额度限制，其_____也较大。
9. 经营者通过查看利润表可以非常直观地了解_____，并有利于分析企业盈亏的原因，进而提出改善企业经营的措施。
10. 通过分析利润表中的各个项目，经营者要想提高企业的净利润，一方面要尽可能为企业"_____"，即要提高_____；另一方面要尽可能"_____"，降低_____、_____、管理费用和_____等。

二、思考题

1. 分析竞争对手的利润表中营业外支出项目可以得到哪些信息？
2. 分析竞争对手的企业综合指数可以对直销能力做出哪些判断？

能力培养与训练

1. **第一年年末财务报表分析**

以10个小组竞争为例，第一年经营结束，各组关账后，经营者可以通过"辅助信息"中的"各组财务报表"项目查看各个小组的财务报表，通过"辅助信息"中的"企业信息"项目查看各组的企业综合指数。经过统计整理，各组第一年年末财务报表数据如表4-5所示。

表 4-5　第一年年末财务报表

组 别	所有者权益（万元）	库存商品（件）	在制品（件）	土地和建筑（万元）	机器设备（万元）	短期贷款（万元）	长期贷款（万元）	现金（万元）	累计折旧（万元）	综合指数
1	295	286	440	680	680	200	2 100	850	66	6.33
2	637	1 008	460	680	760	1 400	2 100	1 492	92	6.68
3	488	1 062	430	680	800	1 300	2 100	1 231	66	8.4
4	419	837	460	680	680	1 200	2 100	1 337	66	3.5
5	−1 032	251	430	680	720	1 900	2 100	946	66	25.19
6	600	1 084	380	680	680	1 500	2 100	1 362	66	5.31
7	−366	313	430	680	600	2 100	2 100	1 699	92	20.92
8	499	956	380	680	680	800	2 100	1 307	66	12.66
9	117	529	380	680	680	1 300	2 100	1 524	66	6.77
10	584	553	300	680	640	700	2 100	1 501	92	4.21

注：上述数据来源于一次网赛。

根据以上数据，做出分析并回答下面问题。

（1）土地和建筑

各组的"土地和建筑"项目均为_____万元，说明每个小组均买下了_____厂房。而买厂房的目的当然是为了安装生产线，所以初步判断各组的生产能力都较强。

（2）累计折旧

从"累计折旧"项目看，只有_____和_____组为_____万元，其余均为_____万元。根据折旧规则，不难判断第_____组、第_____组未出售_____条_____生产线，而其余各组均在第一年出售了_____生产线。

（3）机器设备

从"机器设备"项目看，各组存在一些差异。若企业有八条全自动生产线，其价值应为_____万元，若其中有一条是柔性生产线，则增加_____万元，柔性生产线价值为_____万元/条。

（4）所有者权益、库存商品

从"所有者权益"和"库存商品"项目看，第_____组都采取了保持权益并提高库存的经营策略，即减少费用的投入，比如减少_____、_____、_____和_____等，但通过增加产能提高了生产能力。而第_____组则为了提高综合指数而选择_____。相对而言，第_____组的经营风险较大，如果第二年拿不到理想的直销订单，风险会进一步增加；而第_____组的经营风险相对较小。

（5）长期贷款、短期贷款

从"长期贷款"和"短期贷款"项目看，各组第一年申请的长期贷款均为_____万元，即用完长期贷款的额度；但短期贷款（通常第一年不涉及民间融资）存在较大差异。其中短期贷款最高的是第_____组，其次是第_____组，同时这两组的_____最高，_____最低，可见其为了提高综合指数而付出了比较大的代价，第二年经营期这两组只能还款，无法贷款，因此资金压力很大。

而短期贷款额最小的是第_____组，结合其所有者权益及库存商品来分析，说明其前期扩张较慢。

（6）综合指数

从"综合指数"项目看，第_____组最高，其次是第_____组，再接下来是第_____组。而其他小组的综合指数均较低，基本上没有参与下一年直销投标的必要，即使投标，中标的可能性也极小。

2. 第二年年末财务报表分析

第二年各组"关账"后，根据"辅助信息"中的数据整理各组财务报表如表4-6所示。

表4-6　第二年年末财务报表

组别	所有者权益（万元）	库存商品（件）	在制品（件）	土地和建筑（万元）	机器设备（万元）	现金（万元）	应收账款（万元）	累计折旧（万元）	营业外收入（万元）	综合指数
1	−41	691	230	680	680	76	851	266	0	7.79
2	−1 298	1 658	360	440	480	23	318	150	166	11.43
3	−175	1 856	580	680	800	55	121	308	0	9.84
4	452	1 241	590	680	680	221	495	266	0	10.27
5	−787	570	140	320	360	57	35	162	136	11.21
6	−55	2 219	560	680	760	228	476	242	0	8.89
7	−864	390	300	320	360	82	6	162	136	10.45
8	599	796	600	680	680	23	1 473	266	0	7.95
9	213	523	0	680	680	174	1 420	66	0	7.55
10	−447	132	610	680	720	459	1 522	228	16	14.21

根据以上数据，并与第一年关账后财务报表进行对比，做出分析并回答下面问题。

（1）营业外收入

市场营销沙盘中，企业的营业外收入主要由变卖生产线所得。通过对比第一年年末和第二年年末的财务报表，不难发现第_____组都变卖了生产线。

其中第2组的机器设备价值由_____万元减为_____万元，且土地和建筑也减少了_____万元，说明第2组在第二年由于资金紧张，出售了_____。

第5组和第7组的营业外收入额来自_____。第10组的营业外收入额来自_____。

（2）所有者权益、库存商品

从表4-4可以看出，库存量较大的分别是第_____组，说明这些小组有较大的成长潜力，并可以预测第三年零售市场的竞争将比较激烈。但由于第2组的_____太低，其第三年很难获得高分。此外，第8组的_____最高，_____也相对较大，因此第8组的成长潜力也不错。

（3）综合指数

第_____组的综合指数排名最高，其他小组比较接近。因此第10组在下一年_____中最具优势，但由于其_____小、_____低，因而成长潜力受限。

（4）现金、应收账款

从"现金"和"应收账款"项目看，第3组和第5组受资金影响，下一年的_____和批发_____将受到很大限制。尤其是第_____组，资金非常紧张。

任务三　经营细节和技巧分析

导入案例

细节决定成败

海尔总裁张瑞敏先生曾说：把每一件简单的事做好就是不简单；把每一件平凡的事做好就是不平凡。海尔集团"严、细、实、恒"的管理风格，把细和实提到了重要的层次上，以追求工作的零缺陷、高灵敏度为目标；把管理问题的解决控制在最短时间、最小范围，使经济损失降到最低，逐步实现了管理的精细化，消除了企业管理的所有死角，大大降低了成本材料的消耗，使管理达到了及时、全面、有效的状况，每一个环节都能透出一丝不苟的严谨，真正做到了环环相扣、疏而不漏。

任务引入

在经营过程中，什么时候交货更为有利？如何投放媒体广告才能中标？如何调整生产线更为合理？在熟悉基本的规则和营销策略后，从细节入手，合理地运用经营技巧并灵活使用特殊任务操作对于提高精细化管理能力非常有帮助。

一、经营细节分析

（一）直销细节分析

1. 直销投标定价分析

直销竞标采用综合评分法，依据每组的投标价格和企业综合指数确定中标小组，评分公式为

直销中标分析

$$综合评分 = \frac{所有小组最低投标价格}{本小组投标价格} \times 60 + \frac{本小组企业综合指数}{所有有效投标小组最高企业综合指数} \times 40$$

在进行直销投标前，经营者可以通过"辅助信息"中的"企业信息"项目查看各组的企业综合指数。如果企业想获取直销订单，则需要预估竞争对手的投标价格，并据此制定合适的投标价格。

> **例题**
>
> 假设有 A、B 两个企业，通过查看企业信息得知，A 企业的综合指数为 17（在所有企业中排名最高），B 企业的综合指数为 14（排名第二），现两企业都准备投标一个价格为 22 万元/件的直销订单。如果你是 A 企业经营者，你该如何制定投标价格呢？
>
> 根据综合评分法，A 企业在制定投标价格时需要对竞争对手 B 企业的直销定价做出预期，并预测参与该订单竞标的所有企业中的最低投标价格。本例中，A 企业预估 B 企业的投标价格为 16 万元/件，该订单所有投标企业中的最低投标价格为 12 万元/件。设 A 企业定价为 P，则利用综合评分公式可得：
>
> A 企业的综合评分 =（12/P）×60+（17/17）×40
>
> B 企业的综合评分 =（12/16）×60+（14/17）×40=77.94
>
> A 企业要想中标，则须满足 A 企业综合评分 ≥ B 企业综合评分，经计算可得：$P \leqslant 18.97$。
>
> **分析结果**：当 B 企业定价为 16 万元/件时，A 企业可以定价在 18.97 万元/件，则在 A 和 B 之间，A 企业将中标。但在经营实战中，最终是不是 A 企业中标并不确定。首先，在本例中，A 企业优于 B 企业中标是建立在对 B 企业定价的准确预期上，而实战中无法准确判断 B 企业的定价，如果 B 企业定价低于 16 万元/件，则 A 企业无法以 18.97 万元/件的价格中标。其次，参与竞争的企业有多家，其他企业虽然综合指数较低，但是也可能以更低的价格中标，毕竟在计算综合评分时，相比企业综合指数而言，投标价格占有更高的权重。

2. 直销订单的注意事项

①直销订单有交货期限，若企业未能在规定的交货期限内完成交货，则需支付违约金。违约金按照违约订单原价（而非中标价）的 25%（四舍五入）支付，违约后订单被取消且该企业失去下一年的直销投标资格。一般直销订单均要求在本年度内交货。

②注意直销客户订单的账期。账期指的是企业在交货后，直销客户的付款时间。如果账期为"0"，则表示现款交易，企业交货，客户即付款；如果账期为"1"，则表示企业交货一个季度后客户再付款；同理，账期为"2"即表示企业交货两个季度后客户再付款，以此类推。直销订单账期最短为"0"，最长为"4"。

据此，经营者可以根据企业对资金的需求情况来安排交货，以缓解资金压力。例如，当企业第三年第四季度需要大量资金，以支付到期的贷款本金及利息，而前三个季度的资金足以维持企业运营时，在不考虑其他因素的情况下，企业可以在第一季度交付账期为"3"的直销订单，第二季度交付账期为"2"的直销订单，第三季度交付账期为"1"的直销订单。

（二）批发细节分析

1. 选择订单规则

各企业的招商广告投放完成后，由裁判统一控制选单。裁判允许选单后，系统会将每个区域市场上各小组投入的广告费用由高到低进行排序，投入广告费用最多的小组优先选单，但每次只能选择一张订单，以此类推。若两组投入的广告费用相同，则看两组在本产品所有市场上投入的广告费用高低，高者优先选单；如果在该产品所有市场投入的广告费用也相同，则看两组在所有产品所有市场上投入的广告费用，高者优先选单；如果仍旧相同，则看招商广告提交的时间，先提交者优先选单。

2. 批发订单的注意事项

①每次选单是有时间限制的，如果某企业未在规定的选单时间内选择订单，则系统自动跳到下一组选单，该企业将失去本轮选单机会。一轮过后，如果还有剩余订单，则该企业还有选单的机会。

②如果企业不需要批发订单，可以单击"放弃选单"按钮。一旦放弃，则即使本轮过后市场上还有剩余订单，该企业也丧失选单机会。

③批发订单为预付货款订单，系统中其账期以"–1"表示，即只要取得批发订单，该订单的货款就会直接计入企业现金。

④批发订单有交货期限，均是当年交货，如果企业在交货期限内不能交货，则需要支付违约金，违约金为订单金额的25%（四舍五入），连同预付货款一并收回，并取消订单。一旦违约，企业将失去下一年参与直销投标的资格。

（三）零售细节分析

1. 关于零售商

①市场覆盖率：在市场营销沙盘中，一共有五个区域市场，分别为南部、东部、中部、北部和西部市场。每个区域市场上都有两个零售商，且1号零售商的市场覆盖率为40%，2号零售商的市场覆盖率为60%，说明2号零售商的销售能力更强。

②进场费：零售商的进场费均为20万元。所谓进场费是指企业将产品委托给某零售商进行销售时，该零售商向企业收取的产品入场费用，在企业与零售商签约时由企业用现金支付给零售商。

③到货周期：零售商的到货周期均为"0"季度，表明企业给零售商配货时，随配

随到，不考虑货物运输的在途时间。

④回款周期：表示当零售商出售产品后，将销售款项返给企业的时间。产品一旦通过零售商售出，零售商会在一段周期后将销售货款支付给企业，对企业而言即形成应收账款。回款周期为"1"即表示产品售出一个季度后企业可收回货款，回款周期为"2"则表示产品售出两个季度后企业可收回货款，以此类推。例如，A2零售商（回款周期为一个季度）在第一季度售出的产品会在当年第二季度将货款支付给企业。

⑤提成比例：零售商的提成比例均为10%，即当产品售出后，在返款给企业时，零售商会按销售额的10%直接扣除提成款项，将余款返给企业。例如：某零售商销售一件P1产品的销售价格为13万元/件，无折扣。则配货企业会获得13万元的应收账款，同时产生1.3万元的应付账款（作为零售商的提成），实际收入为11.7万元。而如果零售商销售时采取8折优惠，则产品售出后企业只会获得13×0.8=10.4（万元）的应收账款，同时产生1.04万元的应付账款，实际收入为9.36万元。

⑥管理费：零售商的管理费均为2万元。企业签约零售商后，需要按季度向其支付管理费。新签约的零售商在签约当季不向企业收取管理费，而是从签约后下一季度开始征收。

此外经营者还需要注意，各产品在不同市场开始有消费需求的时间是不同的，应避免过早签约零售商而产生不必要的费用支出。

2. 投放媒体广告的注意事项

投放媒体广告是每个季度零售操作的最后一步。媒体广告结束后，系统将按照交易规则自动撮合交易，各组可以查看该季度零售订单的交易情况。经营者在投放媒体广告时，需要注意以下几点：

①媒体广告中标的作用主要表现为两个方面：一是影响习惯型消费群体的购买比例；二是媒体广告中标后，企业将获得相应的媒体影响力，媒体影响力将直接影响企业的综合指数，进而会影响受综合指数影响的其他消费群体（如理智型消费群体）的交易。

②企业可以选择投放两类媒体广告。一类是百度媒体，按企业投标金额的高低进行排名，排名前十的企业可获得相应的媒体影响力和关系值。因此在共有10个小组的比赛中，只要企业投放了百度广告，就一定会中标，只是排名不同，获得的媒体影响力和关系值不同而已。另一类是央视媒体，分为三个时段，即黄金时段、午间时段和晚间时段，分别由投标金额最高者中标。

③若企业的媒体广告没有中标，其所投入的媒体广告费用会在媒体结束后自动退回给企业。

④关系值的作用是当两家或两家以上的企业投标价格相同时，关系值高者将优先中标。如果针对同一媒体的关系值也相同，则比较媒体广告提交的先后顺序，先提交媒体广告者中标。

（四）特殊任务的运用

1. 产品型号管理

企业在投入生产时可设置新的产品型号，如果经营者忘记了某个型号名称所代表的产品及其功能，则可通过"产品型号管理"进行查询，避免企业生产错误的产品型号。经营者也可通过此功能直接添加产品型号。

2. 生产线变卖

经营者可以通过此功能变卖生产线，但前提是该生产线必须是空闲的。正在生产加工的生产线不能变卖。企业变卖生产线后可获得相应的现金，其中，变卖一条半自动生产线可获得 10 万元现金，变卖一条全自动生产线可获得 20 万元现金，变卖一条柔性生产线可获得 30 万元现金。

3. 生产线转产

经营者通过此功能可以改变生产线所生产的产品种类，但前提是该生产线必须是空闲的。全自动生产线转产需要投入 10 万元 / 条的转产费用，半自动生产线和柔性生产线则不需要转产费用。

4. 厂房变卖

经营者通过此功能可以变卖厂房，但须满足两个条件：一是该厂房是企业自有厂房；二是该厂房必须是空闲的，即厂房内无生产线。此外，对企业而言，变卖厂房后会形成账期为四个季度的应收账款。其中，变卖 A 厂房可得到 320 万元的应收账款，变卖 B 厂房可得到 200 万元的应收账款，变卖 C 厂房可得到 120 万元的应收账款。

5. 库存调拨

经营者在经营实战中经常使用"库存调拨"这一功能。当某个型号的产品在某些零售商处因超过销售期限而无法销售时，经营者即可通过此功能将产品调拨给其他可继续销售的零售商。比如 P1F1 产品在 A1 零售商处过了销售期限，由于 A2 零售商的市场反应速度较慢，销售期限较长，因此经营者可以通过库存调拨功能将 A1 零售商未售完的 P1F1 产品调拨给 A2 零售商继续销售。

经营者使用库存调拨功能需要支付一定的费用。其中，一次调拨 10 件以内（包括 10 件）的调拨费用为 1.5 万元，每增加一件则须增加 0.2 万元的调拨费用。

6. 贴现

经营者通过此功能操作可以将未到期的应收账款提现变现。但要注意，贴现金额以 100 万元为基本单位，当企业的应收账款不足 100 万元时无法进行贴现。另外，企业需要支付一定的贴现利息，每贴现 100 万元的应收账款，企业只能获得 84 万元的现金。因此，相比其他融资方式，贴现的融资成本是最高的，一般只有当企业无法通过贷款获得资金的情况下，才会考虑贴现。

除以上六种特殊任务外，其他的特殊任务在经营竞赛中是不允许使用的，如生产线搬迁、厂房租转买、厂房退租、紧急采购、追加股东投资等。

二、经营技巧分析

（一）原材料采购技巧

根据规则，企业需要提前一个季度下达 R1、R2 原材料的采购订单，需要提前两个季度下达 R3、R4 原材料的采购订单。当企业批量采购原材料时，依据采购数量的不同，支付原材料款的时间也不同。

1. 采购数量和付款时间的关系

如果采购原材料的数量小于等于 50 个，则须用现金支付货款；如果采购原材料的数量大于 50 个而小于等于 100 个，则可在收到原材料一个季度后付款；如果采购原材料的数量大于 100 个而小于等于 150 个，则可在收到原材料两个季度后付款；如果采购原材料的数量大于 150 个而小于等于 200 个，则可在收到原材料三个季度后付款；如果采购原材料的数量大于 200 个，则可在收到原材料四个季度后付款。

企业可以根据自身资金情况，合理安排原材料的采购数量。由于市场营销沙盘经营期限为三年，因此，若企业想在采购原材料后的三年经营期内不支付原材料款（即将原材料款推迟到第四年第一季度支付），则可于第二年第四季度购买数量大于 200 个的 R1、R2 原材料，同理可于第二年第三季度购买数量大于 200 个的 R3、R4 原材料。

2. 原材料库存的最佳状态

当然，如果企业在年末有剩余的原材料库存，则需要支付一定的库存费用。所以对企业而言，比较理想的状态是在每年年末正好用完所有原材料，达到零库存的状态。因此，原材料的采购数量和时机均需要经营者认真核算，在经营过程中灵活处理。一般来说，由于第三年直销订单的中标数量无法准确预算，为避免或减少违约，经营者往往需要在第三年第一季度进行生产线转产，此时尤其要保证原材料的供应充足，避免因原材料短缺而无法生产或转产。基于此，企业可在第二年第三季度适当多采购 R3 和 R4 原材料，在第二年第四季度适当多采购 R1 和 R2 原材料。例如：采购 R1 原材料 80 个，采购 R2、R3 原材料各 160 个，采购 R4 原材料 240 个等。

3. 原材料采购数量与企业资金流动性的关系

经营者将原材料款推迟到经营期内无须支付的做法还有一个不利点，即对企业资金的流动性可能产生不利影响。衡量企业资金流动性的两个指标分别为速动比率（QR）和流动比率（CR）。

> **例题**
>
> 假定某企业的总流动资产为 4 000 万元，短期负债、应付款、应交税合计 2 200 万元（其中由于大量购买原材料而产生应付原材料款 400 万元），则该企业的流动比率 CR=4 000/2 200=1.82<2，若 400 万元原材料款在经营期内支付，则总流动资产变为 4 000−400=3 600（万元），短期负债、应付款、应交税合计变为 2 200−400=1 800（万元），则 CR=3 600/1 800=2。两者比较，前者流动比率小于 2，后者等于 2，该项目得分相差 50 分。

综上所述，企业在采购原材料时，既要保证原材料的及时供应，又要尽量做到年末原材料零库存，同时根据企业资金情况合理规划原材料的采购数量。如果资金紧张，则可大量采购以使企业在经营期内无须支付原材料款；但如果资金充足，则应尽量规划好采购数量，在经营期内支付原材料款，以确保资金流动性指标能够获得高分。

（二）直销、批发订单交货技巧

企业在年初获得直销和批发订单后，需要按照订单所要求的流行功能组织生产。企业交付货物时，除了履行义务、获取利润之外，还可以提高企业综合指数。因此，企业交货也需要掌握一定的技巧。

1. 交货订单的选择

企业在交付货物时，对优先交付的订单应有所选择。

（1）同时拥有直销和批发订单时，优先交付直销订单

由于批发订单是以预付款的方式先行向企业支付了货款，而直销订单则是在企业交货后根据订单的账期来支付货款，因此，优先交付直销订单有利于企业资金及时回笼。

（2）违约不可避免时，优先交付高价订单

当企业中标的订单数量超出了企业的生产能力时，应优先交付价格比较高的订单，违约价格较低的订单。这里的价格，一方面是中标价格，交货后形成收入和利润，中标价格越高意味着利润越高；另一方面是订单的原价，原价越高，则企业违约后支付的违约金越高。

2. 交货时间的选择

（1）考虑资金的回笼时间

企业交货时应考虑资金的收回时间，尤其要与企业资金紧缺的时间相吻合。例如，在第三年经营期，企业一般要在年末偿还 1 870 万元的长期贷款本金和利息，为了有足够的现金支付，避免企业因现金不足而选择民间融资或贴现，企业在交付货物时应合理安排不同订单的交货时间。比如，第三年第一季度交付账期为"3"的订单，第二季度交付账期为"2"的订单，第三季度交付账期为"1"的订单，第四季度交付账期为"0"

的订单。当然，如果某个季度资金紧张，需要偿还较多的应付账款，则可对订单的交货时间进行适当调整。

（2）考虑企业的库存

如果企业库存量较大，则在第三年第一季度尽可能多地交付货物，以提高本季度的交易额，进而影响本企业下一季度的综合指数。企业集中交货的数额越大，下一季度的综合指数越高，就越有利于促进企业的零售。这也是有些企业在媒体广告未中标的情况下，其综合指数却能迅速提高的原因。同理，如果某企业在第二年直销大量中标，则该企业可将直销订单尽量放在第二年第四季度集中交货，以提高第三年第一季度的综合指数，增加企业第三年直销中标的概率。

（三）零售技巧

在市场营销沙盘中，六类消费群体按照一定的交易规则和交易顺序完成交易。从交易规则上看，除了习惯型消费群体外，其他五类消费群体的订单均可能由某个企业独占，只要该企业最符合交易条件，且定价合理，货物供应充足。

1. 获取情感型消费订单的技巧

由于市场上情感型消费群体购买某产品的条件是看企业在该市场该产品的历史优惠额的多少，优惠额最大者优先成交，而最容易提升企业历史优惠额的方法是将产品销售给不定型消费群体。根据规则，企业可以从两方面促成不定型消费群体交易的达成：一方面是将优惠额做到最大，使促销后价格最低；另一方面是提高企业综合指数。

（1）促销争取最大历史优惠额

经营者要使产品促销后价格最低，只需要在第二种促销方式（多买折扣）中设定购买最少件数为1，享受0折优惠，促销后价格为0；或者在第三种促销方式（买第几件折扣）中，将折扣方式设置为买第1件享受0折优惠。采用这两种促销手段均能使企业不论销售多少数量的促销产品，企业实际收入均为0，销售额全部转换为优惠额。需要注意的是，企业为了使优惠额达到最大，零售价格最好定为市场期望价格。

（2）对每个零售商均给予少量促销优惠

有时，经营者或许觉得经常设置促销方案比较麻烦，但又希望可以满足情感型消费需求的最基本的交易条件，因此不加限制地对每种产品均给予一定的优惠。因为微小的优惠额对企业的经营并不会产生影响，而当其他小组均无优惠额或者优惠额小于本企业时，也可能促成企业与情感型消费群体的交易。

（3）提高企业综合指数

为了抢夺不定型消费订单，可能会出现多个竞争小组均采用同样的促销方案，即都以折后价格为0销售产品。此时，企业的综合指数将发挥重要作用，综合指数最高者将享有优先交易权。因此，仅仅从促销方面来抢夺不定型消费订单是不够的，还需要考虑企业综合指数的影响。所以，若企业希望做到优惠额最大，第一年第一季度最好不要放弃ISO 9000的认证，同时也需要适当抢夺媒体广告以提高企业综合指数。

此外，每个新市场开放之时，都是企业成交不定型消费订单并为情感型消费订单做铺垫的好时机。

2. 获取理智型消费订单的技巧

理智型消费群体以企业综合指数的高低来衡量订单归属，由于综合指数高低主要受媒体影响力和交易额的影响，因此在每个季度媒体广告招标结束后，就可以预判下一季度的理智型消费订单的归属，尤其是当企业综合指数差距较大时。媒体广告中标会影响企业的综合指数，而且媒体广告投标获得的关系值和媒体影响力是累计的，所以如果想占领理智型消费群体市场，媒体广告的投放策略是关键。

（1）投放媒体广告提高企业综合指数

企业以高额的媒体广告费用争取媒体中标，其目的主要在于争取企业综合指数最高，从而获取理智型消费订单，并为下一年直销中标做铺垫。一般而言，第一年第一、第二季度的媒体广告最为重要，一旦中标即可确保企业第二季度理智型消费订单的成交，所产生的交易额又能够进一步提升企业第三季度的综合指数。

（2）配合批发订单交货提高企业销售额

要想使企业综合指数排名第一，企业还须抢夺第一年的批发订单，以便通过媒体广告和交易额两方面同时提高企业综合指数。

如果企业第一季度媒体影响力很小（例如只中标百度排名广告），则即使在第一季度交付批发订单，也很难在第二季度达成理智型消费订单的交易；而如果企业第一季度媒体影响力很大（例如中标央视黄金和午间时段广告等），则即使不交付批发订单，第二季度获得理智型消费订单的可能性仍然很大。只有当企业媒体影响力排名靠前且与领先者相差不大时，选择本季度交货对企业获得理智型消费订单的帮助才较大。因此，在衡量批发订单对企业综合指数的影响时，主要考虑交货后是否能促使企业下一季度的综合指数排名第一。

（3）年末交货提高企业销售额

如果企业预期在第三季度交货也无法使企业综合指数排名第一，则可以选择第四季度交货，以提升第二年第一季度的企业综合指数。因此，企业选择交付批发订单的时机，关键要看对企业综合指数的提升是否能产生最大效益，从而促使企业获得理智型和情感型消费订单。

3. 获取冲动型消费订单的技巧

冲动型消费群体的交易是以流行功能为主导的，它的交易条件相对独立。一般来说，由于增加附带功能将导致产品的直接成本上升，因此经营者通常期望以高价来达成冲动型消费订单的交易，但如果有多家企业同时抢夺此类订单，则企业很难实现高价销售。所以，当企业以冲动型消费群体作为目标客户时，企业需要时时关注冲动型消费订单的历史交易价格，并善于发现市场机会。

（1）以低价获取冲动型消费订单

在经营实战中，由于 P1 产品最早出现冲动型消费订单是在第一年第三季度，且只有 A1 和 B1 零售商才有需求，因此该季度经营者针对 P1 产品的冲动型消费订单的抢夺往往最为激烈，导致原本的流行功能数量竞争演变为价格竞争，进而价格越压越低，甚至以最低期望价销售。

企业以低价为竞争手段来达成交易的好处在于提高企业的交易额，有利于提高企业综合指数，但低价竞争导致利润被压缩，对改善企业财务状况并无帮助。

（2）以差异化营销策略获取冲动型消费订单

适当调整产品的生产结构，适时推出新的产品项目，有利于企业以高价成交冲动型消费订单。因此，企业需要不断创新经营思路，实施差异化经营策略。

例如，P2、P3 产品通常在第二年第一季度才有冲动型消费需求。如果大部分企业在第一年就开始生产 P2、P3 产品，则这些企业往往在第二年还在销售第一年所生产的不附带任何功能或只带有第一年出现的流行功能的 P2、P3 产品。如果本企业第一年只生产 P1 产品，第二年开始生产 P2、P3 产品，并直接附上第一年和第二年出现的所有流行功能，则第二年以高价成交冲动型消费订单的可能性就比较大。

再如，进入第三年可能很多企业都将经营重点放在 P2、P3、P4 产品上，而忽略了 P1 产品。此时再销售 P1 产品并附上所有功能，则以高价成交冲动型消费订单的可能性也比较大。

总之，冲动型消费订单由于交易条件独立，无法通过其他手段，比如媒体广告、企业综合指数、历史优惠额等达成交易，因此需要经营者创新经营思路，同时关注冲动型消费订单的历史交易价格以及时调整产品定价，灵活经营。

素养园地

大国工匠：中国航天高级技师徐立平

在 2021 年热映电影《我和我的父辈》之《诗》篇章中，女主角是一个固体火箭推进剂火药整形工，火药整形工是一个时刻与危险打交道却又不可或缺的岗位。该电影取材人物便是当选为"感动中国"2015 年度人物的中国航天高级技师徐立平。"每一次落刀，都能听到自己的心跳。你在火药上微雕，不能有毫发之差，每一件大国利器，都离不开你。你是一介工匠，你是大国工匠。"这是《感动中国 2015 年度人物颁奖盛典》上，专属于徐立平的颁奖词。

给火药整形是火箭研制中一道非常重要的工序，技术人员要根据设计需求用尺度不同的刀具把火药雕刻成标准形状。0.5 毫米，是固体发动机药面精度允许的最大误差。如今，徐立平早已经练就一手绝活，雕刻精度可以达到 0.2 毫米以内。因为精度要求高，直到今天都很难用机器代替。为了确保安全性，徐立平还设计、制作和改进了 30 种刀具，其中 9 种刀具申请了国家专利，一种刀具被单位命名为"立平刀"。

> 在叩问苍穹的飞天梦里，有着无数个"徐立平"，他们用默默的坚守和拼搏，写下一首首关于宇宙的浪漫篇章。在实现中国梦的路途中，有着无数个有志青年，期待他们用自己的努力，为我们描绘出壮丽诗篇。
>
> **想一想、议一议**：干一行、爱一行，专一行、精一行。大国工匠立足岗位，默默坚守，他们都是所在行业的顶尖技术技能人才，每一个人背后都有一段让人触动的故事。我们新时代青年如何继承中国源远流长的"工匠精神"？

知识练习与思考

一、填空题

1. 直销订单有交货期限，若企业未能在规定的交货期限内完成交货，则须支付_____。违约金按照违约_____（而非_____）的_____（四舍五入）支付，违约后订单被取消且该企业_____的直销投标资格。一般直销订单均要求在_____交货。

2. 直销客户订单的账期指的是企业在交货后，_____的付款时间。如果账期为"0"，则表示_____，企业交货，客户即付款；如果账期为"1"，则表示企业交货_____客户再付款以此类推。直销订单账期最短为_____，最长为_____。

3. 批发订单为_____订单，系统中其账期以_____表示，即只要取得批发订单，该订单的_____就会直接计入_____。

4. 批发订单有交货期限，均是当年交货，如果企业在交货期限内不能交货，则需要支付_____，违约金为_____的25%（四舍五入），连同_____一并收回，并_____。一旦违约，企业将失去_____的资格。

5. 零售商市场覆盖率：每个区域市场上都有两个零售商，且1号零售商的市场覆盖率为_____，2号零售商的市场覆盖率为_____，说明2号零售商的销售能力更强。

6. 零售商进场费：零售商的进场费均为_____万元。

7. 零售商到货周期：零售商的到货周期均为_____季度，表明企业给零售商配货时，随配随到，不考虑货物运输的在途时间。

8. 零售商回款周期：回款周期为"1"即表示_____一个季度后企业可收回货款，回款周期为"2"则表示产品售出_____企业可收回货款，以此类推。

9. 零售商提成比例均为_____，即当产品售出后，在返款给企业时，零售商会按销售额的 10% 直接扣除_____，将_____返给企业。例如：某零售商销售一件 P1 产品的销售价格为 13 万元 / 件，无折扣。则配货企业会获得_____万元的应收账款，同时产生_____万元的应付账款，实际收入为_____万元。

10. 应收账款贴现金额以_____万元为基本单位，每贴现_____万元的应收账款，企业只能获得_____万元的现金。融资方式中贴现的融资成本是最高的。

二、思考题

1. 简述获取情感型消费订单的技巧。
2. 简述获取理智型消费订单的技巧。
3. 简述获取冲动型消费订单的技巧。

能力培养与训练

假设有 A、B 两个企业，通过查看企业信息得知，A 企业的综合指数为 18（在所有企业中排名最高），B 企业的综合指数为 16（排名第二），现两企业都准备投标一个价格为 24 万元 / 件的直销订单。如果你是 A 企业经营者，预测 B 企业投标价格为 17 万元 / 件，所有投标企业中最低价格为 12 万元 / 件，你该如何制定投标价格呢？制定价格后对是否能中标做出合理分析。

知识拓展

财务报表

财务报表是对企业财务状况、经营成果和现金流量的结构性表述。企业应当编制财务报表，以向财务报表使用者提供与企业财务状况、经营成果和现金流量等有关的会计信息，反映企业管理层受托责任履行情况，有助于财务报表使用者做出经济决策。其中，财务报表使用者包括投资者、债权人、政府及其有关部门和社会公众等。

一、财务报表的组成

一套完整的财务报表包括资产负债表、利润表、现金流量表、所有者权益（或股东权益）变动表和财务报表附注。

（1）资产负债表（Balance Sheet / Statement of Financial Position）

资产负债表是反映企业在某一特定日期的财务状况的会计报表，即反映资产、负债及所有者权益的期末状况，以及企业长期偿债能力、短期偿债能力和利润分配能力等。

（2）利润表（或称损益表）（Income Statement / Profit and Loss Statement）

利润表是反映企业在一定会计期间的经营成果的会计报表，即反映企业当期经营收入、费用支出和应该计入当期利润的利得和损失的金额和结构情况。

（3）现金流量表（Statement of Cash Flows）

现金流量表是反映企业在一定会计期间的现金和现金等价物流入和流出的会计报表，即反映企业现金流量的来龙去脉，又分为经营活动、投资活动及筹资活动三部分。

（4）所有者权益（或股东权益）变动表（Statement of Changes in Equity）

所有者权益（或股东权益）变动表反映构成所有者权益（或股东权益）的各组成部分当期的增减变动情况。综合收益和与所有者（或股东）的资本交易导致的所有者权益的变动，应当分别列示。

（5）财务报表附注（Notes to Financial Statements）

附注是对在资产负债表、利润表、现金流量表和所有者权益变动表等报表中列示项目的文字描述或明细资料，以及对未能在这些报表中列示项目的说明等。一般包括如下项目：企业的基本情况、财务报表编制基础、遵循企业会计准则的声明、重要会计政策和会计估计、会计政策和会计估计变更及差错更正的说明、报表重要项目的说明等。

二、财务报表的编制要求

（1）数字真实

财务报表中的各项数据必须真实可靠，如实地反映企业的财务状况、经营成果和现金流量。这是对会计信息质量的基本要求。

（2）内容完整

财务报表应当反映企业经济活动的全貌，即全面反映企业的财务状况和经营成果，以满足各方面对会计信息的需要。

（3）计算准确

日常的会计核算以及财务报表的编制，涉及大量的数字计算，只有准确的计算才能保证数据的真实可靠。这就要求企业在编制财务报表时必须以核对无误后的账簿记录和其他有关资料为依据，不能使用估计或推算的数据，更不能以任何方式弄虚作假，玩数字游戏或隐瞒谎报。

（4）报送及时

及时性是会计信息的重要特征，财务报表只有及时地传递给报表使用者，才能为使用者的决策提供依据。否则，即使是真实可靠、内容完整的财务报表，若编制和报送不及时，对报表使用者来说，也会大大降低会计信息的使用价值。

（5）手续完备

企业对外提供的财务报表应加具封面、装订成册、加盖公章。财务报表封面上应当注明：企业名称、统一社会信用代码、组织形式、地址、报表所属年度或月份、报出日期等，并由企业负责人和主管会计工作的负责人、会计机构负责人（会计主管人员）签字盖章；设置总会计师的企业，还应当由总会计师签字盖章。

由于编制财务报表的直接依据是企业会计账簿，所有报表的数据都来源于会计账簿，因此，编制报表之前必须做好对账和结账工作，做到账证相符、账账相符、账实相符，以保证财务报表数据的真实准确。

三、财务报表分析

（一）资产分析

资产负债表的左方列示企业的所有资产，代表该企业的投资规模。资产越多表明企业可以用来赚取收益的资源越多，可以用来偿还债务的财产也越多。但是，这并不意味着资产总是越多越好。资产规模并不代表收益能力，也不代表偿债能力，只是代表企业拥有或控制的经济资源的多少。

1. 货币资金

资产负债表中的"货币资金"项目反映企业库存现金、银行存款和其他货币资金的期末余额。企业持有货币资金主要是为了经营、预防和投机的需要。企业持有过多的货币资金，会降低企业的获利能力；持有过少的货币资金，则不能满足上述需要并且会降低企业的短期偿债能力。货币资金过多或过少，都会对扩大股东财富产生不利的影响。

2. 应收款项

应收款项包括应收账款和其他应收款。资产负债表中的"应收账款"项目反映企业尚未收回的应收账款净额，"其他应收款"反映尚未收回的其他应收款净额。

应收款项增长较大时，应分析其原因。一般来说，应收账款增加的原因主要有三个：

① 销售增加引起应收账款的自然增加。
② 客户故意拖延付款。
③ 企业为扩大销售适当放宽信用标准，造成应收账款增加。

3. 存货

在资产负债表上，"存货"项目反映企业期末在库、在途和在加工中的各项存货的实际成本。存货资产分为原材料、库存商品、低值易耗品、包装物、在制品和产成品等。存货规模的变动取决于各类存货的规模和变动情况。

4. 其他流动资产

资产负债表中的"其他流动资产"项目是指除已列各项流动资产以外的其他流动资产，通常应根据有关科目的期末余额填列。当其他流动资产数额较大时，应在报表附注中披露。

5. 长期股权投资

在资产负债表中，"长期股权投资"项目反映企业投出的期限在一年（不含一年）以上的各种权益性投资的价值。

6. 固定资产

在资产负债表中，"固定资产"项目反映报告期末固定资产的原值；"累计折旧"项目反映企业提取的固定资产折旧累计数；"固定资产减值准备"项目反映企业已提取的固定资产减值准备；"固定资产净值"项目反映固定资产原值减累计折旧、固定资产减值准备后的余额；"在建工程"项目反映企业各项在建工程的实际支出。将在建工程项目纳入固定资产总额中是因为其具有固定资产的特点。

影响固定资产净值升降的直接因素包括固定资产原值的增减、固定资产折旧方法和折旧年限的变动以及固定资产减值准备的计提。

7. 无形资产

无形资产是指企业拥有或者控制的没有实物形态的可辨认非货币性资产。"无形资产"项目按取得时的实际成本作为入账价值，自取得当月起在预计使用年限内分期平均摊销，计入损益。

8. 递延所得税资产

"递延所得税资产"项目反映企业尚未转销的递延所得税款的借方余额。该项目反映由于时间性差异，应纳税所得额大于会计利润，企业尚未转回的应纳所得税大于所得税费用的金额。

（二）负债分析

1. 流动负债

流动负债是指在一年内或超过一年的一个营业周期内须偿还的债务。一般包括：短期借款、应付票据及应付账款、预收款项、应付职工薪酬、应交税费和其他应付款等项目。

流动负债具有两个特征：一是偿还期在一年内或超过一年的一个营业周期内；二是到期必须用流动资产或新的流动负债偿还。

2. 非流动负债

非流动负债是指偿还期在一年或超过一年的一个营业周期以上的债务。一般包括：长期借款、应付债券和长期应付款等项目。

在我国的会计实务中，除应付债券按公允价值入账外，其他非流动负债一般直接按负债发生时的实际金额记账。

3. 递延所得税负债

"递延所得税负债"项目反映企业尚未转销的递延所得税款的贷方余额。与"递延所得税资产"项目相反，本项目反映由于时间性差异，应纳税所得额小于会计利润，企业尚未转回的应纳所得税小于所得税费用的金额。

（三）所有者权益分析

企业组织形式不同，所有者权益的表现形式也不同。对于股份有限公司而言，所有者权益以股东权益的形式表示。

1. 股本

股本是股份有限公司通过股份筹资形成的资本。股份有限公司在核定的股本总额和股份总数的范围内发行股票，股票面值与股份总数的乘积即为股本。一般情况下，股本相对固定不变，企业股本不得随意变动，如有增减变动，必须符合一定的条件。

2. 资本公积

资本公积是指由股东投入，但不构成股本，或从其他来源取得的属于股东的权益。

主要包括两项内容：一是股票溢价，二是资本本身的增值。

3. 盈余公积

盈余公积是指企业按规定从净利润中提取的各种累计积累资金。主要包括三个部分：

① 法定盈余公积。

② 任意盈余公积。

③ 法定公益金。

盈余公积按实际提取数计价，资产负债表中的"盈余公积"项目反映会计期期末盈余公积的余额。

4. 未分配利润

从数量上来说，未分配利润是期初未分配利润，加上本期实现的净利润，减去提取的盈余公积和分出利润后的余额。

（四）利润分析

利润分析可以分为净利润形成分析和利润分配分析两个部分。

1. 净利润的形成

净利润的形成过程，反映在利润表的上半部分。它包括四个步骤：营业收入的形成、营业利润的形成、利润总额的形成和净利润的形成。在进行利润分析时，一般应与会计核算的综合过程相反，即从净利润开始，逐步寻找净利润形成和变动的原因。

在分析上述利润形成的各个步骤时，应特别关注是否存在报表粉饰问题。报表粉饰的主要途径有：

① 提前确认收入，例如提前开具销售发票、滥用完工百分比法、存在重大不确定性时确认收入、在仍需提供未来服务时确认收入等。

② 延后确认收入，例如不及时确认已实现收入等。

③ 制造收入事项，例如年底虚做销售并在第二年退货，或利用一个子公司出售给第三方而后由另一子公司购回以避免合并抵消等。

④ 不当的费用资本化，例如将不应资本化的借款费用的资本化、研究开发费用的资本化等。

⑤ 递延当期费用，例如广告费用跨期分摊、开办费和递延资产摊销期变动等。

⑥ 潜亏挂账，例如少转完工产品成本和已销产品成本、报废的存货不在账面上注销、不良资产挂账、高估存货价值、少计折旧、不及时确认负债等。

⑦ 利用关联方交易操纵利润，例如托管、经管、转嫁费用负担，以及资产重组和债务重组等。

⑧ 利用非经常性损益操纵利润，例如资产出售、转让、置换和债务重组等。

⑨ 变更折旧方法和折旧年限。

⑩ 变更长期股权投资的核算方法。

⑪ 改变合并报表的合并范围等。

为了发现报表粉饰的线索，分析时应注意以下几方面的资料：

① 注册会计师的审计报告。

② 企业管理层对审计报告的解释性说明或保留意见的说明。

③ 会计报表附注中关于会计政策和会计估计变更的披露、会计报表合并范围发生变动的披露、关联方交易的披露、非经常性损益项目的披露等。

此外，连续观察若干年度的财务报表，也有助于发现报表粉饰情况。

2. 利润分配

利润分配的过程及结果反映在利润表的下半部分。该表的"未分配利润"与资产负债表的"未分配利润"衔接，因此可以把利润表看成是资产负债表"未分配利润"的注释。未分配利润是指企业历年累计净利润，经扣除历年累计分配后的余额，公式表达为

$$未分配利润 = 历年累计净利润 - 历年累计分配$$
$$= 年初未分配利润 + 本年净利润 - 本年利润分配$$

历年累计净利润的来源包括经营损益、投资损益、筹资损益和前期损益调整等。历年累计分配包括分给股东的利润、提取盈余公积和转增资本等。未分配利润是两者的差额，代表着可供以后向股东分配红利的盈余。

四、财务报表的作用

财务报表是财务报告的主要组成部分，其所提供的会计信息具有重要作用，主要体现在以下几方面：

① 全面系统地揭示企业一定时期的财务状况、经营成果和现金流量，有利于经营管理人员了解本单位各项任务指标的完成情况，评价管理人员的经营业绩，以便及时发现问题，调整经营方向，制定措施以改善经营管理水平，提高经济效益，为经济预测和决策提供依据。

② 有利于国家经济管理部门了解国民经济的运行状况。通过对各单位提供的财务报表资料进行汇总和分析，可以了解和掌握各行业、各地区的经济发展情况，以便宏观调控经济运行，优化资源配置，保证国民经济的稳定持续发展。

③ 有利于投资者、债权人和其他有关各方掌握企业的财务状况、经营成果和现金流量情况，进而分析企业的盈利能力、偿债能力、投资收益和发展前景等，为其投资、贷款和贸易提供决策依据。

④ 有利于满足财政、税务、工商、审计等部门对企业经营管理的监督。通过财务报表可以检查、监督各企业是否遵守国家的各项法律法规和规章制度，有无偷税漏税的行为。

Learning Situation 5

学习情境五

营销策略实战

在ITMC市场营销沙盘中，对于整体市场环境的分析是企业合理选择营销渠道、制订产品组合策略和零售价格策略的基础。通过对三年整体市场环境以及直销、批发和零售市场需求数量变化趋势的分析，结合市场期望价格，合理选择直销策略、批发策略和零售策略，制订科学完善的整体营销策略，是实现企业经营目标的重要环节。在ITMC市场营销沙盘的模拟经营中，各模拟企业需要连续经营三个会计年度，以第三年经营结果作为最终的评判依据。

知识目标

- 了解四种产品在五个区域市场上的需求数量变化和价格变化趋势。
- 理解市场需求，掌握实战各个环节的具体操作。
- 了解并综合运用市场营销策略的相关知识。

能力目标

- 能够利用市场调研报告进行市场环境分析。
- 能够完成模拟经营，寻找市场机会，准确做好财务预算。
- 能够结合经营数据找到解决实战中所遇问题的方法。
- 能够掌握利润、得分的影响因素，有效使用相应的策略和技巧。

素养目标

- 能够在实战过程中树立团队合作意识，不断进行总结，提高综合能力。

任务一　第一年经营

任务引入

请各个小组在掌握市场营销沙盘三年整体市场环境变化趋势的基础上,认真分析第一年市场调研报告,合理制订营销渠道策略、产品组合策略、媒体广告投放策略等营销策略,分析竞争对手的经营风格,预测竞争对手的营销策略,准备开始第一年实战。各小组按照顺序进行经营操作,记录并填写相关表格。

一、创建企业

组建实战小组,完成企业创立的准备工作。请发挥小组集体的智慧,为本企业命名并设计创业口号,以求先声夺人,最后将创立企业信息记录在表5-1中。

表5-1　创立企业信息表

企业名称			组号	
创业口号				
团队分工	职务	姓名		主要职责
主要成员	企业总裁(CEO)			
	营销总监(CSO)			
	运营总监(COO)			
	财务总监(CFO)			

开始经营前,需先了解一下企业的财务状况。目前企业资金充裕、银行信誉良好。企业财务报表如表5-2(资产负债表)和表5-3(利润表)所示。

表5-2　资产负债表　　　　　　　　　　　　　　(单位:万元)

资产	金额	负债及所有者权益	金额
流动资产:		流动负债:	
货币资金	771.00	短期借款	0.00
其他应收款	0.00	应付账款	18.00
应收账款	180.00	预收款项	0.00
存货:		应交税费	23.25
原材料	40.00	流动负债合计	41.25
在途物资	0.00	非流动负债:	
在制品	80.00	长期借款	800.00
库存商品	240.00	非流动负债合计	800.00
发出商品	0.00	负债合计	841.25
流动资产合计	1 311.00	所有者权益	

（续）

资　产	金　额	负债及所有者权益	金　额
非流动资产：		实收资本	1 000.00
固定资产：		未分配利润	69.75
土地和建筑	320.00	所有者权益合计	1 069.75
机器设备	280.00		
减：累计折旧	0.00		
在建工程	0.00		
非流动资产合计	600.00		
资产总计	1 911.00	负债和所有者权益总计	1 911.00

表 5-3　利润表　　　　　　　　　　　　　　　（单位：万元）

项　目	金　额
一、营业收入	360.00
减：营业成本	125.00
营业税金及附加	0.00
销售费用	26.00
管理费用	76.00
财务费用	40.00
二、营业利润（损失以"-"号填列）	93.00
加：营业外收入	0.00
减：营业外支出	0.00
三、利润总额（损失以"-"号填列）	93.00
减：所得税费用	23.25
四、净利润（损失以"-"号填列）	69.75

注：本学习情境提供的市场数据来源于某次网赛中全部 10 个小组的真实经营数据，仅供参考。

二、第一年经营过程

（一）年度市场环境分析

市场调研报告为企业经营者提供不同产品的市场需求信息，即某种产品在不同区域市场、不同销售渠道的平均价格和市场需求数量，以及基于大数据的市场整体环境信息（主要是市场需求波动率）和各种产品流行功能和流行周期信息。

1. 市场整体环境信息

企业经营者可以通过购买市场调研报告获得第一年相应的市场整体环境信息，如表 5-4、表 5-5 所示分为第一年南部市场和东部市场的整体环境信息。

演练视频：
第一年完整操作

表 5-4　南部市场整体环境信息表（第一年）

市场环境	期初值	第1季度	第2季度	第3季度	第4季度
常住人口（万）	1 000	1 040	1 040	1 040	1 040
购买力指数（%）	20	21	21	21	21
通货膨胀率（%）	2.30	2.00	2.00	2.00	2.00
利息率（%）	1.50	1.44	1.50	1.56	1.62
人均 GDP（元）	5 000.00	5 000.00	4 750.00	4 512.50	4 286.88
恩格尔系数（%）	40.00	39.60	39.20	38.81	38.42
市场需求波动率（%）	—	27.00	19.00	11.00	4.00

表 5-5 东部市场整体环境信息表（第一年）

市场环境	期初值	第 1 季度	第 2 季度	第 3 季度	第 4 季度
常住人口（万）	2 000	2 000	2 000	2 080	2 080
购买力指数（%）	30	30	30	29	29
通货膨胀率（%）	1.30	1.30	1.30	1.00	1.00
利息率（%）	1.70	1.70	1.70	1.68	1.75
人均 GDP（元）	7 000.00	7 000.00	7 000.00	7 210.50	6 849.50
恩格尔系数（%）	35.00	35.00	35.00	34.20	33.96
市场需求波动率（%）	—	5.00	5.00	30.00	22.00

2. 买方市场分析

在市场营销沙盘系统中，买方市场分析主要分析产品流行功能及周期（见表 5-6）和南部、东部市场需求情况（见表 5-7、表 5-8）。

表 5-6 产品流行功能及周期表（第一年）

产品	第 1 季度	第 2 季度	第 3 季度	第 4 季度
P1	P1F1（流行周期 1 季度）	P1F3（流行周期 2 季度）		P1F2（流行周期 1 季度）
P2			P2F5（流行周期 3 季度）	
P3			P3F1（流行周期 1 季度）	P3F4（流行周期 1 季度）
P4			P4F3（流行周期 4 季度）	

表 5-7 南部市场需求情况表（第一年）

季度	产品	直销 平均价格（万元）	直销 需求量（件）	批发 平均价格（万元）	批发 需求量（件）	零售 市场期望价（万元）	零售 习惯型（件）	零售 理智型（件）	零售 冲动型（件）	零售 经济型（件）	零售 情感型（件）	零售 不定型（件）	零售 合计（件）
1	P1	9.98	184	6.54	370	10.00	58	0	0	69	0	276	403
2	P1	9.98	—	6.54	—	10.03	48	48	0	63	44	136	339
3	P1	9.98	—	6.54	—	10.21	40	40	40	48	36	77	281
3	P4	12.32	—	10.95	—	13.69	2	2	2	3	2	4	15
4	P1	9.98	—	6.54	—	11.93	34	34	34	41	31	65	239
4	P2	8.78	—	7.80	—	9.75	6	6	6	8	5	9	40
4	P3	10.69	—	9.50	—	11.88	2	2	2	3	2	4	15
4	P4	12.96	—	11.52	—	14.40	3	3	2	3	2	4	17
零售总计	P1		1 262	P2		40	P3		15	P4		32	

表 5-8　东部市场需求情况表（第一年）

季度	产品	直销 平均价格（万元）	直销 需求量（件）	批发 平均价格（万元）	批发 需求量（件）	零售 市场期望价（万元）	零售 习惯型（件）	零售 理智型（件）	零售 冲动型（件）	零售 经济型（件）	零售 情感型（件）	零售 不定型（件）	零售 合计（件）
3	P1	9.76	—	8.68	—	10.85	6	5	5	7	6	9	38
3	P2	10.34	—	9.19	—	11.49	6	6	6	6	6	8	38
3	P3	10.89	—	9.68	—	12.10	2	2	2	2	2	4	14
4	P1	10.23	—	9.10	—	11.37	6	6	6	8	6	10	42
4	P2	11.76	—	10.46	—	13.07	5	4	5	6	5	9	34
4	P3	12.79	—	11.37	—	14.21	3	2	2	3	2	4	16
4	P4	12.44	—	11.06	—	13.82	2	2	2	3	2	5	16
零售总计	P1	80		P2	72		P3	30		P4	16		

（二）制订第一年经营计划

企业经营小组召开年度工作会议，通过分析市场环境，制订企业经营战略，做出营销策划方案，并撰写第一年经营计划书，如表 5-9 所示。

表 5-9　年度经营计划书（第一年）

类别	内容	具体分析
年度经营目标	经营效果	
经营规划	业务计划	
	投资方案	
	营销策划	
计划落实记录		

开始第一年模拟经营前，企业必须思考以下战略问题：

①企业的经营目标是盈利，还是提高市场占有率？
②销售什么产品组合？
③如何制订采购计划？
④如何选择销售渠道？
⑤在零售环节主要抓住哪类消费群体？如何实现零售的销售目标？
⑥如何融资？

（三）第一年经营记录

1. 经营活动记录

企业经营者按照沙盘操作规则和流程顺序进行经营活动，并将具体经营活动情况记录在表 5-10 ~ 表 5-18 中。

表 5-10 经营活动记录表（第一年）

序号	经营项目	操作要点	第1季度	第2季度	第3季度	第4季度
年初	新年计划会议	CEO 召集会议，明确年度任务		—	—	—
1	市场预测与分析	购买市场调研报告，分析市场需求数据				
2	市场开拓	根据营销策略进行市场开拓				
3	ISO 认证	ISO 9000 认证、ISO 14000 认证				
4	开发客户	直销客户开发				
5	参与投标	选择直销订单进行投标				
6	投放招商广告	根据营销策略制订批发招商广告投放策略并实施				
7	选择批发订单	由裁判控制进行选单				
8	产品研发	根据营销策略制订产品研发策略并实施				
9	产品下线入库	生产线上产品入库				
10	租赁或购买厂房	厂房的购买				
		厂房的租赁				
11	生产线	购买				
		转产				
		变卖				
12	采购原材料	根据生产需要下达原材料采购计划				
13	投入生产	选择空闲生产线进行生产				
14	交货给客户	直销批发订单交货				
15	签约零售商	与零售商签约并缴纳进场费用				
16	货物配送	库存产品配送给零售商				
17	制定价格	根据营销策略制定价格并上架				
18	促销策略	根据营销策略制订促销策略并实施				
19	投放媒体广告	根据营销策略投放媒体广告				
20	应收账款/应付账款	财务部进行应收、应付账款结算				
21	短期贷款/还本付息	财务部根据需要进行短期融资				
22	缴纳管理费	每季度缴纳行政管理费和已签约零售商管理费				
23	缴纳应交税金	每年第一季度缴纳上年度所得税		—	—	—
24	进入下一季度		—			
年末工作	长期贷款/还本付息	每年年底需要支付利息，贷款到期后，还本付息	—	—	—	
	支付租赁费/维修费	厂房租赁费、生产线维修费	—	—	—	
	支付库存费	原材料和产品库存费	—	—	—	
	折旧	生产线折旧	—	—	—	
	关账	经营结束关账	—	—	—	
	进入下一年		—	—	—	

表 5-11 资金预算表（第一年）

序号	经营项目	具体开支目录	表达式	金额
年初		期初资金	+	
1	市场预测与分析	购买市场调研报告	−	
2	市场开拓	市场开拓费用	−	
3	ISO 认证	ISO 9000、ISO 14000 认证费用	−	
4	开发客户	直销客户开发费用	−	
5	参与投标	购买标书等费用	−	
6	投放招商广告	批发招商广告投放费用	−	
8	产品研发	产品研发费用	−	
10	租赁或购买厂房	厂房的购买费用	−	
		厂房的租赁费用	−	
11	生产线	购买费用	−	
		转产费用	−	
		变卖费用	−	
12	采购原材料	原材料采购费用	−	
13	投入生产	产品加工费用	−	
15	签约零售商	零售商进场费用	−	
16	货物配送	配送费用	−	
19	投放媒体广告	广告投放费用	−	
20	应收账款/应付账款	应收账款	+	
		应付账款	−	
21	短期贷款/还本付息	还本付息	−	
22	缴纳管理费	管理费	−	
23	缴纳应交税金	税费	−	
24	进入下一季度		—	
年末工作	长期贷款/还本付息	还本付息	−	
	支付租赁费/维修费	租赁费/维修费	−	
	支付库存费	库存费	−	
	折旧	折旧	−	
	进入下一年			

表 5-12 直销订单登记表（第一年）

订单号									合计
市　场									—
产　品									—
数　量									—
账　期									—
销售额									
成　本									
毛　利									
交货期									—

表 5-13 招商广告投放登记表（第一年）

产品/市场	南部	东部	中部	北部	西部
P1					
P2					
P3					
P4					
合计					

表 5-14 批发订单登记表（第一年）

订单号							合计
市　场							—
产　品							—
数　量							—
销售额							
成　本							
毛　利							
交货期							—

表 5-15 原材料采购表（第一年）

原材料	内容	第1季度	第2季度	第3季度	第4季度
R1	毛需求量				
	库存				
	已经预定				
	净需求量				
	提前期				
	采购计划				
R2	毛需求量				
	库存				
	已经预定				
	净需求量				
	提前期				
	采购计划				
R3	毛需求量				
	库存				
	已经预定				
	净需求量				
	提前期				
	采购计划				
R4	毛需求量				
	库存				
	已经预定				
	净需求量				
	提前期				
	采购计划				

表 5-16　产能计划表（第一年）

产　品	年初库存	第 1 季度产量	第 2 季度产量	第 3 季度产量	第 4 季度产量	合　　计

表 5-17　媒体广告投放表（第一年）

产品	媒　体	第 1 季度	第 2 季度	第 3 季度	第 4 季度
P1	百度				
	央视黄金				
	央视午间				
	央视晚间				
P2	百度				
	央视黄金				
	央视午间				
	央视晚间				
P3	百度				
	央视黄金				
	央视午间				
	央视晚间				
P4	百度				
	央视黄金				
	央视午间				
	央视晚间				

表 5-18　库存管理表（第一年）

产品名称	产品型号	库　存　量	单　　价	总　成　本

2. 年末相关记录

第一年年末填写表 5-19 ～表 5-21。

表 5-19　产品核算表（第一年）

产　品	销售数量	销　售　额	成　　本	毛　利
P1				
P2				
P3				
P4				
合计				

表 5-20 年末企业信息表（第一年）

本企业信息	企业总媒体影响力	
	上季度营业收入	
	ISO 9000 品牌值	
	ISO 14000 品牌值	

各企业综合指数	A1	A2	A3	A4	A5	A6	A7	A8	A9	A10

表 5-21 竞争对手分析表（第一年）

项 目	主要内容	主要竞争对手分析
生产情况	①产品结构 ②在制品及库存数量 ③生产线类型及数量 ④原材料采购情况	
研发情况	①产品研发情况 ②ISO 认证情况	
销售情况	①销售产品类型、数量、单价和销售额 ②产品市场占有率	
财务状况	资产负债表	

三、第一年经营状况分析

（一）财务报表分析

根据企业经营财务数据填写表 5-22 和表 5-23。

表 5-22 资产负债表（第一年） （单位：万元）

资 产				负债及所有者权益			
项目	表达式	上年金额	当年金额	项目	表达式	上年金额	当年金额
流动资产：				流动负债：			
货币资金	+			短期借款	+		
其他应收款	+			应付账款	+		
应收账款	+			预收账款	+		
存货				应交税费	+		
原材料	+			流动负债合计	=		
在途物资	+			非流动负债：			
在制品	+			长期借款	+		
库存商品	+			非流动负债合计	=		
发出商品	+			负债合计	=		
流动资产合计	=			所有者权益：			
非流动资产：				实收资本	+		
固定资产：				未分配利润	+		
土地和建筑	+			所有者权益合计	=		
机器设备	+						
减：累计折旧	−						
固定资产账面价值	=						
在建工程	+						
非流动资产合计	=						
资产总计	=			负债和所有者权益总计	=		

表 5-23　利润表（第一年）　　　　　　　　　　（单位：万元）

项　目	表　达　式	上年金额	当年金额
一、营业收入	+		
减：营业成本	−		
营业税金及附加	−		
销售费用	−		
管理费用	−		
财务费用	−		
二、营业利润（损失以"−"号填列）	=		
加：营业外收入	+		
减：营业外支出	−		
三、利润总额（损失以"−"号填列）	=		
减：所得税费用	−		
四、净利润（损失以"−"号填列）	=		

（二）经营情况总结

① 由 CEO 总结本年度经营任务完成情况。

② 每个角色本着实事求是的原则，就自己职责范围内的成绩、问题和经验进行总结。

③ 总结重点是战略执行情况、相互配合情况和团队合作情况。

任务二　第二年经营

任务引入

第一年经营结束，请各个小组在认真分析、总结成功经验和失败教训的基础上，理性分析和制订第二年的营销策略，准备开始第二年的实战，记录并填写相关表格。

一、第二年经营过程

（一）年度市场环境分析

新的一年即将开始，经营者需购买新的市场调研报告，以获取第二年的市场相关信息。

演练视频：
第二年完整操作

1. 市场需求波动率

企业经营者可以通过市场调研报告获得第二年相应的市场需求波动率，如表 5-24 所示。

表 5-24 各区域市场需求波动率表（第二年）

市场需求波动率（%）	期初值	第1季度	第2季度	第3季度	第4季度
南部	0	5	19.00	23.00	26.00
东部	0	21.00	34.00	36.00	37.00
中部	0	5	12.00	12.00	13.00
北部	0	5	5	5	6

2. 买方市场分析

第二年的产品流行功能及周期如表 5-25 所示，各区域市场需求情况如表 5-26 ～ 表 5-29 所示。

表 5-25 产品流行功能和周期表（第二年）

产品	第1季度	第2季度	第3季度	第4季度
P1	P1F4（流行周期2季度）		P1F5（流行周期2季度）	
P2		P2F1（流行周期1季度）	P2F4（流行周期2季度）	
P3		P3F3（流行周期3季度）		
P4			P4F1（流行周期3季度）	

表 5-26 南部市场需求情况表（第二年）

季度	产品	直销 平均价格（万元）	直销 需求量（件）	批发 平均价格（万元）	批发 需求量（件）	零售 市场期望价（万元）	零售 习惯型（件）	零售 理智型（件）	零售 冲动型（件）	零售 经济型（件）	零售 情感型（件）	零售 不定型（件）	零售 合计（件）
1	P1	11.80	80	6.61	162	12.84	28	28	28	31	28	53	196
1	P2	10.95	137	6.40	137	12.57	6	5	6	7	6	10	40
1	P3	10.75	47	6.79	120	11.42	2	3	2	3	2	4	16
1	P4	13.76	120	8.55	47	15.50	2	3	2	3	2	4	16
2	P1	11.80	—	6.61	—	12.78	22	24	24	31	24	44	169
2	P2	10.95	—	6.40	—	12.89	6	7	6	8	7	12	46
2	P3	10.75	—	6.79	—	12.71	2	3	2	4	2	4	17
2	P4	13.76	—	8.55	—	13.99	3	2	2	3	2	5	17
3	P1	11.80	—	6.61	—	13.36	16	20	18	20	18	34	126
3	P2	10.95	—	6.40	—	13.63	8	8	8	8	8	13	53
3	P3	10.75	—	6.79	—	12.53	2	2	2	3	2	5	16
3	P4	13.76	—	8.55	—	14.45	2	2	2	3	2	5	16
4	P1	11.80	—	6.61	—	13.61	10	12	11	12	11	21	77
4	P2	10.95	—	6.40	—	15.51	8	8	8	8	8	13	53
4	P3	10.75	—	6.79	—	12.88	3	3	3	4	3	4	20
4	P4	13.76	—	8.55	—	15.18	2	2	2	3	3	5	17
零售总计	P1	568		P2	192		P3	69		P4	66		

表 5-27 东部市场需求情况表（第二年）

季度	产品	直销 平均价格（万元）	直销 需求量（件）	批发 平均价格（万元）	批发 需求量（件）	零售 市场期望价（万元）	零售 习惯型（件）	零售 理智型（件）	零售 冲动型（件）	零售 经济型（件）	零售 情感型（件）	零售 不定型（件）	零售 合计（件）
1	P1	10.77	23	6.45	23	12.52	7	7	7	8	7	15	51
1	P2	11.54	119	7.77	119	13.92	6	5	6	7	6	10	40
1	P3	12.46	47	7.79	120	14.14	2	3	2	3	2	5	17
1	P4	12.32	107	7.98	42	13.78	2	2	2	2	2	3	13
2	P1	10.77	—	6.45	—	11.33	7	6	6	8	6	14	47
2	P2	11.54	—	7.77	—	15.41	6	5	6	7	6	9	39
2	P3	12.46	—	7.79	—	14.04	2	2	3	3	3	4	17
2	P4	12.32	—	7.98	—	13.22	2	2	3	3	3	4	17
3	P1	10.77	—	6.45	—	10.87	7	7	7	8	7	14	50
3	P2	11.54	—	7.77	—	14.42	6	5	6	8	6	9	40
3	P3	12.46	—	7.79	—	14.16	3	3	2	3	2	4	17
3	P4	12.32	—	7.98	—	13.92	3	2	2	3	2	4	16
4	P1	10.77	—	6.45	—	9.96	6	6	6	8	6	13	45
4	P2	11.54	—	7.77	—	15.70	4	4	5	7	5	9	34
4	P3	12.46	—	7.79	—	15.38	3	3	3	3	3	6	21
4	P4	12.32	—	7.98	—	15.13	3	2	3	3	3	3	17
零售总计	P1		193	P2		153	P3		72	P4		63	

表 5-28 中部市场需求情况表（第二年）

季度	产品	直销 平均价格（万元）	直销 需求量（件）	批发 平均价格（万元）	批发 需求量（件）	零售 市场期望价（万元）	零售 习惯型（件）	零售 理智型（件）	零售 冲动型（件）	零售 经济型（件）	零售 情感型（件）	零售 不定型（件）	零售 合计（件）
2	P1	10.38	—	9.22	—	11.53	6	6	7	7	6	10	42
2	P2	11.56	—	10.28	—	12.85	5	6	6	9	6	10	42
2	P3	13.06	—	11.61	—	14.51	2	2	2	3	2	4	15
2	P4	12.10	—	10.76	—	13.45	2	2	6	3	3	3	19
3	P1	11.31	—	10.06	—	12.57	6	6	5	7	6	11	41
3	P2	12.47	—	11.09	—	13.86	6	6	6	7	6	9	40
3	P3	13.83	—	12.30	—	15.37	2	2	2	3	2	3	14
3	P4	13.28	—	11.81	—	14.76	2	2	2	2	2	3	13
4	P1	10.97	—	9.75	—	12.19	7	7	7	8	7	12	48
4	P2	11.97	—	10.64	—	13.30	6	7	6	8	6	13	46
4	P3	14.40	—	12.8	—	16.00	3	2	2	3	3	4	17
4	P4	13.70	—	12.18	—	15.22	2	3	2	3	2	4	16
零售总计	P1		131	P2		128	P3		46	P4		48	

表 5-29 北部市场需求情况表（第二年）

季度	产品	直销 平均价格（万元）	直销 需求量（件）	批发 平均价格（万元）	批发 需求量（件）	零售 市场期望价（万元）	零售 习惯型（件）	零售 理智型（件）	零售 冲动型（件）	零售 经济型（件）	零售 情感型（件）	零售 不定型（件）	零售 合计（件）
4	P1	10.74	—	9.54	—	11.93	6	6	5	7	6	9	39
4	P2	13.78	—	12.25	—	15.31	6	5	6	7	6	10	40
4	P3	13.83	—	12.30	—	15.37	2	2	2	2	2	4	14
4	P4	12.43	—	11.05	—	13.81	2	2	2	3	2	5	16

（二）制订第二年经营计划

企业经营小组召开新一年的年度工作会议，总结上一年度经营策略的实现情况，分析竞争对手的营销策略和第二年市场环境，制订企业第二年经营战略，并撰写第二年经营计划书，如表 5-30 所示。

表 5-30　年度经营计划书（第二年）

类　　别	内　　容	具体分析
年度经营目标	经营效果	
经营规划	业务计划	
	投资方案	
	营销策划	
计划落实记录		

开始第二年模拟经营前，经营者必须思考以下战略问题：
① 第一年企业的市场占有率如何？
② 产品组合策略需要调整吗？
③ 销售渠道如何选择？
④ 如何在广阔的市场中找到一片蓝海？

（三）第二年经营记录

1. 经营活动记录

企业经营者按照沙盘操作规则和流程顺序进行经营活动，并将具体经营活动情况记录在表 5-31 ～表 5-39 中。

表 5-31　经营活动记录表（第二年）

序号	请按照顺序执行下列各项操作，每完成一项，CEO 在相应的方格内画"√"			第1季度	第2季度	第3季度	第4季度
^	经营项目	操作要点					
年初	新年计划会议	CEO 召集会议，明确年度任务	—	—	—	—
1	市场预测与分析	购买市场调研报告，分析市场需求数据				
2	市场开拓	根据营销策略进行市场开拓				
3	ISO 认证	ISO 9000 认证、ISO 14000 认证				
4	开发客户	直销客户开发				
5	参与投标	选择直销订单进行投标				
6	投放招商广告	根据营销策略制订批发招商广告投放策略并实施				
7	选择批发订单	由裁判控制进行选单				
8	产品研发	根据营销策略制订产品研发策略并实施				
9	产品下线入库	生产线上产品入库				

（续）

序号	请按照顺序执行下列各项操作，每完成一项，CEO 在相应的方格内画 "√"					
	经营项目	操作要点	第1季度	第2季度	第3季度	第4季度
10	租赁或购买厂房	厂房的购买				
		厂房的租赁				
11	生产线	购买				
		转产				
		变卖				
12	采购原材料	根据生产需要下达原材料采购计划				
13	投入生产	选择空闲生产线进行生产				
14	交货给客户	直销批发订单交货				
15	签约零售商	与零售商签约并缴纳进场费用				
16	货物配送	库存产品配送给零售商				
17	制定价格	根据营销策略制定价格并上架				
18	制定促销策略	根据营销策略制订促销策略并实施				
19	投放媒体广告	根据营销策略投放媒体广告				
20	应收账款 / 应付账款	财务部进行应收、应付账款结算				
21	短期贷款 / 还本付息	财务部根据需要进行短期融资				
22	缴纳管理费	每季度缴纳行政管理费和已签约零售商管理费				
23	缴纳应交税金	每年第一季度缴纳上年度所得税		—	—	—
24	进入下一季度		—			
年末工作	长期贷款 / 还本付息	每年年底需要支付利息，贷款到期后，还本付息	—	—	—	
	支付租赁费 / 维修费	厂房租赁费、生产线维修费	—	—	—	
	支付库存费	原材料和产品库存费	—	—	—	
	折旧	生产线折旧	—	—	—	
	关账	经营结束关账				
	进入下一年					

表 5-32　资金预算表（第二年）

序号	请按照顺序执行下列各项操作，并在相应空格内填入资金需求计划			
	经营项目	具体开支目录	表达式	金额
年初		期初资金	—	+
1	市场预测与分析	购买市场调研报告		—
2	市场开拓	市场开拓费用		—
3	ISO 认证	ISO 9000、ISO 14000 认证费用		—
4	开发客户	直销客户开发费用		—

（续）

序号	请按照顺序执行下列各项操作，并在相应空格内填入资金需求计划			
	经营项目	具体开支目录	表达式	金额
5	参与投标	购买标书等费用	-	
6	投放招商广告	批发商广告投放费用	-	
8	产品研发	产品研发费用	-	
10	租赁或购买厂房	厂房的购买费用	-	
		厂房的租赁费用	-	
11	生产线	购买费用	-	
		转产费用	-	
		变卖费用	-	
12	采购原材料	原材料费用	-	
13	投入生产	产品加工费用	-	
15	签约零售商	零售商进场费用	-	
16	货物配送	配送费用	-	
19	投放媒体广告	广告投放费用	-	
20	应收账款/应付账款	应收账款	+	
		应付账款	-	
21	短期贷款/还本付息	还本付息	-	
22	缴纳管理费	管理费	-	
23	缴纳应交税金	税费	-	
24	进入下一季度			—
年末工作	长期贷款/还本付息	还本付息	-	
	支付租赁费/维修费	租赁费/维修费	-	
	支付库存费	库存费	-	
	折旧	折旧	-	
	进入下一年			

表 5-33　直销订单登记表（第二年）

订单号								合计
市　场								—
产　品								—
数　量								—
账　期								—
销售额								
成　本								
毛　利								
交货期								—

表 5-34　招商广告投放登记表（第二年）

产品/市场	南　部	东　部	中　部	北　部	西　部
P1					
P2					
P3					
P4					
合计					

表 5-35　批发订单登记表（第二年）

订单号									合计
市　场									—
产　品									—
数　量									
销售额									
成　本									
毛　利									
交货期									—

表 5-36　原材料采购表（第二年）

原材料	内　容	第1季度	第2季度	第3季度	第4季度
R1	毛需求量				
	库存				
	已经预定				
	净需求量				
	提前期				
	采购计划				
R2	毛需求量				
	库存				
	已经预定				
	净需求量				
	提前期				
	采购计划				
R3	毛需求量				
	库存				
	已经预定				
	净需求量				
	提前期				
	采购计划				
R4	毛需求量				
	库存				
	已经预定				
	净需求量				
	提前期				
	采购计划				

表 5-37　产能计划表（第二年）

产　品	年初库存	第 1 季度产量	第 2 季度产量	第 3 季度产量	第 4 季度产量	合　　计

表 5-38　媒体广告投放表（第二年）

产　品	媒　　体	第 1 季度	第 2 季度	第 3 季度	第 4 季度
P1	百度				
	央视黄金				
	央视午间				
	央视晚间				
P2	百度				
	央视黄金				
	央视午间				
	央视晚间				
P3	百度				
	央视黄金				
	央视午间				
	央视晚间				
P4	百度				
	央视黄金				
	央视午间				
	央视晚间				

表 5-39　库存管理表（第二年）

产品名称	产品型号	库　存　量	单　　价	总　成　本

2．年末相关记录

第一年年末填写表 5-40～表 5-42。

表 5-40　产品核算表（第二年）

产　品	销售数量	销　售　额	成　　本	毛　利
P1				
P2				
P3				
P4				
合计				

表 5-41 年末企业信息表（第二年）

本企业信息	企业总媒体影响力									
	上季度营业收入									
	ISO 9000 品牌值									
	ISO 14000 品牌值									
各企业综合指数	A1	A2	A3	A4	A5	A6	A7	A8	A9	A10

表 5-42 竞争对手分析表（第二年）

项　目	主要内容	主要竞争对手分析
生产情况	①产品结构 ②在制品及库存数量 ③生产线类型及数量 ④原材料采购情况	
研发情况	①产品研发情况 ②ISO 认证情况	
销售情况	①销售产品类型、数量、单价和销售额 ②产品市场占有率	
财务状况	资产负债表	

二、第二年经营状况分析

（一）财务报表分析

根据企业经营财务数据填写表 5-43 和表 5-44。

表 5-43 资产负债表（第二年）　　　　　　　　（单位：万元）

资　产				负债及所有者权益			
项目	表达式	上年金额	当年金额	项目	表达式	上年金额	当年金额
流动资产：				流动负债：			
货币资金	+			短期借款	+		
其他应收款	+			应付账款	+		
应收账款	+			预收账款	+		
存货：				应交税费	+		
原材料	+			流动负债合计	=		
在途物资	+			非流动负债：			
在制品	+			长期借款	+		
库存商品	+			非流动负债合计	=		
发出商品	+			负债合计	=		
流动资产合计	=			所有者权益：			
非流动资产：				实收资本	+		
固定资产：				未分配利润	+		
土地和建筑	+			所有者权益合计	=		
机器设备	+						
减：累计折旧	−						
固定资产账面价值	=						
在建工程	+						
非流动资产合计	=						
资产总计	=			负债和所有者权益总计	=		

表 5-44　利润表（第二年）　　　　　　　　　　（单位：万元）

项　　目	表 达 式	上年金额	当年金额
一、营业收入	+		
减：营业成本	−		
营业税金及附加	−		
销售费用	−		
管理费用	−		
财务费用	−		
二、营业利润（损失以"−"号填列）	=		
加：营业外收入	+		
减：营业外支出	−		
三、利润总额（损失以"−"号填列）	=		
减：所得税费用	−		
四、净利润（损失以"−"号填列）	=		

（二）经营情况总结

①由 CEO 总结本年度的经营任务完成情况。

②每个角色本着实事求是的原则，就自己职责范围内的成绩、问题和经验进行总结。

③总结重点是企业在经营过程中遇到的问题，以及下一年的改进措施。

任务三　第三年经营

任务引入

第三年是决战胜负的一年，经过前两年的实战，各小组有何不同的感受？企业的经营战略是否成功？是否逐渐从感性经营上升为对企业的理性管理？各小组需要再次对产品和市场做精准的分析，准备开始第三年经营，记录有关信息并填写相关表格。

一、第三年经营过程

（一）年度市场环境分析

经营的最后一年也是关键性的一年，如何把握细节、提升经营成绩是重点。市场调研报告为企业经营者提供不同产品的市场相关信息。

1. 市场需求波动率

企业经营者可以通过市场调研报告获得第三年相应的市场需求波动率，如表 5-45 所示。

表 5-45　各区域市场环境表（第三年）

市场需求波动率（%）	期初值	第1季度	第2季度	第3季度	第4季度
南部	0	32	31	28	25
东部	0	42	42	41	41
中部	0	18	19	19	19
北部	0	11	13	13	13
西部	0	5	5	15	14

2. 买方市场分析

第三年的产品流行功能及周期如表 5-46 所示，各区域市场需求情况如表 5-47～表 5-51 所示。

表 5-46　产品流行功能和周期表（第三年）

产品	第1季度	第2季度	第3季度	第4季度
P2	P2F2（流行周期2季度）		P2F3（流行周期3季度）	
P3	P3F2（流行周期2季度）		P3F5（流行周期3季度）	
P4		P4F5（流行周期4季度）		

表 5-47　南部市场需求情况表（第三年）

季度	产品	直销 平均价格（万元）	直销 需求量（件）	批发 平均价格（万元）	批发 需求量（件）	零售 市场期望价（万元）	零售 习惯型（件）	零售 理智型（件）	零售 冲动型（件）	零售 经济型（件）	零售 情感型（件）	零售 不定型（件）	零售 合计（件）
1	P1	10.83	4	7.30	8	14.2	4	4	4	5	4	9	30
1	P2	13.67	149	8.68	149	17.04	8	8	8	9	7	13	53
1	P3	12.06	59	7.09	152	13.91	3	3	3	4	3	6	22
1	P4	14.91	144	10.19	57	15.52	3	3	3	4	3	5	20
2	P1	10.83	—	7.30	—	13.18	0	0	0	0	0	0	0
2	P2	13.67		8.68		17.19	8	8	8	9	8	12	53
2	P3	12.06	—	7.09	—	14.27	4	4	4	5	4	3	24
2	P4	14.91		10.19		17.66	3	3	3	3	3	6	21
3	P1	10.83	—	7.30	—	13.31	0	0	0	0	0	0	0
3	P2	13.67		8.68		16.68	6	7	7	8	6	13	47
3	P3	12.06	—	7.09	—	14.04	3	4	3	4	3	5	22
3	P4	14.91		10.19		17.06	3	4	3	4	5	5	24
4	P1	10.83	—	7.30	—	13.09	0	0	0	0	0	0	0
4	P2	13.67		8.68		16.80	6	7	7	7	7	12	46
4	P3	12.06		7.09		14.39	3	3	3	5	5	5	23
4	P4	14.91	—	10.19		17.42	3	3	3	4	4	3	23
零售总计	P1		30	P2		199	P3		91	P4		88	

表 5-48 东部市场需求情况表（第三年）

季度	产品	直销 平均价格（万元）	直销 需求量（件）	批发 平均价格（万元）	批发 需求量（件）	零售 市场期望价（万元）	零售 习惯型（件）	零售 理智型（件）	零售 冲动型（件）	零售 经济型（件）	零售 情感型（件）	零售 不定型（件）	合计（件）
1	P1	8.31	13	5.58	13	8.61	6	6	6	8	6	10	42
1	P2	14.78	110	10.17	110	16.84	4	5	5	6	4	10	34
1	P3	12.70	57	10.11	144	15.62	3	3	3	4	3	4	23
1	P4	14.74	119	9.24	47	14.46	3	2	3	4	3	3	18
2	P1	8.31	—	5.58	—	7.36	5	5	5	5	4	8	32
2	P2	14.78	—	10.17	—	17.55	6	5	6	8	6	9	40
2	P3	12.70	—	10.11	—	14.32	3	3	3	4	3	5	21
2	P4	14.74	—	9.24	—	16.10	2	3	3	2	2	4	16
3	P1	8.31	—	5.58	—	5.33	3	3	3	5	3	7	24
3	P2	14.78	—	10.17	—	16.36	5	5	5	6	4	9	34
3	P3	12.70	—	10.11	—	14.78	3	3	3	5	3	6	23
3	P4	14.74	—	9.24	—	15.23	3	2	3	4	2	4	17
4	P1	8.31	—	5.58	—	2.85	2	2	2	3	2	4	15
4	P2	14.78	—	10.17	—	16.29	5	5	5	6	4	8	33
4	P3	12.70	—	10.11	—	15.12	3	3	3	5	3	6	23
4	P4	14.74	—	9.24	—	15.68	3	3	3	4	3	4	20
零售总计	P1		113	P2		141		P3		90		P4	71

表 5-49 中部市场需求情况表（第三年）

季度	产品	直销 平均价格（万元）	直销 需求量（件）	批发 平均价格（万元）	批发 需求量（件）	零售 市场期望价（万元）	零售 习惯型（件）	零售 理智型（件）	零售 冲动型（件）	零售 经济型（件）	零售 情感型（件）	零售 不定型（件）	合计（件）
1	P1	10.01	30	6.85	30	10.42	9	9	9	10	9	14	60
1	P2	12.54	120	8.00	120	13.8	6	6	6	7	5	10	40
1	P3	14.93	53	9.32	136	15.48	3	3	3	4	3	6	22
1	P4	15.23	115	10.71	45	17.41	2	2	3	3	2	4	16
2	P1	10.01	—	6.85	—	10.26	9	9	8	11	8	14	59
2	P2	12.54	—	8.00	—	14.51	6	6	6	8	5	9	40
2	P3	14.93	—	9.32	—	17.02	3	3	4	4	4	5	23
2	P4	15.23	—	10.71	—	17.63	2	2	2	3	3	4	16
3	P1	10.01	—	6.85	—	11.14	9	9	8	12	10	17	65
3	P2	12.54	—	8.00	—	15.08	5	6	6	8	6	9	40
3	P3	14.93	—	9.32	—	15.62	2	3	3	4	3	6	21
3	P4	15.23	—	10.71	—	18.52	2	2	2	4	3	4	17
4	P1	10.01	—	6.85	—	10.75	9	9	8	13	10	18	67
4	P2	12.54	—	8.00	—	15.10	5	6	6	7	6	8	38
4	P3	14.93	—	9.32	—	16.07	3	3	3	4	3	7	23
4	P4	15.23	—	10.71	—	19.28	2	3	2	4	3	4	18
零售总计	P1		251	P2		158		P3		89		P4	67

表 5-50　北部市场需求情况表（第三年）

季度	产品	直销 平均价格（万元）	直销 需求量（件）	批发 平均价格（万元）	批发 需求量（件）	零售 市场期望价（万元）	零售 习惯型（件）	零售 理智型（件）	零售 冲动型（件）	零售 经济型（件）	零售 情感型（件）	零售 不定型（件）	零售 合计（件）
1	P1	11.75	26	6.48	26	13.03	6	6	6	9	7	11	45
1	P2	12.69	130	8.17	130	14.80	7	7	7	8	7	10	46
1	P3	15.10	47	8.28	120	14.34	2	2	2	3	2	2	13
1	P4	13.45	105	8.42	40	14.99	3	3	2	3	2	4	17
2	P1	11.75	—	6.48	—	11.80	8	7	8	9	7	13	52
2	P2	12.69	—	8.17	—	14.16	7	7	6	8	7	12	47
2	P3	15.10	—	8.28	—	14.69	2	2	2	3	2	6	17
2	P4	13.45	—	8.42	—	13.79	3	3	3	3	2	3	17
3	P1	11.75	—	6.48	—	11.29	9	9	8	10	8	11	55
3	P2	12.69	—	8.17	—	12.87	6	6	5	7	6	11	41
3	P3	15.10	—	8.28	—	16.24	3	3	3	4	3	3	19
3	P4	13.45	—	8.42	—	14.76	2	2	2	3	2	4	15
4	P1	11.75	—	6.48	—	11.17	9	9	8	11	9	12	58
4	P2	12.69	—	8.17	—	12.14	6	6	5	8	6	11	42
4	P3	15.10	—	8.28	—	16.48	3	4	4	4	4	4	23
4	P4	13.45	—	8.42	—	15.00	2	2	2	3	2	4	16
零售总计	P1	210		P2	176		P3	72		P4	65		

表 5-51　西部市场需求情况表（第三年）

季度	产品	直销 平均价格（万元）	直销 需求量（件）	批发 平均价格（万元）	批发 需求量（件）	零售 市场期望价（万元）	零售 习惯型（件）	零售 理智型（件）	零售 冲动型（件）	零售 经济型（件）	零售 情感型（件）	零售 不定型（件）	零售 合计（件）
3	P1	10.10	—	8.98	—	11.22	5	6	6	6	6	9	38
3	P2	13.11	—	11.66	—	14.57	5	5	5	7	6	10	38
3	P3	14.71	—	13.07	—	16.34	2	2	2	3	2	3	14
3	P4	14.29	—	12.70	—	15.88	3	3	3	3	2	3	17
4	P1	10.87	—	9.66	—	12.08	6	7	7	7	7	10	44
4	P2	14.24	—	12.65	—	15.81	5	5	5	8	6	11	40
4	P3	14.92	—	13.26	—	16.58	2	2	2	3	2	4	15
4	P4	16.56	—	14.72	—	18.40	3	3	3	3	2	3	17
零售总计	P1	82		P2	78		P3	29		P4	34		

（二）制订第三年经营计划

企业经营小组召开新一年的年度工作会议，总结第二年度经营策略的实现情况，分析竞争对手的营销策略和第三年市场环境，制订企业第三年经营战略，并撰写第三年经营计划书，如表 5-52 所示。

表 5-52　年度经营计划书（第三年）

类别	内容	具体分析
年度经营目标	经营效果	
经营规划	业务计划	
	投资方案	
	营销策划	
	计划落实记录	

开始第三年模拟经营前，经营者必须思考以下战略问题：
① 如何掌握利润、得分的影响因素，有效使用相应的策略和技巧？
② 如何把握细节，提升经营成绩？

（三）第三年经营记录

1. 经营活动记录

企业经营者按照沙盘操作规则和流程顺序进行经营活动，并将具体经营活动情况记录在表 5-53～表 5-61 中。

表 5-53　经营活动记录表（第三年）

序号	经营项目	请按照顺序执行下列各项操作，每完成一项，CEO 在相应的方格内画"√"				
		操作要点	第 1 季度	第 2 季度	第 3 季度	第 4 季度
年初	新年计划会议	CEO 召集会议，明确年度任务		—	—	—
1	市场预测与分析	购买市场调研报告，分析市场需求数据				
2	市场开拓	根据营销策略进行市场开拓				
3	ISO 认证	ISO 9000 认证、ISO 14000 认证				
4	开发客户	直销客户开发				
5	参与投标	选择直销订单进行投标				
6	投放招商广告	根据营销策略制订批发招商广告投放策略并实施				
7	选择批发订单	由裁判控制进行选单				
8	产品研发	根据营销策略制订产品研发策略并实施				
9	产品下线入库	生产线上产品入库				
10	租赁或购买厂房	厂房的购买				
		厂房的租赁				
11	生产线	购买				
		转产				
		变卖				
12	采购原材料	根据生产需要下达原材料采购计划				
13	投入生产	选择空闲生产线进行生产				
14	交货给客户	直销批发订单交货				
15	签约零售商	与零售商签约并缴纳进场费用				
16	货物配送	库存产品配送给零售商				
17	制定价格	根据营销策略制定价格并上架				
18	制订促销策略	根据营销策略制订促销策略并实施				
19	投放媒体广告	根据营销策略投放媒体广告				
20	应收账款/应付账款	财务部进行应收、应付账款结算				
21	短期贷款/还本付息	财务部根据需要进行短期融资				
22	缴纳管理费	每季度缴纳行政管理费和已签约零售商管理费				
23	缴纳应交税金	每年第一季度缴纳上年度所得税		—	—	—
24	进入下一季度		—			
年末工作	长期贷款/还本付息	每年年底需要支付利息，贷款到期后，还本付息	—	—	—	
	支付租赁费/维修费	厂房租赁费、生产线维修费	—	—	—	
	支付库存费	原材料和产品库存费	—	—	—	
	折旧	生产线折旧	—	—	—	
	关账	经营结束关账	—	—	—	
	进入下一年		—	—	—	

表 5-54　资金预算表（第三年）

序号	经营项目	具体开支目录	表达式	金额
年初	期初资金		+	
1	市场预测与分析	购买市场调研报告	−	
2	市场开拓	市场开拓费用	−	
3	ISO 认证	ISO 9000、ISO 14000 认证费用	−	
4	开发客户	直销客户开发费用	−	
5	参与投标	购买标书等费用	−	
6	投放招商广告	批发招商广告投放费用	−	
8	产品研发	产品研发费用	−	
10	租赁或购买厂房	厂房的购买费用	−	
10	租赁或购买厂房	厂房的租赁费用	−	
11	生产线	购买费用	−	
11	生产线	转产费用	−	
11	生产线	变卖费用	−	
12	采购原材料	原材料费用	−	
13	投入生产	产品加工费用	−	
15	签约零售商	零售商进场费用	−	
16	货物配送	配送费用	−	
19	投放媒体广告	广告投放费用	−	
20	应收账款/应付账款	应收账款	+	
20	应收账款/应付账款	应付账款	−	
21	短期贷款/还本付息	还本付息	−	
22	缴纳管理费	管理费	−	
23	缴纳应交税金	税费	−	
24	进入下一季度			—
年末工作	长期贷款/还本付息	还本付息	−	
年末工作	支付租赁费/维修费	租赁费/维修费	−	
年末工作	支付库存费	库存费	−	
年末工作	折旧	折旧	−	
年末工作	进入下一年			

表 5-55　直销订单登记表（第三年）

订单号									合计
市　场									—
产　品									—
数　量									—
账　期									—
销售额									
成　本									
毛　利									
交货期									—

表 5-56　招商广告投放登记表（第三年）

产品/市场	南部	东部	中部	北部	西部
P1					
P2					
P3					
P4					
合计					

表 5-57　批发订单登记表（第三年）

订单号							合计
市　场							—
产　品							—
数　量							—
销售额							
成　本							
毛　利							
交货期							—

表 5-58　原材料采购表（第三年）

原材料	内容	第1季度	第2季度	第3季度	第4季度
R1	毛需求量				
	库存				
	已经预定				
	净需求量				
	提前期				
	采购计划				
R2	毛需求量				
	库存				
	已经预定				
	净需求量				
	提前期				
	采购计划				
R3	毛需求量				
	库存				
	已经预定				
	净需求量				
	提前期				
	采购计划				
R4	毛需求量				
	库存				
	已经预定				
	净需求量				
	提前期				
	采购计划				

表 5-59　产能计划表（第三年）

产　品	年初库存	第 1 季度产量	第 2 季度产量	第 3 季度产量	第 4 季度产量	合　计

表 5-60　媒体广告投放表（第三年）

产　品	媒　体	第 1 季度	第 2 季度	第 3 季度	第 4 季度
P1	百度				
	央视黄金				
	央视午间				
	央视晚间				
P2	百度				
	央视黄金				
	央视午间				
	央视晚间				
P3	百度				
	央视黄金				
	央视午间				
	央视晚间				
P4	百度				
	央视黄金				
	央视午间				
	央视晚间				

表 5-61　库存管理表（第三年）

产品名称	产品型号	库 存 量	单　价	总 成 本

2. 年末相关记录

第三年年末填写表 5-62 ～表 5-64。

表 5-62　产品核算表（第三年）

产　品	销售数量	销 售 额	成　本	毛　利
P1				
P2				
P3				
P4				
合计				

表 5-63　年末企业信息表（第三年）

本企业信息	企业总媒体影响力										
	上季度营业收入										
	ISO 9000 品牌值										
	ISO 14000 品牌值										
各企业综合指数	A1	A2	A3	A4	A5	A6	A7	A8	A9	A10	

表 5-64　竞争对手分析表（第三年）

项　目	主要内容	主要竞争对手分析
生产情况	①产品结构 ②在制品及库存数量 ③生产线类型及数量 ④原材料采购情况	
研发情况	①产品研发情况 ②ISO 认证情况	
销售情况	①销售产品类型、数量、单价和销售额 ②产品市场占有率	
财务状况	资产负债表	

二、第三年经营状况分析

（一）财务报表分析

根据企业经营财务数据填写表 5-65 和表 5-66。

表 5-65　资产负债表（第三年）　　　　　　　　　　（单位：万元）

资产			负债及所有者权益			
项目	表达式	上年金额	当年金额	项目	表达式	上年金额	当年金额
流动资产：				流动负债：			
货币资金	+			短期借款	+		
其他应收款	+			应付账款	+		
应收账款	+			预收账款	+		
存货：				应交税费	+		
原材料	+			流动负债合计	=		
在途物资	+			非流动负债：			
在制品	+			长期借款	+		
库存商品	+			非流动负债合计	=		
发出商品	+			负债合计	=		
流动资产合计	=			所有者权益：			
非流动资产：				实收资本	+		
固定资产：				未分配利润	+		
土地和建筑	+			所有者权益合计	=		
机器设备	+						
减：累计折旧	−						
固定资产账面价值							
在建工程	+						
非流动资产合计	=						
资产总计	=			负债和所有者权益总计	=		

表 5-66　利润表（第三年）　　　　　　　　　　（单位：万元）

项　目	表 达 式	上年金额	当年金额
一、营业收入	+		
减：营业成本	−		
营业税金及附加	−		
销售费用	−		
管理费用	−		
财务费用	−		
二、营业利润（损失以"−"号填列）	=		
加：营业外收入	+		
减：营业外支出	−		
三、利润总额（损失以"−"号填列）	=		
减：所得税费用	−		
四、净利润（损失以"−"号填列）	=		

（二）经营情况总结

① 由 CEO 总结本年度的经营任务完成情况。
② 每个角色本着实事求是的原则，就自己职责范围内的成绩、问题和经验进行总结。
③ 总结重点是企业主要岗位，即 CEO、CSO、CFO 和 COO 四个岗位履行职责的评价。

三、经营状况总结

（一）撰写经营分析报告和参赛收获体会报告

经过学习和经营实战，我们收获的不仅仅是模拟经营的过程，还包括赛后的总结、评价与交流。因此在学到了知识、得到了锻炼、提升了技能之后，各小组还需要做一个全面的分析与评价，并撰写企业经营分析报告和参赛收获体会报告，格式可以参考表 5-67 和表 5-68。

表 5-67　企业经营分析报告

专业		班级		姓名	
组号		岗位		学号	
题目：					
经营成果：					
主要指标完成情况分析：					
主要计划与指标完成情况评价：					
建议与措施：					
教师评价：					

表 5-68　参赛收获体会报告

专业		班级		姓名	
组号		岗位		学号	
题目：					
（报告正文）					
教师评语：					

（二）各种企业营销策略的评价

1. 经营者的偏好及风险大小

在实战过程中，各个参赛小组采用了不同的经营策略，这是由经营者的个性特征和对于风险的承受能力决定的。如果经营者属于风险偏好型，并希望做市场领导者，则情感型和理智型策略是首选；如果经营者属于风险回避型，没有野心去争市场领导者的地位，也能够接受沙盘比赛结束时不太靠前的名次，则可以优先选用经济不定型策略；如果经营者既不愿意在前期承担较大风险，又希望能在第二年、第三年有较大的主动权，甚至有机会冲击市场领导者的位置，则可以优先选用囤货型策略。

2. 经营过程中的产品策略选择

ITMC 市场营销沙盘软件中一共有四种产品，即 P1、P2、P3、P4 产品，每一种产品还设有五种流行功能，即 F1、F2、F3、F4、F5 功能。经营者在每年开始时都必须仔细研读市场调研报告，确定每种产品的未来需求量和价格走势，以决定未来几年开发和生产何种产品。由于市场环境和竞争对手都是不确定的，这里仅讨论第一年各种策略的大体情况。由于理智型消费群体会更多地关注企业综合指数，而不在乎是否有流行功能，因此选择理智型策略的经营者在第一年应生产不附带任何功能的 P1 产品，以此来降低生产成本，让零售利润最大化；由于情感型消费群体主要是看企业的历史优惠额度，也不在乎产品的流行功能，因此选择情感型策略的经营者需要在第一季度甚至前两个季度都给予消费者很高的优惠额度，并且也会在第一年大量生产不附带任何功能的 P1 和 P2 产品；选择囤货型策略的经营者则需要提前囤好第二、第三年直销和批发订单需要的产品，所以在第一年开始时就要生产带有全部流行功能的 P1 产品和其他产品；选择经济不定型策略的经营者则要视流行功能的周期来选择生产产品，当然第一年前三季度还是主要销售无流行功能的 P1 产品，因为从第一年第四季度开始，原始的 P1 产品基本上已无法销售，所以需要提前准备其他类型的产品。

3. 经营过程中的渠道策略选择

沙盘中企业销售产品有三种渠道：直销、批发和零售。直销和批发是每年年初有一次，而零售是每个季度都有一次。经营者需要就各种渠道的投入产出进行权衡，合理选择渠道来销售产品。由于第一年的直销竞争较大、价格较低，选择理智型策略的经营者往往会选择不做直销，但一定要拿到批发的第一、二单，而零售渠道主要是针对习惯型消费群体和理智型消费群体；选择情感型策略的经营者也会选择不做直销，尽量争取批发的前三单，零售渠道则主要针对第一季度的不定型消费群体和之后的情感型消费群体；选择经济不定型策略的经营者会以略高于成本的价格抢夺少量的直销和批发订单，尽力争取每个季度的经济型和不定型消费群体，也可附带做一些针对习惯型消费群体和冲动型消费群体的零售；选择囤货型策略的经营者在第一年会选择放弃直销和批发渠道，零售也只针对冲动型消费群体。

4. 经营过程中的定价及促销策略选择

如果经营者采取理智型策略，则在为产品定价时应采取撇脂定价法，即在衡量市场需求和竞争激烈程度之后，尽量制定高价（规则：不能超过市场期望价格的两倍），以快速获取利润，从而抵销其在广告、贷款及生产扩张等方面的投资支出；如果经营者采取情感型策略，应该在第一季度定价为市场期望价格，再以 0 折促销来获取第一季度不定型消费群体的订单，在第二季度如果确定能拿到情感型消费群体的订单，则应采取撇脂定价法，给产品定高价，再进行少量优惠即可；如果经营者采取囤货型策略，则应该着重从企业的所有者权益角度去考虑，即产品的销售要能产生较高的利润，以弥补企业现金流，提高所有者权益，视各类消费群体的历史成交价格来定价；如果经营者采取经济不定型策略，主要目的也是在确保不破产的情况下获取更多的利润，如果入不敷出，最终还是会面临破产，因此应以成本为导向，综合计算每种产品的实际成本，再视市场竞争情况来定价，而不能只是简单地比竞争对手定价低，因为当期实现销售并不意味着一定会获利，亏本销售产品还不如不销售。

5. 经营过程中的媒体广告投放策略选择

（1）批发招商广告的投放

选择理智型策略的经营者要尽量争取批发的第一、二单，所以必须要在批发招商广告上大胆投入，以抢占较大的批发销售额；选择情感型策略的经营者要争取在批发竞争中拿到前三单，否则会比较被动；选择经济不定型策略的经营者由于要节省成本，在批发招商广告的投放上可以少量投入，看能否捡到小订单；选择囤货型策略的经营者，前期主要目的就是保住所有者权益，所以第一年的批发广告都不要投放。

(2) 媒体广告的投放

选择理智型策略的经营者要集中去抢第一年前三个季度的黄金、午间和晚间时段的广告以及百度第一的排名，尤其是央视黄金时段的广告；因为选择理智型策略的经营者对央视黄金时段的广告志在必得，所以情感型策略的经营者要尽可能避开对该时段广告的投放，只需要尽量抢夺央视午间广告和百度第一、第二排名即可；选择经济不定型策略的经营者可以投入 3 万元以内的广告费，争取一下百度排名的广告；选择囤货型策略的经营者不要投任何媒体广告，保住所有者权益最重要。

（三）三年经营期的分销渠道选择

从 ITMC 市场营销沙盘模拟的市场需求规模分析，对于经营企业来讲，第一年的市场处于供过于求的状态，大致有 50% 的产品无法实现销售；第二年的市场处于饱和的状态，只要进行合理的市场细分，找到市场空隙，则产品的需求数量和企业的供货能力基本持平，即理论上企业的产品都可以销售出去；第三年的市场处于供不应求的状态，市场总体需求量大致是企业生产能力的 1.5 倍。基于这种宏观的市场规律，合理地选择产品的分销渠道对于企业经营成败起到了至关重要的作用。

分销渠道是指某种产品或服务从生产者转移到消费者手中所经过的路线。在 ITMC 市场营销沙盘中，企业的分销渠道有三种，分别是直销、批发和零售。直销是指针对大客户的需求，企业以投递标书的方式参与竞争，按照评判规则确定是否中标。批发是指各企业通过投放招商广告，并按投放广告费用的高低依次选择市场批发订单，由于订单有限，即使投放了广告也不一定能够获得订单。零售是指企业通过签约零售商，由零售商来销售产品。这三种分销渠道各有优劣，需要模拟企业进行合理运用，其经营策略对现实中企业的分销渠道建设也有一定的借鉴意义。

1. 分销渠道建设的意义

(1) 分销渠道建设是企业实现产品价值、获得利润的根本途径

交换是实现产品价值的手段，买卖双方通过交换转移商品的所有权和商品实体。企业所生产的产品，必须通过交换来实现产品价值、获得利润，企业才能得以生存和发展。而分销渠道的建设，则是企业为了更好地满足消费者的需要，便于交换的发生而设计的产品销售通道，以便将产品适时、适地、经济地提供给消费者。因此，分销渠道的建设有利于产品价值及企业利润的实现。

(2) 合理的分销渠道建设有利于扩大产品销售量

在 ITMC 市场营销沙盘中，由于每种分销渠道的市场容量有限，随着企业生产规模的扩大，通过单一渠道进行销售很难达到产销平衡，因此，企业最好能够完善分销渠道建设，打造相互配合、相互促进的多渠道系统，构建较为全面的销售网络，这是促进产品销售、

扩大销量的根本保证。同时，多渠道的相互配合也有利于企业分散经营风险，掌握主动。

（3）合理的分销渠道选择有利于解决企业资金流动问题

在 ITMC 市场营销沙盘中，通过批发来销售产品有利于企业解决资金不足的问题。因为企业一旦获得批发订单，批发商将预先向企业支付货款，之后再由企业根据订单交货期按时交货，即企业是先收钱、后交货。但企业若不能按时交货，则需要将预收货款及违约金一次返还。而通过直销获取的订单都有一定的收款账期，比如交货即付款、交货后一个季度付款等，企业可根据对资金的需求情况合理安排交货。

2. 分销渠道的特点分析

（1）不同渠道的产品需求量分析

在 ITMC 市场营销沙盘中，四种产品在不同渠道的需求量存在较大差别。其中，P1、P2 产品的零售规模最大，P3 产品的批发规模最大，P4 产品的直销规模最大。掌握不同渠道的需求规模，可以为企业对不同产品进行合理的渠道设计提供依据。

（2）不同渠道的销售价格及成本分析

①销售价格分析：在三种分销渠道中，直销由企业在投标时自行定价，按照综合评分法来确定中标企业，但定价不能高于给定的直销期望价格。考虑到直销中标与否受到定价和综合指数两个因素的影响，因此对于综合指数不高的企业而言，若想中标只能降低价格。批发的价格直接由市场订单的价格决定，但批发通常是这三种渠道中成交价格最低的。零售的价格由企业自行决定，但不能高于市场期望价格的两倍，否则无法销售。就这三种渠道的可销价格而言，零售是最高的，其次是直销，最低的是批发。

②销售成本分析：除考虑产品的直接成本（原材料成本及加工费用）外，企业还需要考虑在销售产品过程中发生的相关费用。直销渠道中，企业需要开发直销客户（每个直销客户的开发费用为 5 万元），需要购买标书，其价格为 2 万元/份。不论中标与否，这两项费用都必须支出。批发渠道中，企业需要投放招商广告，按广告费高低决定选择订单的先后顺序，并且投放广告不一定有订单。所以，招商广告是企业需要衡量的一项费用支出。零售渠道中，企业需要签约零售商，签约不同零售商需要企业投入不同的进场费用，同时零售商还会收取一定的管理费。在产品销售后，零售商有 10% 的销售提成。此外，要促进零售商销售，可能还需要企业投入媒体广告及开展促销活动。

综上所述，通过分析不同渠道的产品销售价格和销售成本，大致可以认为，就单位产品的净利润而言：零售可以做到最高，其次是直销，最后是批发。但这并不绝对，更不能因此重零售而轻直销和批发，企业最终的利润还受到经营者经营策略和竞争对手等因素的影响。在很大程度上，渠道的选择不是非此即彼，而是要相互配合，使之产生协同效应。

（3）不同渠道的货款结算方式对比分析

在三种分销渠道中，直销的付款时间是由订单标注的账期决定的，如果账期是"0"，则表示以现款支付，交货即可收到现金；如果账期是"1"，则表示交货一个季度后付款；

账期"2"则表示交货两个季度后付款，依此类推。零售渠道的付款由零售商的回款周期决定，如 A1 零售商的回款周期是"4"，表示销售产品四个季度后再付款给生产企业。而 A2 的回款周期为"1"，即售出一个季度后即交付货款。批发渠道则采取预付的方式，一旦企业得到订单，即可预先收到全额货款。

可见，通过批发渠道销售产品，资金回收的速度最快。直销渠道回收资金比较集中（由企业交付订单数量及订单账期决定），而零售渠道回收资金相对分散。

3. ITMC 市场营销沙盘分销渠道策略

在 ITMC 市场营销沙盘的模拟经营中，各企业需要经营三个会计年度，以第三年经营结果作为评判胜负的最终依据。因此，企业需要制订三年的分销渠道策略，以明确经营思路，保证经营目标得以实现。

（1）第一年经营期的渠道策略

第一年仅有 P1 产品不需要研发，而若要生产 P2、P3、P4 产品则均需要先进行研发，最快能够上市销售的时间在第一年第四季度。因此，第一年的销售是以 P1 产品为主。其他产品若需销售，也只能通过零售渠道进行。

鉴于第一年各模拟企业均有大量 P1 产品存货，为了实现销售目标，直销往往以低价为手段展开竞争。基于此，各企业所面临的两难境地是：定价过低赚不到利润，定价过高又无法销售，且浪费了购买标书的费用。

批发由于订单数量较大而对企业具有较强的吸引力，但批发业务的风险在于订单数量有限，以投入招商广告高低为序依次选择订单，因此即使投入了招商广告也可能拿不到市场订单，从而浪费广告费用。在批发渠道上，企业同样面临两难：招商广告投入过低，则可能选不到订单；招商广告投入过高，则即使拿到订单也弥补不了成本。

鉴于直销与批发的不确定性因素较多，能否销售产品不仅取决于企业自身的决策，还取决于竞争对手的决策，就收益与风险的权衡考虑，建议企业持谨慎态度，可以小额投入，做最坏的打算，这样对企业不会产生严重的不良影响。例如：针对直销，可以选择 2～3 个订单来投标，进行盈亏分析，确保若中标可获利，若不中标亏损也在企业承受范围之内。

基于以上分析，第一年应以零售为主要销售渠道。根据零售交易规则，制订适当的零售策略。尤其需要注意的是，批发和直销能够促进零售的销量，因为零售中的理智型消费群体是按照各企业的综合指数高低来选择交易的，而企业某季度的销售额将直接影响下一季度的综合指数。例如，若企业在第一年第一季度交付大额批发订单，其销售额将会提升企业第二季度的综合指数，从而促使理智型消费群体购买该企业产品。

（2）第二年经营期的渠道策略

第二年的渠道策略需要考虑第一年的经营成果。若第二年年初企业综合指数较高，则首先可考虑直销，如果直销订单较多，则第二年以直销为主，零售为辅。若综合指数较低，以合理的价格拿到直销订单的机会很小，则主攻零售。若企业资金紧张，且所有者权益不高（所有者权益高低直接影响到企业的贷款额度），则需要适当争取一些批发订单，以缓解资金压力。但若所有者权益较高，资金并不紧张，则可主攻零售，并适当留有存货，待第三年大力销售。这样经营的依据在于市场营销沙盘的得分规则中有些加分项目，如资金周转率、净利润率、资产报酬率、权益报酬率和资金流动性等，都会因销售额和利润额的提升而明显增大，进而提高总得分。因此，在第一年经营较好的情况下，第二年可适当控制渠道的数量与规模。

（3）第三年经营期的渠道策略

由于第三年企业的产能通常已达到最大，且往往还会留有存货，因此本经营年度各企业往往都需要充分利用三种渠道来销售产品，既要利用渠道的宽度，即三种渠道并举，也要利用渠道的深度，即在零售渠道上多签约一些零售商，争取更大的市场覆盖率。当然，渠道建设也需要视产品区别对待。根据不同渠道的销量规模，企业应有所侧重。比如，P1 产品在第三年直销与批发渠道的需求量较少，且价格很低，但有些市场的零售渠道不仅需求量大，价格也高，则 P1 产品应以零售渠道为主。同理，P3 产品应以直销和批发为主，P4 产品应以批发和零售为主，而 P2 产品因其价格高，往往是竞争最激烈的产品，则需要三种渠道并重。

综上所述，企业在选择分销渠道时，若综合指数高则优先考虑直销，若资金紧张则需要考虑批发。如果市场环境好，比如市场需求波动率有较大的正向波动或者竞争不激烈等，则也可重点考虑零售。

4. 对中小企业分销渠道建设的启示

（1）渠道建设应与企业销售目标一致

企业建设销售渠道的目标在于促进产品的销售，使产品更好更快地满足消费者的需要，从而实现产品价值，获取利润。但渠道建设不可盲目，须以企业的营销战略为指导，明确企业的销售区域范围、目标消费群体和产品特性等，同时需要考虑经销商的市场覆盖率和产品销售政策等。

（2）渠道建设需要考虑企业的规模和经营状况

渠道建设需要投入大量的建设费用以及渠道的维护成本。企业到底是选择单一渠道还是多渠道，是选择宽渠道还是窄渠道，是选择长渠道还是短渠道，需要具体考虑市场环境、企业规模、产品性质和产品销售状况等。通常，对于规模较小、实力较弱的企业而言，为了节省渠道成本，可考虑较窄的销售渠道。比如经营的第一年，企业规模较小，可选择单一、较窄的零售渠道，即通过少量的零售商来销售。而如果企业规模较大，市场环境较好，产品销量较长，则可选择多渠道并进，同时增加各渠道的深度，进一步提升销量。比如经营的第三年，往往需要同时利用直销、批发和零售三种渠道来提升销量。

（3）注重渠道系统建设，发挥渠道合力

不同的渠道对企业利润的贡献、品牌的提升等方面所起到的作用是不同的。因此，企业需要意识到渠道系统的整体功效，发挥其合力。例如，在经营期第一年和第二年，可将直销批发订单集中在第四季度交货，并且在第四季度大力促进零售，这样有利于提升下一年度初期的综合指数，为直销打下基础。

（四）三年经营期的零售策略

1. 合理分配不同产品的零售规模

在 ITMC 市场营销沙盘中，由于单一产品的市场需求量非常有限，企业依赖单一产品很难求得发展，因此，企业往往采用多元化策略，以产品组合的形式来寻求利润的增长及企业的发展，同时能比较有效地避免市场风险。此时企业需要慎重考虑的实际问题是产能分配及渠道选择问题，选择经营的产品种类会影响企业的零售规模。P1 和 P2 产品是最适合零售的产品，而 P3 和 P4 产品的零售规模较小。如果某企业以零售为主要销售渠道，则 P1 和 P2 产品的零售规模可适当增加，而 P3 和 P4 产品的规模则需要进行控制。

2. 明确目标消费群体，有针对性地选择营销策略

在六类消费群体中，每类消费群体都有明确的交易条件。因此，企业需要提前定位好目标客户，以便制定针对性较强的销售策略。总体来看，企业针对六类消费群体的营销策略主要有三种：媒体策略、价格策略和促销策略。每种营销策略针对的消费群体不同，所实施的方案也不同。当然，各种方案优劣并存，且在群体博弈过程中，方案的成功实施不仅取决于自身，也取决于竞争对手的策略。例如，某企业采用低价策略来针对经济型消费群体，但如果竞争对手的价格更低，则该企业的销售策略便会落空。

3. 制订合理的营销组合策略，获取整体效益

①促销策略与价格策略组合。促销策略的运用，是为了促成不定型消费群体的购买，从而为企业积累优惠额度。当企业某产品的历史优惠额度最大时，即可成为情感型消费群体的首选。当然，高额优惠也存在较大风险，一是影响利润水平，二是可能使企业陷入恶性价格竞争，进而遭遇更大的损失。

②媒体策略与价格策略组合。媒体广告会影响习惯型消费群体的购买，并且影响企业综合指数进而影响理智型消费群体的购买。若企业有意抢夺媒体广告，则可适当提高产品的价格。当然，投放媒体广告时要做好预算，衡量盈亏。若企业媒体中标较多，且销售额较大，则企业的综合指数将较高，理智型消费群体将优先购买该企业的产品。进而会形成良性互动，即理智型消费群体的购买会进一步增加企业的销售额，提高综合指数，从而又进一步促成下一季度理智型消费群体的购买，有利于企业牢牢占据该市场。

③促销策略、媒体策略与价格策略组合。在六类消费群体中，真正能使企业获利的主要是理智型、情感型和冲动型消费市场，尤其以理智型和情感型为重（冲动型消费群体的交易条件相对独立）。因此，营销组合策略的运用，主要是为争夺理智型和情感型消费市场。

4. 利用不同零售商的特点，制订差异性营销策略

零售商不同，其市场覆盖率和市场敏感度也不同，因此，企业需要合理利用不同零售商的特点来选择不同的营销策略。由于在每个市场均有两个零售商，其市场占有率分别为 40% 和 60%。因此，零售商的销售能力是有差异的，企业在给零售商配货时，需要考虑到这种差异，合理分配。

就市场敏感度而言，市场反应较快的零售商首先感知产品的流行功能，有利于抢占冲动型消费市场，但产品也可能因为流行功能过时而无法销售，所以，企业可以考虑将过了流行周期而无法销售的产品调拨给市场反应较慢的零售商来销售。例如，将不附带任何功能的 P1 产品从 A1 零售商（市场敏感度为 2）调拨给 A2 零售商（市场敏感度为 4），可以延长两个季度的销售期。

零售是 ITMC 市场营销沙盘中最为复杂的一种销售方式。要想做好零售，除了掌握不同消费群体的交易条件之外，更重要的是要使企业的零售策略形成一个紧密关联体，并时刻关注竞争对手的零售策略，分析产品销售数据，以提高本企业营销策略运用的灵活性和适用性，获取竞争优势。

市场营销沙盘模拟经营的趣味性及难点就在于，每种策略的运用不会对应唯一的结果，而会因为市场整体环境和竞争者的不同产生不同的效果，没有只赢不输的单一策略。本书仅分析了模拟经营中一些经典策略的方向和整体思路，以及简单的开局策略。博弈性在沙盘经营中非常关键，经营者要不断分析竞争对手的策略，来更加合理地制订本企业下一季度或下一年的策略。没有永远都能成功的策略，关键在于经营者能否在恰当的时机执行好策略，面对问题灵活应变，分析并找到方法战胜对手，直至取得最后的胜利。

知识拓展

营销策略

1. 营销策略制订基础

（1）市场环境分析

进行市场环境分析的主要目的是了解产品的潜在市场和销售量，以及竞争对手的产品信息。只有掌握了市场需求，才能做到有的放矢，减少失误，从而将风险降到最低。以凉茶为例，凉茶一直以来为南方人所热衷，这主要是受南部地区气候、饮食等方面的影响，因此凉茶企业应该将主要的营销力量集中在南方城市，如果定位错误，将主要力量转移到北方，则无论投入多大的人力财力，都不会取得很好的营销效果。

（2）消费心理分析

只有掌握了消费者会因为什么原因、什么目的去购买产品，才能制订出有针对性的营销创意。营销大多是以消费者为导向的，根据消费者的需求来开发产品，但仅仅如此是不够的，对消费能力、消费环境的深入分析是整个营销活动取得成功的必要条件。

（3）产品优势分析

产品优势分析包括本品分析和竞品分析。企业在营销时只有做到知己知彼，才能战无不胜。在营销活动中，本企业的产品（本品）难免会被拿来与市场上的其他产品（竞品）进行对比，如果无法了解本品和竞品各自的优势和劣势，就无法打动消费者。通过恰当的营销手段，让消费者了解到本品的优势，进而产生购买欲望，是营销活动中的重要环节。

（4）营销方式和平台的选择

营销方式和平台的选择既要考虑企业自身的经营情况和战略，同时还要兼顾目标群体的喜好。例如，针对全国儿童的产品，就可以根据儿童群体的特点，在央视的少儿频道以动画短片的形式展现出来，这样不仅符合企业战略，将产品传达给全国儿童，同时能够吸引儿童的目光。

对于一些快消品，则可以选择和产品契合度较高的方式，例如，网络社交平台中十分流行的开心农场等小游戏，就吸引了很多餐饮企业的加入，并且取得了非常好的效果。

营销是一个非常复杂的体系，但所有的营销活动都应基于以上四点进行，才能做出好的营销创意。

2. 经典营销策略举例

（1）知己知彼、百战不殆

与竞争对手过招，只有做到知己知彼，才能制订恰当的进攻策略，而不打无准备之战。企业可建立竞争信息系统，尽可能多地搜集竞争对手的信息，分析竞争对手的优劣势，寻找对手的薄弱环节进行进攻。竞争信息系统的建立和实施要做到两个原则：实用、有效。

（2）避实就虚、攻击软肋

在与竞争对手进行交锋时要选择对方的薄弱市场的薄弱环节进行攻击，而不要选择竞争对手的强项与其发生正面的交锋，即要避实就虚，在提高资源效率的同时，有力打击对手。

（3）快速强攻、先发制人

兵法有云："先发制人，后发制于人。"企业无论是在自身产品的卖点、媒体资源，还是在渠道、终端上，都要先声夺人，才能迅速压倒竞争对手。

（4）以强攻弱、集中攻击

兵法常讲集中优势兵力，各个击破。兵法如此，商战也如此，企业要在竞争对手控制的市场选择集中性攻击策略。

（5）抢位营销、量力而行

抢位营销有三个原则：瞄得准、动作快、实力匹配。瞄得准就是要抓住主要矛盾，找准机会点、关键处，避免盲目出击、事倍功半。动作快就是要抢时间，只有比别人快，才能将机会抢到手，所谓"先下手为强"就是这个道理。实力匹配就是要量力而行，根据企业的各项资源来衡量是否要抢位，抢过来之后能否站得稳，让优势最终转化为胜势。

3. 营销理论

（1）4Ps营销理论

20世纪60年代是市场营销学的兴旺发达时期，突出标志是市场态势和企业经营观念的变化，即市场态势完成了卖方市场向买方市场的转变，企业经营观念实现了由传统经营观念向新型经营观念的转变。与此相适应，营销手段也变得多种多样，且十分复杂。1960年，美国市场营销专家杰罗姆·麦卡锡教授在营销实践的基础上，提出了著名的"4Ps"营销策略组合理论，即产品（Product）、价格（Price）、渠道（Place）、促销（Promotion）。4Ps理论奠定了营销策略组合在市场营销理论中的重要地位，它为企业实现营销目标提供了最优手段，即最佳综合性营销活动，也称整体市场营销。

（2）6Ps营销理论

20世纪80年代之后，世界经济走向滞缓发展，市场竞争日益激烈，政治和社会因素对市场营销的影响和制约越来越大。这就是说，企业的营销策略组合不仅受本身资源及目标的影响，更受企业外部不可控因素的影响和制约。4Ps营销理论只看到外部环境对市场营销活动的影响和制约，而忽视了企业经营活动也可以影响外部环境。因此，在20世纪80年代中期，美国著名市场营销学家菲利普·科特勒教授提出了大市场营销策略，在原"4Ps"组合的基础上增加两个"P"，即政治权力（Political Power）和公共关系（Public Relations），简称6Ps营销理论。

科特勒将大市场营销定义为：为了成功地进入特定市场，在策略上必须协调地施用经济、政治和公共关系等手段，以取得外国或地方有关方面的合作和支持。此处所指的特定市场，主要是指壁垒森严的封闭型或保护型市场。贸易保护主义的回潮和政府干预的加强，是国际、国内贸易中大市场营销存在的客观基础。要打入这样的特定市场，除了做出较多的让步外，还必须运用大市场营销策略即6Ps组合。大市场营销概念的要点在于营销者需要借助政治权力和公共关系技巧去排除产品通往目标市场的各种障碍，取得有关方面的支持与合作，实现企业营销目标。

大市场营销理论与原本的4Ps营销理论相比，有两个明显的特点：①注重调和企业与外部各方面的关系，以排除来自人为的（主要是政治方面的）障碍，打通产品的市场通道。这就要求企业在分析满足目标客户需要的同时，还要研究来自各方面的阻力，制订对策，这在相当程度上依赖于公共关系方面的工作。②打破了传统的环境因素之间的分界线，也就是突破了市场营销环境的不可控因素，重新认识市场营销环境及其作用，某些环境因素可以通过企业的各种活动施加影响，或运用权力疏通关系来加以改变。

（3）11Ps营销理论

1986年6月，科特勒教授又提出了11Ps营销理论，即在"大营销6Ps"之外加上探查、分割、优先、定位和人员，并将产品、价格、渠道、促销称为"战术4Ps"，将探查、分割、优先、定位称为"战略4Ps"。该理论认为，企业在"战术4Ps"和"战略4Ps"的支撑下，运用"政治权力"和"公共关系"这两个"P"，可以排除通往目标市场的各种障碍。

"11Ps"分别是：

① 产品（Product）：包括质量、功能、款式、品牌和包装等。

② 价格（Price）：合适的定价，在产品不同的生命周期内制定相应的价格。

③ 促销（Promotion）：尤其是好的广告。

④ 渠道（Place）：建立合适的销售渠道。

⑤ 政治权力（Political Power）：依靠两个国家政府之间的谈判，打开对方市场的大门。

⑥ 公共关系（Public Relations）：利用新闻宣传媒体的力量，树立对企业有利的形象报道，消除或减缓对企业不利的形象报道。

⑦ 探查（Probe）：即市场调研，通过调研来了解市场对某种产品的需求状况，有什么更具体的要求。

⑧ 分割（Partition）：即市场细分的过程，按影响消费者需求的因素进行分割。

⑨ 优先（Priority）：即选出更适合企业的目标市场。

⑩ 定位（Position）：即为企业生产的产品赋予一定的特色，使其在消费者心目中形成一定的印象。或者说就是确立产品竞争优势的过程。

⑪ 人员（People）："只有发现需求，才能满足需求"，这个过程要靠员工来实现。因此，企业要想方设法调动员工的积极性。这里的"People"不单单指员工，也包括客户。客户也是企业营销过程的一部分，比如在网上银行，客户的参与性就很强。

参 考 文 献

[1] 张丽，李世红，许文峰. ITMC 市场营销沙盘中的企业经营策略分析[J]. 市场论坛，2017（11）：26-28.

[2] 王咏，王志丽. ITMC 市场营销沙盘经营策略分析——基于市场环境分析的视角[J]. 湖南工业职业技术学院学报，2019（6）：62-66.

[3] 张忠磊，张丛丛，丁东东. 基于财务数据分析视角下的 ITMC 市场营销沙盘经营策略分析[J]. 商场现代化，2021（3）：134-136.

[4] 张军. 市场营销实践教学探讨[J]. 现代职业教育，2018（18）：250-251.

[5] 徐梦周，吕铁. 数字经济的浙江实践：发展历程、模式特征与经验启示[J]. 中国发展观察，2019（24）：67-71.

[6] 李晓雪. "互联网 +"时代数字营销面临的挑战与发展[J]. 现代营销（学苑版），2021（5）：50-51.

[7] 赵斌，刘领霞，孙喆. 中小型银行的数字营销破局之道[J]. 营销界，2020（11）：157-158.

[8] 李琦. 互联网时代下技术在数字营销中的作用探析[J]. 卫星电视与宽带多媒体，2020（5）：115-116.

[9] 杨擎. "互联网 +"时代数字营销应用研究：以腾讯社交广告平台广点通为例[J]. 广告大观（理论版），2016（4）：62-67.

[10] 李俊. "互联网 +"下企业市场营销管理创新方略[J]. 中国市场，2022（15）：136-138.

[11] 程明，龚兵，王灏. 论数字时代内容营销的价值观念与价值创造路径[J]. 出版科学，2022（3）：66-73.